LAS LLAVES
DEL REINO INTERNO
O
EL CONOCIMIENTO
DE SI MISMO

Dr. JORGE ADOUM
(MAGO JEFA)

LAS LLAVES DEL REINO INTERNO

O

EL CONOCIMIENTO DE SI MISMO

DECIMOTERCERA EDICION

Se hallan reservados todos los derechos. Sin autorización escrita del editor, queda prohibida la reproducción total o parcial de esta obra por cualquier medio -mecánico, electrónico y/u otro- y su distribución mediante alquiler o préstamo públicos.

Ediciones en castellano:
1° edición: Dr. Jorge Adoum
2° edición: Dr. Jorge Adoum
Editorial Kier S.A., Buenos Aires
años: 1972 - 1977 - 1979 - 1981 - 1983 - 1986
       1989 - 1991 - 1994 - 1997 - 2000
Diseño de tapa:
Graciela Goldsmidt
LIBRO DE EDICION ARGENTINA
I.S.B.N.: 950-17-0005-4
Queda hecho el depósito que marca la ley 11.723
© 2000 by Editorial Kier S.A., Buenos Aires
Av. Santa Fe 1260 (C1059ABT), Buenos Aires, Argentina.
Tel: (54-11) 4811-0507 Fax: (54-11) 4811-3395
http://www.kier.com.ar - E-mail: info@kier.com.ar
Impreso en la Argentina
Printed in Argentina

NOTA PRELIMINAR

Por lo general, las obras esotéricas llevan, como signo identificativo, un encuadre geográfico que conspira, muchas veces, contra la auténtica pureza de la doctrina transmitida.

Esa suerte de localismo, agudizado en ocasiones por causa del temperamento o especial estilo del autor, hace que se las reciba con alguna prevención.

Por fortuna, esto no sucede con el doctor Adoum, cuya posición intelectual lo ubica por encima de fronteras ideológicas y posturas dogmáticas.

LAS LLAVES DEL REINO INTERNO sintetiza cientos de pensamientos radicales, vertidos a lo largo de la historia de la humanidad, por las mentes más privilegiadas del pensamiento esotérico.

El doctor Adoum, con metodología ejemplar fue recogiendo esos dichos, apotegmas, ejemplos y otras modalidades de expresión individual y colectiva, procurando plasmar con todos ellos un cuerpo homogéneo.

Su interés se centró particularmente en lograr las vías de intersección de corrientes de pensamientos aparentemente paralelas. Y, tras arduas confrontaciones de textos, logró esos puntos de contacto.

Surgió así un trabajo sencillamente ejemplar en el que las vivencias de Oriente y de Occidente consiguen unirse y presentar un enfoque coherente y lleno de mensajes esclarecedores.

La temática se halla convenientemente dividida y pormenorizada en numeración correlativa. Esto ayuda no sólo a memorizar metódica y sistemáticamente toda la doctrina sino también a ubicar con celeridad el texto que se desea confrontar, si se procura profundizar más sobre el particular.

Despojado de todo propósito sectario, el escrito del doctor Adoum resume singulares textos doctrinarios del esoterismo, y su lectura —como corresponde a obras de este género— impone prolijo análisis, exento de precipitadas conclusiones.

Por todo ello, resulta un verdadero acierto el de la Editorial KIER, de Buenos Aires, al disponer la publicación de LAS LLAVES DEL REINO INTERNO, del doctor Adoum.

HECTOR V. MOREL

MENSAJE A LOS AMADOS LECTORES

Esta obra, en su primera edición, fue titulada "LAS LLAVES DEL REINO" o "EL CONOCIMIENTO DE SI MISMO"; pero hoy, en su segunda edición, lleva el nombre de "LAS LLAVES DEL REINO INTERNO" o "EL CONOCIMIENTO DE SI MISMO", para diferenciarla de la novela de A. J. Cronin de igual título.

Deseo aclarar, de una vez, que esta obra "LAS LLAVES DEL REINO INTERNO", que ha sido traducida a varios idiomas, ES LA RECOPILACION DE TRESCIENTAS OBRAS DE OCULTISMO, desde Blavatsky hasta los contemporáneos; ES TAMBIEN EL RESUMEN DE TRECE ESCUELAS ESPIRITUALISTAS; ES, IGUALMENTE EL RESUMEN DE LAS ENSEÑANZAS DE UN MAESTRO, y las prácticas de un discípulo.

En esta obra no se han citado autores para dejar al criterio de cada lector la asimilación de los conceptos, y para eliminar la idolatría al maestro, evitando, de esta manera, el antagonismo reinante entre todas las escuelas, y, por último "Fundir las dos escuelas, oriental y occidental en el crisol del Espíritu de la Obra".

El que escribe estas líneas, nunca se proclamó Maestro, ni siquiera Pseudo-maestro, nunca vendió revistas, nunca vendió lecciones dosificadas, ni ha procurado conseguir discípulos; al contrario, todo lo que ha podido dar, lo dio gratuitamente. Por otro lado, él siempre ha considerado que el único maestro debe ser el Dios Intimo en el hombre y al mismo tiempo él está convencido de que es un simple estudiante.

La única intención al editar estas obras, fue la de recordar a los estudiantes (y yo soy uno de ellos), que todos los misterios, los símbolos, los emblemas y las enseñanzas de todas las escuelas orientales y occidentales, se encuentran grabados, escritos, practicados y aprendidos en el mismo cuerpo del hombre llamado el Microcosmos.

Muchos de los maestros han proclamado estas verdades, pero no las han sistematizado en una sola obra. Yo traté, solamente, de recopilar todas las enseñanzas en estos trabajos, explicarlos y descubrir todos los misterios en el cuerpo humano; por lo tanto declaro, sin sentir ninguna humillación ni aparentar humildad, que yo fui como una pluma o un lápiz en manos de Ellos y no tengo ningún mérito, ni reclamo ninguna gloria.

Ruego a los lectores que mediten en este mensaje lleno de verdad y de cariño, y que no me pidan más que funde una escuela propia, para enseñar y desarrollar lo que he escrito.

Fraternalmente,

JORGE ADOUM
(Mago Jefa)

PLEGARIAS

Dame tu luz ¡Dios mío! para verte
en toda parte, tiempo, criatura;
en el águila, reina de la altura,
en el cadáver, putrefacto inerte;

en las olas del mar como en la fuente,
en las arenas secas del desierto;
en la mano asesina y en el muerto,
en la salud del sano, en el paciente;

en el oro, las hierbas y las rosas,
en el lecho nupcial como en la cuna;
en estrellas y rayos de la luna,
en el sol y las noches tenebrosas.

Y para oírte, ábreme el oído.
Entonces sí, te escucho noche y día:
cuando el león ruge y el polluelo pía;
en la risa del hombre, en su gemido;

en el roncar del búho cuando ayea,
en el hermoso canto del canario;
en la blasfemia vil del presidiario,
como cuando la musa cuchichea;

en la oración de pobres y de hambrientos;
en el croar molesto de la rana;
en el manso vaivén de la mañana,
y en el fuerte silbido de los vientos.

Para vivir de tu exhalar divino,
dilata mis narices y pulmones,
y podré percibir, tus vibraciones
desde el alba tu aliento matutino;

en las brumas del mar como en el yermo,
y en todo secretar de la Natura;
en el sudor de la camisa impura
del labrador, del sano y del enfermo;

en invierno, en otoño y primavera;
en todo mineral y toda planta;
en el aliento de la virgen santa,
como en el suspirar de la ramera.

Para palpar ¡Dios mío! tu presencia
sensible haz mi sentir, haz que te sienta
en el calor, el frío y la tormenta,
en cada realidad y su apariencia;

en la nieve, en las lluvias y el rocío;
en la hoja, en la espina y en la rosa;
en el corte de herida dolorosa,
y en todo corazón ajeno y mío.

En todo palpitar de mi organismo,
en todo movimiento de mi vida;
en la materia muerta, en la nacida,
en mi exterior, y dentro de mí mismo.

¡Señor! si en mis entrañas encendiste
este fuego del hambre que devora,
por saborearte el paladar te añora,
en todos los sabores que me diste.

Ven a mi boca, cual maná del cielo,
y puedo saborearte, en mi contento,
en todas mis bebidas y alimento,
en el agua, la nieve y en el hielo;

en el pan; de la miel en la dulzura;
así al libar los vinos generosos,
como al besar los labios amorosos
de la mujer que me ofreció ternura.

Que mi lengua ¡Señor! sea testigo,
fiscal y juez: condene mi mentira;
que me defienda de la ciega ira,
cuando sin aprensión la verdad digo.

Haz de mi corazón ¡Señor! un prado,
en donde se deleiten corazones;
que su agua sea la fe, sus plantaciones
de esperanza y amor, fruto ambareado;

su cielo lealtad; su sol que tenga
los rayos de humildad, bondad, derecho...
Si en mi existencia no hay ningún provecho,
¡Dios mío, ordena que la muerte venga!

PRIMERA PARTE

PREAMBULO

Antes del Principio existía el Cero (0). En el principio existió el uno (1).
La Eterna Letra "O" envolvía la Eterna Letra "I".
El seno Ilimitado de la circunferencia ocultaba el Eterno Radio.
Antes del principio existía el Verbo sin manifestación porque no había llegado el principio.
La "I" era envuelta en la "O"; el Saber en el Poder y la Inteligencia en la Imaginación.
Había el Espacio, pero vacío de la Forma.
Había el "AQUELLO", pero no había el "AQUEL".
La duración envolvía el tiempo; la Conciencia envolvía la Mente; el Pasado contenía el Futuro, el Número estaba preñado del Fenómeno.
No había la Trinidad porque no se manifestaba la Unidad; no existían los Siete, porque no existía la Trinidad; no se manifestaban los Doce por la ausencia de los Siete. Con todo, los Doce yacían en los Siete, los Siete en los tres, los tres en el UNO y el UNO en el NO SER.
La Circunferencia sin límites absorbía el Todo: Padre, Madre, Hijo, Espíritu, Alma, Cuerpo; Esencia, Sustancia, Materia.
La Esencia había aspirado la Sustancia, la Sustancia inhaló la Materia, la Infinita Circunferencia absorbió al TODO.
Espíritu, Alma y Cuerpo tenían el Ser en el No Ser, sin embargo, nada Existía.
No había perfección porque no había Manifestación.
No había aroma porque no había flor.

No había la creación porque no había la necesidad.
No había el efecto porque no se manifestaba la CAUSA.
Había la Inspiración o la Inhalación retenida sin la Respiración Exhalada.
La Existencia palpita en el seno de la no Existencia; el Futuro visible en lo Eterno Invisible.
No era la Nada en la Nada; era el Ser en el No Ser.
La causa sin causa envolvía la existencia. la Oscuridad Luminosa absorbía la Luz oscura; la Eternidad envolvía los tiempos. En el Utero de la Eternidad se movían las tinieblas porque era hora de dar a Luz: EL HIJO.
La Luz Absoluta era Tinieblas; el poder Absoluto era inacción.
No había Principio porque no existían principios; ni polaridades porque no existía el centro.
No había el poder Imaginativo, IMAGINACION, para manifestar su espíritu creado: no vibraba el Espíritu para emanar el Alma; no existía el saber para modelar el cuerpo.

Esto fue Antes del Principio

En el principio el Uno asume en el Cero y Forma todos los números.
En el principio la Eterna letra "I" se manifiesta en la "O" y el YO forma todo el Cosmos.
El Radio se traza en la Circunferencia y mide la Eclíptica.
"En el Principio era el Verbo y el Verbo era con Dios y por el Verbo, todo lo que es hecho fue hecho."
El Aquello manifestó el Aquel y la forma ocupó el Espacio.
El tiempo midió la duración; la mente vislumbró la conciencia y el Noúmeno alumbró el Fenómeno.
El UNO dividió el Cero en Dos formando las dos polaridades para convertirse en ellas en Trinidad.
La Trinidad emanó los Siete, de los Siete brotaron los Doce y el No Ser se hizo Ser; sin embargo, el No Ser sigue oculto en el Ser, los Doce en los Siete, los Siete en los Tres y los Tres en el Uno Yo.
La Eterna Letra "O" exhaló de sus entrañas la Eterna letra "I-O" y la "I" centro de la "O" forma dos polaridades: Atracción y Repulsión; pero la causa de la atracción y de la repulsión se

mueve en la línea recta y las tres fuerzas: extensión, repulsión y atracción forman la "A" o triángulo dentro de la "O" (A): Espíritu, Alma, Cuerpo, se hicieron carne en absoluto.

De aquí las Tres Fuerzas manifiestan su acción y permiten la perfección en la manifestación.

La flor expidió su aroma, la necesidad creó y la causa manifestó el efecto.

El Aliento Aspirado exhaló y lo visible tuvo el Ser de lo Invisible; la Luz Oscura brilló en la Oscuridad Luminosa.

El cambio manifestó el tiempo en el útero de la Eternidad.

En el Principio se expresaron dos principios: Masculino y Femenino. En el Principio Absoluto vibró de dentro hacia fuera el Espíritu; el Espíritu emanó el Alma y el Alma construyó el Cuerpo-Forma.

Este es el Principio de los Principios; Origen de los Orígenes: ESTE ES EL GENESIS.

Capítulo I

EL MISTERIO DE LA UNIDAD

"Bienaventurados los limpios de corazón porque ellos verán a Dios."
"YO y EL PADRE somos uno."
"YO SOY EL; EL ES YO."

Yo soy El, El es Yo: es el Arcano de los Arcanos; el Misterio de los Misterios; es la Unidad del Poder.
Yo soy El, El es Yo: es la dicha de las dichas; es la felicidad de las felicidades, es la Unidad en el AMOR.
Yo soy El; El es Yo: es la Ciencia de las Ciencias, es el Saber de los Saberes; es la Unidad en la Creación.
La primera Ley del Absoluto, del Intimo es la Unidad del Todo.
La Unidad se manifiesta en los tres Principios de la Manifestación que son:
La Unidad con el primer principio, es el Poder.
La Unidad con el segundo principio, es el Amor.
La Unidad con el tercer principio, es el Saber.
O sea, en Dios, en el hombre y en el Universo.
La primera manifestación del Intimo es el uno; el Padre con quien debemos ser Uno, como decía Jesús: Yo y el Padre somos Uno.
El Padre se manifiesta en el Hombre por la imaginación.
El Padre es la Línea recta en la Circunferencia del Absoluto; es la vida individualizada; es la Unidad del Ser, es la fuerza del progreso de la Evolución.
El Padre es la Unidad de la Imaginación.

La Imaginación es la voluntad del Intimo sostenida por el Pensamiento y el Pensamiento sostenido es el Padre de la Creación.

La Imaginación es el Esfuerzo vertical que, desde arriba hacia abajo crea y que desde abajo hacia arriba, desde la gravedad hacia el Centro de la atracción del Intimo, sabe.

La Imaginación es la Línea recta que se encuentra entre la Naturaleza del Hombre y su Intimo; entre el Universo y el Absoluto.

El mayor conocimiento es el conocimiento de sí mismo y el conocimiento de sí mismo se halla en la UNIDAD.

Con la Imaginación se siente la Unidad; con la razón se estudia la Naturaleza.

Por el Amor se llega a la Unidad, con la razón se puede conocer la diversidad.

Pensar internamente es entrar al Radio del Padre, al Reino de los Cielos y la Imaginación es la única vía franqueable hacia el Reino de la Unidad; porque se llega a la unidad volando por encima de las construcciones mentales, borrando los prejuicios del corazón y abriéndose ante el Infinito silencioso.

Imaginar o visualizar una cosa es crearla y el conjunto del Universo es una serie de visualizaciones.

El mundo es la Imaginación del Inefable y el Trono del Inefable está en el entrecejo del hombre.

La Unidad del Hijo con el Padre se realiza en el Cerebro, porque el Cerebro es la Unidad del hombre.

Hay que ascender a la montaña para unirse con el Padre, hay que ascender al Cielo, a la cabeza y sentarse en el cerebro derecho, a la diestra del Padre, para luego volver a juzgar a los vivos y a los muertos, a los buenos y a los malos dentro del cuerpo.

El Cuerpo es la diversidad de la Unidad; cada parte del cuerpo vibra una nota y despide una luz distinta: pero cada nota corresponde a un centro del Cosmos y cada luz equivale a un rayo del Sol Central.

Sentirse el Intimo Absoluto, el Sol Central, es abarcar el todo.

Como es arriba, así es abajo; como es en el Cosmos, es en el Cuerpo y como es en el Cuerpo es en el Cosmos.

"¿Tanto tiempo ha que estoy entre vosotros y me preguntáis por el Padre?"

Así como el radio es el principio, medio y fin de la circunferencia, así el hombre es en el Infinito, principio, medio y fin de lo existente.

Sin embargo, la Unidad es impenetrable a la concepción humana y es desconocida en su principio.

Todo se conserva y vive en la Unidad; todo desaparece en Ella.

La Unidad está más allá de la mente, del sentido y del placer. Con todo, se llega a la Unidad por medio de la mente, del Sentido y del Placer.

La Religión antigua decía: "De El venimos y a El hemos de volver".

La Religión moderna dice: "Yo y el Padre somos Uno".

La Religión futura dirá: "Yo soy El; El es Yo".

Los antiguos caminaban hacia la Unidad; los futuros la vivirán.

Vivir la Unidad es identificarse con el Dios INTIMO y abarcar el todo.

Ser Uno con el Intimo es sostener todos los sistemas y ser la Omnipotencia.

Ser uno con una parte es poseer una ciencia.

El Reino de Dios

El Reino de Dios es Uno, pero diversificado en muchos.

El Absoluto es la Realidad misma que mora en todo ser visible e invisible. Es el Intimo en el hombre. El Sol Central Invisible.

El Uno es el Padre, el Sol Físico que corresponde al PENSAMIENTO creador en el hombre.

Aunque el Reino de Dios es Uno, pero también se manifiesta en muchos, así también el cuerpo humano que es Unidad se manifiesta en diversidad.

La Unidad permite afectar el todo por medio de la parte y las partes están relacionadas entre sí por orden de afinidad cósmica como tienen los signos zodiacales, una acción recíproca, ejercida entre ellos. De aquí se deduce que la alteración sufrida por una de las partes, tiene que reflejar en el conjunto.

De esta explicación deducimos que para llegar a la Unidad tenemos que valernos de la diversidad, esto es, por medio de la dualidad, del ternario, del cuaternario, etcétera.

Este es el objeto de nuestra presente obra.

¿En dónde está el Reino de Dios?

El Maestro de los Maestros, el Hombre-Dios nos dijo: "Buscad el Reino de Dios y su justo uso, y lo demás os será dado por añadidura".

Después dijo: "El Reino de Dios está dentro de vosotros".

Siendo el Reino de Dios dentro del hombre, éste debe buscarlo dentro de su propio organismo, de su propio cuerpo, para llegar algún día a unirse con El e identificarse con Dios Intimo que se halla en su interior.

Camino Hacia la Unidad

Cuatro son los caminos que conducen a la Unidad por el pensamiento, a saber:

1º La Imaginación y la concentración.
2º La Acción.
3º La Devoción.
4º La Sabiduría.

Aunque la Unidad tiene un solo camino, con todo, posee estos cuatro senderos según el temperamento de cada persona; pero tampoco ningún ser puede llegar al Reino de la Unidad por medio de un solo sendero; porque pensamiento sin acción, sin devoción y sin sabiduría, es nulo; también devoción sin acción, es inútil; de manera que el hombre puede tomar un sendero de los cuatro siempre que observe la moral de los otros tres.

El Reino del Hombre

Como todo reino, el reino interno del hombre tiene sus estados, jerarquías, gobernantes, empleados, obreros, etcétera.

El Rey Interno es el DIOS INTIMO de quien no podemos decir una sola palabra porque está mucho más allá de la concepción humana; pero tenemos el deber de creer en EL por sus manifestaciones.

Este Rey se manifiesta por la Dualidad: Yo superior y Yo Inferior, dirigentes del mundo mental Abstracto y Concreto. Estos dos Yos tienen muchos nombres según veremos después.

Esta dualidad es la Unidad, multiplicándose a sí mismo para crear, y por eso la Biblia hace salir a Eva del mismo pecho de Adán; pero la reproducción de la unidad por el binario conduce forzosamente al ternario que es la plenitud y el verbo perfecto de la Unidad.

El Ternario es el Amor de la dualidad o el hijo de los dos: Padre, Madre e hijo: Padre, Hijo y Espíritu Santo: Cabeza, pecho y vientre: Poder, sabiduría y movimiento, etcétera.

Los demás números son, dentro del reino, partes complementarias como dirigentes, gobernantes, empleados, ministros, obreros, etc., que residen cada cual en su puesto obedeciendo y obrando según la voluntad del Ser Superior, que crea y maneja a su creación según leyes infalibles compuestas de números, pesos y medidas, cuyo objeto es el retorno a la Unidad consciente por el hombre.

Capítulo II

EL PRIMER CAMINO HACIA LA UNIDAD ES EL PENSAMIENTO

El Ser Pensante o el Pensador es el primer Ministro del Intimo, en el Reino del Hombre, que tiene a su cargo el mundo del pensamiento y sus modalidades como la meditación, concentración e imaginación, etcétera.

El ser humano se imagina como piensa, piensa como siente y siente como desea; de esta regla se deduce que para pensar bien debemos tener buenos deseos y buenos sentimientos.

La imaginación es el pensamiento sostenido que fortalece la voluntad que puede dominar, sin dificultad, la naturaleza física, dirigida por el YO inferior y en corto tiempo alcanza el hombre el conocimiento de la verdad por la Unidad.

El hombre de fuerte imaginación puede escudriñar el misterio del alma y los poderes latentes en su Intimidad.

Quien logra dominar su mente por la Imaginación, adquiere un poder capaz de dominar todas las fuerzas del Universo y podrá dominar los fenómenos de la naturaleza.

La mente Divina del Intimo es la soberana del Cosmos y cuando la imaginación del hombre se conecta con esta MENTE, los poderes del hombre serán divinos.

Por la concentración en un objeto del mundo fenomenal se descubre la verdadera naturaleza del objeto en sí mismo, en el mundo de la verdad.

Enfocando el pensamiento en un solo objeto podemos conocer todos los pormenores de dicho objeto sea físico, mental o espiritual. Sostener la Imaginación en alguien, es enfocar nuestros rayos en él e inyectarle nuestros deseos.

La visión mental de un hombre es tan penetrante que puede rasgar el velo que oculta las verdades universales y le será posible conocerlas.

Quien se abstrae del mundo externo y dirige su concentración al mundo del Intimo, reconoce la Unica Verdad del Universo, se siente que es el mismo Dios y puede decir con Pablo: "Ni ojos humanos vieron, ni oídos oyeron jamás, lo que preparó Dios a sus elegidos", porque en este estado el hombre penetra al Tercer Cielo, el mundo de la mente Abstracta, sintiéndose Dios y domina sobre los espíritus invisibles.

El conocimiento de que el Intimo todo lo penetra, emancipa al hombre de la esclavitud, de la ignorancia.

Todo lo que existe, es la imagen proyectada de la mente del hombre; porque cuando el Absoluto quiere crear se vale de la imaginación humana y ella es la causa de la diversidad en la Unidad.

 El Amor para unos es un pasatiempo, para otros es un placer; mientras que para el místico es la perfección: todos sienten el amor uno, pero cada individuo percibe el objeto del amor según la imagen de su propia mente y de sus deseos; mas, para volver a la Unidad por medio del Amor, es necesario analizarlo y sentirlo sin desear sus frutos.

Todo aparece según el cristal con que se mira; pero la verdad de la Unidad se la puede ver cuando no se emplea ningún cristal; de manera que aquel que se fía de sus sentidos corporales y los emplea como cristales no puede adquirir el conocimiento de la Unidad por medio del pensamiento abstracto.

El pensamiento sostenido en lo Abstracto, nos aleja de lo adquirido por los sentidos y descubre la verdadera causa del fenómeno que nos parece misterioso.

La Trinidad del Hombre

No es por demás anticipar estas explicaciones para que el aspirante pueda aplicar con eficacia, desde el comienzo de sus estudios, ciertas reglas y ejercicios especiales que le ayudan en el sendero de la Unión por medio del pensamiento.

Ya hemos dicho que la Unidad está más allá de la concepción humana.

Para el equilibrio de dos platillos de una balanza, se necesita un punto medio sobre el cual se apoye.

Platón decía que el hombre es una cabeza, a la cual los Dioses, ministros y servidores de Dios, habían puesto miembros y un organismo que le valiera para poder transportarse de un sitio a otro.

Para conocer la Unidad del hombre tenemos que admitir en él tres divisiones o tres entidades distintas y unidas.

La primera división que es la más inferior es el vientre donde se elabora la materia física de que se compone el organismo. Esta parte toma del mundo material por medio de la boca, las diversas sustancias de alimentos para nutrir el cuerpo. En esta división reina una entidad inteligente que prepara el alimento de la sangre; pero a este alimento lo impregna de sus atributos que son las sensaciones y los instintos.

La segunda división es la parte central o el pecho; es la residencia del ANIMA (alma) que se apodera de lo que elaboró el vientre, lo dinamiza, por el aire oxigenado, respirado por la nariz, renovando en los glóbulos rojos la energía perdida, por medio de la aspiración y la espiración. En esta parte se halla la vitalidad de la cual nacen los sentimientos y las pasiones.

La parte tercera que es la superior o la cabeza, extrae de la sangre, por medio del cerebelo y el sistema nervioso, la energía nerviosa, la almacena en el sistema central del cuerpo. Esta energía es la que origina el movimiento en el organismo. En esta división del cuerpo reside la inteligencia, y la comprensión pasiva del pensamiento concreto.

Esta trinidad del cuerpo físico, trinidad necesarísima para la vida, está unida bajo el dominio del cerebro, órgano de los sentidos y de la expresión de la energía orgánica. En este centro de unión de las tres se encuentra la voluntad creadora y la inteligencia activa que recibe sus leyes del mundo abstracto del Dios Intimo.

El Cerebro: Sus Divisiones y Sus Funciones

El Cerebro o encéfalo es la masa contenida en la cavidad craneana; se divide en cuatro partes que son: Cerebro, cerebelo, istmo encefálico y bulbo raquídeo.

El cerebro tiene dos clases de sustancias: una blanca y otra gris, en todo similar a la médula espinal, de la que es prolongación y contiene infinidad de nervios, que como filamentos se entrecruzan y extienden a lo largo de todo el cuerpo. En el cerebro residen los centros de la actividad consciente; en el cerebelo los de la subconsciente o los efectos de los actos conscientes creados por el cerebro.

Dichos centros están formados por filamentos nerviosos, en forma de círculos o semicírculos en direcciones opuestas y algunos de ellos conectados entre sí.

Estos filamentos en el cerebro, son los conductores de las impresiones de los cinco sentidos ordinarios, que cada uno de los cuales dispone de arborizaciones sensitivas, motoras y de asociación.

En el cerebelo hay otros filamentos iguales, unos subconscientes y otros conscientes que se extienden en una red infinita de filamentos por todo el organismo. Nadie hasta ahora ha podido entender cómo esa red nerviosa cumple sus funciones en la trinidad del hombre, aunque muchos han experimentado la influencia que ejercen las condiciones físicas en todo nuestro ser. Anotemos algunos ejemplos:

1º La sustancia gris y blanca debe ser excitada para que funcione el organismo en su respiración, digestión y circulación sanguínea, etcétera, pero esta excitación cesa en la asfixia u otros casos graves.

2º La temperatura, la insolación, la cólera, aumentan esta excitación y producen delirio.

3º Las toxinas modifican la excitación y la sensibilidad de esta masa: unas la aumentan como la cocaína, el alcohol, el café, etcétera, y otras la deprimen como el éter, el cloroformo, los bromuros, etcétera.

Estos pocos ejemplos demuestran las influencias físicas que ejercen los medios naturales en el cerebro. Ahora veamos los medios anímicos:

1º Una pasión o una tristeza pueden producir la locura.

2º Una música, un aroma o una flor pueden producir en nosotros una alegría o una tristeza.

No hay que enumerar más ejemplos y de estos deducimos que la propiedad de esta red nerviosa es la que permite que cada individuo sea sensible a distintas fuerzas sutiles de la naturaleza y que estas fuerzas afectan al ser humano en su manera de sentir, pensar y obrar.

Respecto a la tercera parte que corresponde a la inteligencia pasiva, podemos enumerar miles de ejemplos de sugestión y de autosugestión que excitaron a la masa encefálica y al sistema nervioso y condujeron al hombre a la cima de la gloria o a la cima de la degradación.

Estos ejemplos realizados en las tres partes del organismo del hombre nos conducen a la conclusión siguiente:

Un alimento sano produce un sentimiento puro.

Un sentimiento puro produce una inteligencia clara.

Una inteligencia clara produce un pensamiento sostenido.

Un pensamiento sostenido produce una FUERTE VOLUNTAD, primera manifestación del Intimo Creador.

El cerebro no es el pensamiento, pero sí es el órgano que facilita el acto de pensar.

El pensamiento no es la inteligencia, pero es el instrumento que la manifiesta.

El cerebro no es la idea, pero es el molde que le da la forma.

El Cerebro no es el Pensador pero es su mecanismo, a través del cual crea.

El pensamiento es el primer elemento del Intimo, es su potencia Creadora; es el Padre Creador del Cielo y de la Tierra.

Todo pensamiento que llega a ser una idea fija y definida en la mente del hombre, se convierte en fuerza activa y se esfuerza en cristalizarse en el mundo físico.

La idea, hija del pensamiento, es la causa de todo lo creado en el mundo mental y da el material necesario para el mundo físico.

Todos los grandes hechos del hombre, todos sus inventos, sabiduría, paz, guerra, santidad, gloria, eran ideas fijas en el plano mental de un hombre y de una mujer.

La idea en el plano mental modula las facciones del hombre y le enseña la manera de ser, porque el hombre no obra según su forma sino según sus pensamientos; por eso dijo el sabio: Tal como el hombre piensa, así es él.

Para que una idea fija se manifieste, el hombre debe alimentarla con la acción permanente y continua.

Para que la idea se cristalice necesita un período de actividad relacionado con ciertos ciclos cósmicos.

Los ciclos cósmicos dependen de leyes superiores a las cuales no pueden infringir.

Las leyes naturales y divinas no obran a saltos, así como el grano de trigo no puede dar sus frutos en el mismo momento de ser sembrado.

Toda idea es como el grano de trigo que necesita de quien le siembre, le cuide; necesita de un terreno adecuado para germinar; el terreno debe poseer, aire, luz y agua, factores y elementos similares a los del grano, para que lo puedan nutrir.

La necesidad impulsa al hombre a crear y a nutrirse, y la necesidad es la hija de un deseo; pero, mientras hay deseo hay necesidad y mientras hay necesidad existe la desdicha, y mientras existe la desdicha el hombre busca la felicidad.

Felicidad e infelicidad, poder y debilidad, son ideas fijas en el mundo mental concreto; son las creaciones del mismo hombre.

Felicidad relativa no es felicidad; desgracia relativa no es desgracia; por eso el hombre Eterno busca la Felicidad Eterna y la Felicidad Eterna no se puede encontrar en el mundo mental Objetivo.

La Felicidad Eterna es un Atributo del Ser Intimo en el hombre y para sentirla es necesario que el hombre vuelva a la Unión con el INTIMO, ETERNO, INFINITO y PERFECTO.

La Unión con el Intimo es la Perfección

Ya hemos dicho que cuatro son los caminos que conducen a la unión con el Intimo (YO SOY EL) por medio del pensamiento: La imaginación o idea concentrada, la acción; la sabiduría y la devoción; pero esta división es ilusoria y tuvimos que emplearla para aclarar el concepto de la Unidad que está más allá de nuestra concepción.

El Intimo manifiesta separadamente sus tres aspectos: conocimiento, voluntad y actitud, de que resultan los pensamientos, deseos y obras.

La demostración de las manifestaciones en la sustancia, no quiere decir que el hombre tiene tres YO, sino que el Unico YO INTIMO es quien conoce, quien quiere y quien actúa.

Tampoco las funciones son separadas; cuando conoce, también quiere y actúa; cuando actúa es porque conoce y quiere, y cuando quiere es porque también actúa y conoce.

En resumen, los tres aspectos del YO son el conocimiento, la voluntad y la actividad; así vemos que la Unión por medio del pensamiento tiene aspectos, pero es indivisible.

Así como los colores dimanan de los tres primarios, así también el Intimo se manifiesta en el cuerpo de tres modos en los cuales dimanan las infinitas manifestaciones en forma de pensamientos, voluntad y acción.

El interno reflejo del hombre es el conocimiento, fuente del pensamiento.

La interna concentración es la voluntad, raíz de los deseos.

La expresión en lo externo es la energía o la acción.

Misterio de la Trinidad

El Intimo, Dios, cuya "Esencia es Poder, Sabiduría y Acción" refleja en su Interior infinidades de formas inertes, en las cuales EL no puede saber actuar, ni tiene poder en ellas, ni por medio de ellas. EL conoce, pero ellas no piensan; EL quiere, pero ellas no desean; EL actúa, pero ellas no se mueven. Esta conglomeración de formas se denominan materia, forma, cuerpo.

A fin de que el YO INTIMO pueda ser el CONOCEDOR y el NO-YO cuerpo lo conocido, fue necesario establecer entre ellos una relación definida que es el conocimiento entre los dos. Este conocimiento es una relación dual, a saber: la conciencia de un YO y el reconocimiento de su contraparte que es el NO-YO, y que su presencia en contraposición una de otra, es necesaria para que debidamente resulte el conocimiento.

De esta manera tenemos: El Conocedor, lo conocido y el conocimiento, o esto otro: El pensador, lo pensado y el pensamiento, que son tres en uno, cuya comprensión es necesaria para emplear el poder del pensamiento en auxilio del mundo.

Según la filosofía occidental, la mente es el Conocedor, el objeto es lo conocido; la relación entre ambos es el conocimiento. Cuando comprendemos la naturaleza de los tres habremos dado un gran paso, hacia el conocimiento de nosotros mismos en que consiste la mayor Sabiduría cuyo fin es poner término al dolor, elevando a la humanidad del abismo de la separatividad al conocimiento de la Unión donde cesa el dolor.

Para esto piensa el conocedor y busca el conocimiento que conduce a la paz y a la felicidad.

Resumen

El pensamiento dibuja una idea, forma y una imagen mental; la imagen mental impulsa al hombre al acto; el acto es el origen del hábito; la repetición del acto forma el carácter y el carácter es el padre de la voluntad.

Capítulo III

LA MENTE

El Conocedor no conoce las cosas en sí, sólo conoce las imágenes del mundo externo producido en su vehículo, la Mente.

La Mente vehículo del Yo, es como espejo que refleja las imágenes de los objetos. No conocemos las cosas en sí, sino tan sólo el efecto que producen en nuestra conciencia. En la mente, solamente vemos las imágenes de los objetos, mas no los objetos; así como el espejo parece que tiene los objetos dentro de él, pero son imágenes, así el Conocedor, percibe como si fueran objetos las imágenes reflejadas.

Sin embargo, lo que sucede en la mente no es reflejo, porque la imaginación es una reproducción del objeto, y porque la materia mental asume la forma del objeto y el Conocedor reproduce a su vez esta semejanza.

Cuando, algún día, la conciencia, que es conocimiento, identifique y desarrolle el poder de reproducir en sí misma lo externo y sólo vea lo irreal en la materia, entonces se desprende de la envoltura material para identificarse con los seres.

Esta es la Unión con la Unidad, en donde la conciencia se conoce a sí misma y a los demás a ella unidos, entonces se identifican el Conocedor, lo conocido y el conocimiento.

Vibración

La vida es movimiento y el movimiento al afectar la forma, es vibración.

Vibración o movimiento es el cambio de lugar en la revolución del tiempo.

En el Uno inmutable, en el Intimo, no puede existir el movimiento: por esto tuvo que diferenciarse de Sí Mismo para que existiera la vida en movimientos. La vida de movimiento rítmico y armónico es salud y felicidad; la vida arrítmica e inarmónica es muerte y desgracia: vida y muerte son dos hermanas gemelas, hijas del movimiento.

Entonces el movimiento surge cuando el UNO se manifiesta en los muchos.

El Espíritu es la Unidad; la esencia de la materia es diversidad y cuando ambos surgen del Intimo Dios, el reflejo de su Omnipresencia en la multiplicidad de la materia es movimiento infinito y perpetuo.

El Espíritu está en la Unidad y en la diversidad de la materia. El movimiento rítmico envuelve cada átomo en cada ser, unidos o separados.

Cada átomo al vibrar, comunica sus vibraciones a los compañeros que le circundan y éstos a los demás, así como cuando vibra una nota en un instrumento, afecta a todas las demás cuerdas afines de otro instrumento que está en su círculo de radiación, aunque en menor grado.

De la misma manera podemos decir que los pensamientos, los deseos y las acciones son manifestaciones o vibraciones en la materia del entendimiento, de la voluntad y de la actividad, aunque difieren fenomenalmente por el distinto carácter de la vibración.

El pensamiento vibra en la atmósfera mental, así como la luz vibra y afecta a los ojos.

La luz es la vibración del éter que afecta a los ojos; el sonido es la vibración del mismo éter que afecta a los oídos. También el pensamiento es la vibración que afecta a la mente: todo es vibración, desde el metal hasta el Espíritu.

El conocedor en el hombre tiene actividad en estas vibraciones, y todo lo que puede responder o reproducir, es conocimiento. De manera que el conocimiento es aquel puente de la materia vibratoria, o es la imagen causada por una combinación de ondas que une al Conocedor con lo conocido y les pone en contacto. De esta manera forma la Unidad del Conocedor, lo conocido y el Conocimiento.

El Conocedor y la Mente

Tenemos que insistir sobre el tema porque es la base de todo verdadero conocimiento y es, al mismo tiempo, los cimientos de todos los arcanos. ¿Ha usado alguna vez, el lector, aunque por un instante, lentes de color, y si es así, cómo ha visto los objetos?

Este ejemplo nos sirve para comprender al Conocedor y a la mente. Por lo pronto podemos comparar al centro de visión en el cerebro, con el conocedor, a los objetos vistos a través del lente de color con las cosas conocidas, mientras que el ojo es el puente que une a los dos; y nos apresuramos a decir que la mente no es el conocedor y debe siempre distinguirse cuidadosamente de él. La mente no es nada más, que un instrumento para obtener el conocimiento, es como el ojo, instrumento de la visión y no es la misma visión.

La mente es dual: concreta y abstracta. La mente concreta es la que influye y está influida por cada unidad separada de la conciencia, como el hombre que coloca en sus ojos un vidrio de color.

El Conocedor está allí pero conoce las cosas según el cristal a través del cual miran los ojos, esto es con muy limitada expresión.

Todos los efectos de nuestros pasados pensamientos, deseos y obras, forman en nosotros la Mente que es una parte del NO-YO, modelada por nuestro propio uso, y sólo por medio de ella podemos conocer.

Todas las impresiones venidas del exterior se modifican y son modificadas por esta masa existente; de manera que no podemos cambiarla bruscamente por un esfuerzo de voluntad, ni prescindir de ella, ni quitarle instantáneamente sus imperfecciones.

El Conocedor se halla inconsciente de la influencia de la mente como quien hubiese visto, por medio de un cristal azul, toda la vida. En este sentido podemos decir que la ilusión no existe en las cosas vistas sino en la mente que ha usado del vidrio de color.

"La Mente es el Creador de la ilusión", dice el Libro de los preceptos de Oro.

La Mente abstracta es aquella parte superior de la mente humana que estudia las cosas tal como son, en su aspecto fenomenal en vez de mediante las vibraciones modificadas por la mente concreta. También puede conocerse la idea, en el mundo de los números, de la cual la forma expresa el aspecto fenomenal. La mente abstracta funciona cuando está libre de la mente concreta y de sus sentidos.

En resumen, el estado actual del hombre conoce las impresiones de las cosas, por medio de su mente concreta y no las cosas en sí por la mente Abstracta.

En el Mundo Mental

El mundo mental es un vasto reino cuyo soberano es el Pensamiento. Este mundo está lleno de seres vivientes, creados por nosotros, compuestos del mismo material mental, como los seres terrestres se componen del material terreno.

Este reino es una región del Universo, que todo lo compenetra e igual al mundo físico tiene varias divisiones y subdivisiones en su composición; pero sus vibraciones no responden sino al poder del pensamiento.

La parte superior del mundo mental se compone de varios tipos fundamentales. Cada tipo domina sobre sus divisiones y subdivisiones. La diferencia entre el pensamiento abstracto y el pensamiento concreto consiste en la rapidez o la lentiud de las vibraciones. El pensamiento puro tiene vibraciones rapidísimas, mientras que el grosero es muy lento y no puede afectar los grados sutiles de la materia mental. Rogamos al lector que medite bien en esto.

No decimos en nuestra definición, buenas y malas, términos que no son adecuados en la ciencia espiritual. Para el espiritualista, el mal es la lentitud de las vibraciones que se desvanecen antes de llegar al reino de los Cielos y esta lentitud impide la evolución del hombre; mientras que el bien es la rapidez de las vibraciones que atraviesan los siete cielos y llegan constantemente hasta el mismo trono del Señor. En esta rapidez consiste la evolución del hombre.

Nunca se debe olvidar este importantísimo punto, si se quiere emplear las diversas llaves del Reino que conducen a la Unión con el Intimo por medio del pensamiento.

El pensador constituye sus vehículos cada día y hora de nuestra vida, dándonos la ocasión de aplicarlos a fines elevados que nos conducen a la Unión con el Dios Intimo. Despiertos o dormidos estamos creando, con nuestros pensamientos, elementos y materiales para edificar nuestro cuerpo mental.

Cuando el pensamiento afecta la sustancia mental que le rodea, crea vibraciones en la conciencia, aunque con pensamiento fugaz, atrae átomos mentales al cuerpo mental, al mismo tiempo expele otros; de manera que la fuerza del pensamiento es dual: centrípeta y centrífuga.

De aquí que su movimiento es y causa en la materia la atracción y la repulsión.

Los pensamientos bajos y viles atraen al cuerpo mental materiales groseros adecuados a su expresión; pero al mismo tiempo repelen a los finos y rápidos para ocupar sus puestos; de la misma manera sucede con los pensamientos armónicos y buenos que una vez alojados en la atmósfera mental desalojan a los groseros y densos. Admitiendo estos hechos exactos, se comprende la infinita responsabilidad que constituye la educación del niño en sus primeros años y la importancia de infundirle buenos pensamientos y obligarle a la repetición de ciertos actos que los desarrollan, para influir en el estado de ánimo de tal manera, que a partir de un cierto momento de la vida ejerzan en él una acción benéfica.

Las vibraciones del pensamiento están siempre en lucha y según la clase de material que hemos empleado para construir el cuerpo mental en el pasado, así será nuestro poder para responder a los pensamientos que vienen del exterior. Si nuestro cuerpo mental ha expelido la materia densa y grosera, los pensamientos bajos no tendrán respuesta en nosotros; como por ejemplo un ser puro, cuando ve a un hombre besando a una mujer nunca se le ocurre pensar mal por lo que ha visto, sino le atribuye a un beso fraternal, paternal o conyugal.

No sucede así cuando el cuerpo mental está formado de materiales groseros, porque entonces el pensamiento afectará de una manera siniestra.

La compañía de un hombre santo produce en nosotros vibraciones santas, que nos ayudan a desechar de nuestra mente lo grosero; por eso dice el refrán: Dime con quién andas para decirte quién eres.

Las vibraciones mentales del verdadero Maestro impregnan a toda mente, despertando en ella átomos de altas vibraciones que afectan a la conciencia. No es necesario que un maestro dé consejos para la resolución de los problemas de cada persona: basta que esta persona se impregne de los pensamientos puros de un Maestro para que su propio Pensador resuelva todas las dificultades. Esta es la UNICA ventaja que se puede adquirir en la compañía del Maestro, mas no como todos creen que el Maestro nos conduce con la mano hasta dejarnos en el mismo reino de Dios.

El hombre es su propio constructor y modelador de su propia mente. Las lecturas o el consejo de un hombre pueden proporcionar materiales adecuados para pensar y el pensamiento tiene su valor en el uso que de él se hace; mas las lecturas y los consejos no forman la mente.

El secreto consiste en construir por medio del pensamiento puro un cuerpo mental puro, apto para recibir las manifestaciones del INTIMO y al mismo tiempo para emitir estas radiaciones a los demás. Entonces puede el hombre Dios decir y con razón: YO SOY EL; EL ES YO.

Capítulo IV

EL GENESIS

En el principio Dios (el Intimo) creó el cielo y la tierra (Emanó de Sí el Espíritu y el cuerpo).

Pero la tierra (Cuerpo o materia primordial) estaba desnuda y vacía (del Espíritu de Vida) y las tinieblas estaban sobre la faz del Abismo (porque el Verbo no se había hecho carne): y el Espíritu de Dios era llevado sobre las aguas (La voluntad del Intimo era que su Espíritu sea introducido en las aguas, materia primordial para que forme el cuerpo).

Y dijo Dios: Sea hecha la Luz, y fue hecha la Luz (Esto es, que penetre el Espíritu de vida en la materia para la manifestación).

Y vio Dios la luz (la manifestación) que era buena; y separó a la luz de las tinieblas (A pesar de que el Espíritu Divino se va velando a medida de su descenso en la materia hasta el punto en que apenas se puede reconocer su Divinidad; sin embargo, esta energía no deja de estar presente, aunque la limitan las formas finitas).

Para comprender mejor estos hermosísimos versículos podemos traducirlos de esta manera:

En el Principio EL INTIMO, al dividirse o al hacerse dos para manifestarse, emanó de SI al PENSADOR, PADRE Y CREADOR del Cielo y de la Tierra o mejor dicho el MODELADOR, El Gran Arquitecto del Universo.

Cuando el Padre o PENSADOR concibe un pensamiento produce el Primer Movimiento llamado Espíritu Santo, el Dispensador de Vida en el seno de la VIRGEN MARIA (Materia primordial). Esta acción o Movimiento de gloriosa Vitalidad despierta los átomos y los dota de nuevas fuerzas de atracción y de repulsión. Así se forman las subdivisiones inferiores de cada plano.

En la materia así vivificada, nace el Hijo, la segunda persona de la Trinidad, se hace carne, se reviste de forma; nace de la Virgen. Así pues la Vida emanada del Padre Pensador al penetrar vibrando en la materia ambos sirven de vestidura al Hijo y se dice: "Nace el Espíritu Santo y de la Virgen María", y los tres forman el Templo del Intimo Dios en el Hombre.

Cuando el Pensador, en el Hombre emite su pensamiento, éste le invita a obrar y el saber es "el conocimiento de las causas que producen los actos".

Este es el objeto de la vida, junto con el desarrollo de la voluntad aplicada al resultado de la experiencia que nos conduce por el sendero de la luz.

¿Cómo y en Dónde?

El Intimo Inefable y Absoluto tiene en la cabeza tres puntos, cada uno de los cuales es el asiento particular de cada uno de los tres Aspectos.

El Primer Aspecto, El Padre, domina exclusivamente la cabeza; el Segundo rige en el Corazón mientras que el Tercero domina sobre el sexo.

Es necesario meditar detenidamente en esto para comprender estudios posteriores. En realidad no hay más que un solo Intimo pero mirado desde el mundo físico se refracta en tres aspectos.

El Padre tiene su asiento en un Atomo, llamado el Atomo del Padre, que se halla en el impenetrable punto de la raíz de la nariz o el entrecejo y su reino está en la cabeza; refleja en el hígado centro de emoción. El Hijo tiene su asiento en un Atomo en la Glándula Pituitaria y su reino está en el corazón que es el regente de la sangre que nutre a los músculos.

El espíritu Santo, cuyo Atomo está colocado en la Glándula Pineal, domina sobre el cerebro espinal hasta las glándulas sexuales.

El Padre en la raíz de la nariz, es el Poder Creador y Pensador. Tiene a su cargo los movimientos voluntarios.

El E. S. es el Poder Creador por los movimientos involuntarios como la digestión, asimilación, circulación, etcétera.

El hijo en el corazón tiene el Poder Creador por el conocimiento y el Amor.

La mente como instrumento para la adquisición del conocimiento es inestimable cuando obedece al Intimo para gobernar por medio de sus tres aspectos; pero la mente está limitada por los deseos y sumergida en la egoísta naturaleza inferior, haciendo difícil que el Intimo pueda gobernar el cuerpo.

Cuando la mente recibe influencia del mundo interno invita a la quietud y la concentración; pero el cuerpo mental es constituido e influido por el mundo externo; tiende a expresar por medio de los músculos creados por el cuerpo de los deseos, que forman un camino directo hasta la mente que está pronta a aliarse al deseo. Esto es lo que impide al Intimo y le priva del poder de manifestación por medio del movimiento voluntario del organismo. Entonces el Intimo toma otro camino para el dominio del cuerpo y se vale del Atomo del Espíritu Santo en la Pineal; pero este que domina el sistema cerebral y el sistema nervioso simpático, tiene un gran contendor que se halla en la base de este sistema: es el Enemigo secreto que domina la parte inferior del sistema, la defiende y hace de él un sistema involuntario; de manera que los actos voluntarios son bajo el dominio de la mente y los involuntarios son regidos por el enemigo secreto, creador del instinto y de la sensación.

Entonces no le queda al Intimo más que dominar al Atomo del Hijo en el corazón, porque este órgano participa, al mismo tiempo, de los actos voluntarios de la mente y de los involuntarios del sistema nervioso. Este es el único órgano en el cuerpo que posee los dos movimientos y es el más obediente al Intimo.

Como la obra activa del Intimo está en la sangre, sea para alimentar al organismo, o sea al sistema nervioso que da vida a éstos y la sangre se convierte en el vehículo de la memoria subconsciente que moviliza toda la máquina humana.

Ahora bien, la sangre pasa cíclicamente por el corazón comunicándole la voluntad del Intimo cada vez que pasa por él, y así el corazón se convierte en foco del Amor Altruista y al mismo tiempo órgano del Pensador. Por eso se dice: "Tal como el hombre piensa en su corazón, así es él" y por eso en la Biblia se habla, muchas veces, del corazón "Hijo mío, dadme vuestro corazón". "Y este pueblo me honra con sus labios, pero su corazón está lejos de mí, etcétera."

Cuando el pensamiento y el Amor se reúnen en el corazón invitan al hombre, por medio de los impulsos intuitivos, a obrar y sus obras serán siempre buenas porque son hijas de la Sabiduría y del Amor Cósmico.

El Reino de Dios está dentro de nosotros; esto es, los Tres Aspectos del Intimo que se manifiestan en Poder, Amor y Realización, se reúnen en el Corazón del Hombre.

Pensar del Corazón

El primer pensamiento del hombre es el impulso del corazón, que nos conduce a la Fraternidad Universal. El Atomo Padre está dando siempre buenos consejos a los átomos mentales; pero aquí está precisamente el comienzo de las complicaciones.

Cuando el Espíritu Pensador en el hombre da el buen consejo por la primera impresión o impulso del corazón, el cerebro comienza a razonar, con el resultado de que en la gran mayoría de los casos, domina al corazón. La mente y el cuerpo de deseos frustran los designios del espíritu, ambos toman la dirección de los hechos y, como ambos carecen de la Sabiduría Divina del Corazón, el cuerpo y el espíritu sufren las consecuencias. Entonces el pensamiento destruye ciertos tejidos nerviosos y el desgaste ataca al cuerpo y necesita un tiempo para ser restaurado por la sangre, vehículo del Intimo; pero esto significa un retroceso en la evolución. Cuando el corazón se convierte en órgano, completamente dócil al Intimo y se convierte en un músculo voluntario de él, la circulación de la sangre quedará bajo el dominio del Unico Dios, en el hombre, el Espíritu de Amor, quién entonces impedirá a voluntad la entrada de los átomos egoístas que fluyen desde el cerebro y desde la base de la espina dorsal, siendo el resultado que estos átomos se irán alejando del hombre, poco a poco.

Con el tiempo, el Intimo aumentará en la sangre los átomos altruistas y vigorizará con ellos la sangre, su vehículo, y de esta manera domina perfectamente en el corazón con su Amor Divino; entonces la naturaleza pasional será conquistada y la mente libertada de los deseos y entonces el hombre se convertirá en una ley y será UNO CON EL. Habiéndose conquistado a sí mismo, conquistará entonces a todo el mundo.

Pero, una vez que la mente comienza a raciocinar contra la voz del corazón, la inteligencia se ve envuelta en substancias de átomos densos que destruyen su comunicación con el Dios Intimo. La atmósfera de estos átomos es la residencia del demonio oculto en el hombre; es la esfera inferior de la naturaleza humana.

En esta parte, el demonio tiene una esfera propia en donde enseña a la mente el raciocinio, la crítica y la duda para destruir la fuerza de la intuición.

El Padre nos envía desde el entrecejo los buenos pensamientos que forman la intuición en el corazón; mientras que el Atomo del Enemigo oculto nos manda los malos, desde la base de la columna vertebral que forman la duda en la región del ombligo, centro mágico de donde surge la fortaleza del hombre. En este centro se libra la tremenda lucha entre el temor y el valor, entre lo positivo y lo negativo; si el bien triunfa sobre el mal, se dice que el Angel Miguel derrota al demonio y lo hunde en la profundidad del infierno de nuestro ser pero si el mal prevalece nos arrastra a este infierno.

La palabra es el pensamiento manifestado, cuyo objeto es afirmar a vestir el pensamiento con un ropaje adecuado. Cuando durante la concentración mental, que es vibración, dirigida a un sólo objeto, se emplea la palabra, las vibraciones de la voz despiertan, las actividades de los centros ocultos en el hombre y nos ponen en contacto con los señores de la mente que obedecen a la voz del Verbo.

Capítulo V

LA INICIACION

En todas les escuelas herméticas hay una ceremonia con la cual se recibe al candidato, llamada la ceremonia de la Inciación. Esta ceremonia, lejos de ser comprendida por la mayoría de los candidatos, es un acto muy significativo cuya verdadera importancia está oculta bajo la verdadera apariencia de velo exterior.

La palabra Inciación procede de la latina "INITIARE", de initium 'inicio o comienzo" y se deriva de las dos "IN dentro e IRE-ir" esto es: ir dentro o penetrar al interior y comenzar un nuevo estado de cosa. De la etimología de la palabra se desprende que el significado de la Iniciación es el ingreso al mundo interno para comenzar una nueva vida.

¿Pero quién es el que entra y cómo se puede entrar al mundo interno?

La iniciación masónica es una joya inestimable en la corona del simbolismo, en la Logia hay un cuarto de relación que es el símbolo del interior del hombre. Todo hombre, al cerrar los sentidos al mundo externo, se halla en su cuarto de reflexión con su aislamiento en la obscuridad que representa las tinieblas de la materia física que rodean al alma hasta la completa maduración. Este interior obscuro es el estado de conciencia del profano que vive siempre fuera del templo, en medio de las tinieblas.

Desde el momento en que el practicante comienza a dirigir la Luz del pensamiento principia a invadir su templo, poco a poco, y el dominio de su mente equivale al aceite que alimenta a una lámpara encendida.

Entonces, el Iniciado es aquel ser que dirige su pensamiento al mundo interno, mundo del espíritu, que le conduce al conocimiento de sí mismo y al conocimiento del Universo, del Cuerpo y de los Dioses que habitan en EL.

El Espíritu único y Universal se diversifica en todos los seres que se hallan en el COSMOS. ESTOS DIOSES DEL UNIVERSO TIENEN SUS REPRESENTANTES EN EL CUERPO DEL HOMBRE Y ESTOS REPRESENTANTES SE LLAMAN ATOMOS.

Por eso dice Hermes y con razón: "Lo que está arriba es igual a lo que está abajo"; y por eso dijo Jesús: "El reino de Dios está dentro de vosostros".

La Puerta de Iniciación

La puerta de la Iniciación verdadera, que conduce al Reino de Dios en el mundo Interno, es el CORAZON.

La iglesia Católica ha dedicado una gran parte de su culto al Corazón de Jesús y al corazón de María, objetivando, tal vez, esta práctica para que el hombre, con el tiempo tenga la dicha de subjetivarla.

Hay una ley ignorada por muchos y es la siguiente: A donde se dirige el pensamiento, dentro del cuerpo, allá va una cantidad mayor de sangre.

Ultimamente esta ley fue probada científicamente.

Desde que el hombre, hijo pródigo del Padre Celestial, deambula en el desierto de la materia, alimentándose de sus placeres que debilitan al alma y al cuerpo, ha habido dentro de su corazón una voz silenciosa que le ha llamado, con insistencia, para que vuelva a su hogar; pero el hombre embebecido en sus intereses materiales, no la oye. El aspirante la oye y contesta a su llamada cuando retorna a su corazón.

En su búsqueda Interna encuentra ocho guías en diferentes etapas del sendero, cuya misión es el conducir al Iniciado, si los sigue hasta el fin, a la presencia del Padre, a la Unión con el Infinito.

El Hombre, en esta naturaleza emigratoria, brilla en su centro corazón la estrella de Belén del Cristo nacido, entonces los tres Reyes Magos (cuerpo vital de deseos y cuerpo mental) deben seguir la estrella de Cristo en dirección del corazón hasta llegar al Padre.

El Tabernáculo en el desierto es el cuerpo humano en el mundo; es el hombre peregrino hacia la Eternidad. Este Microcosmos se mueve cíclicamente en un círculo alrededor del Dios Intimo que reside en su interior y que es el origen y la meta de todo.

Dentro del Tabernáculo-cuerpo se halla diseñada la representación de cosas celestiales y espirituales. Este cuerpo humano debe ser venerado en todas sus partes y deben ser comprendidas todas sus sublimes y gloriosas realidades.

Capítulo VI

LA INICIACION EGIPCIA Y SU RELACION CON EL HOMBRE

Todo aspirante debe comprender los misterios de la Iniciación antigua para poder comprender y practicar, a conciencia, la verdadera Iniciación moderna. Todos los Misterios Antiguos eran símbolos de cosas futuras que deben suceder.

Para poder comprender la verdad debemos estudiar los símbolos antiguos que son el camino más recto hacia la sabiduría.

Los egipcios practicaban la Iniciación en la Gran Pirámide. Este monumento maravilloso no fue nunca tumba de Faraones, como pretenden demostrar algunos sabios. La gran Parámide es una copia fidelísima del cuerpo humano y podemos decir simbólicamente que es la tumba del Dios Intimo que se halla dentro del hombre. Para que el hombre vuelva a la Unidad con el Dios Intimo, debe buscar su propia iniciación en su mundo Interno, así como en los tiempos antiguos, el aspirante debía penetrar en el Interior de la Gran Pirámide en busca de la Gran Iniciación.

Todas las religiones y escuelas materializaban y siguen materializando los misterios por dos motivos: 1º) para velarlos a los ojos del profano y 2º) para facilitar su comprensión al candidato.

Amedes dice a Shetos, cuando llegan al pie del misterioso Santuario de la Iniciación:

—Sus secretos caminos conducen a los hombres amados de los dioses, a un término que ni siquiera puedo nombrar. Es indispensable que ellos hagan nacer en ti el ardiente deseo de alcanzarlo: La entrada de la Pirámide está abierta para todo el mundo; pero compadezco a los que tienen que buscar la salida por la misma puerta cuyos umbrales han franqueado, no habiendo conseguido otra cosa que satisfacer su curiosidad muy imperfectamente y ver lo poco que les es dado referir.

Pero el aspirante insiste en el propósito de recibir la Iniciación y escala tras de su Maestro (el yo superior) el lado norte de la Pirámide, hasta llegar a una puertecilla cuadrada, siempre abierta, de reducidas dimensiones (tres pies de ancho y otros tres de altura), que da acceso a un pasadizo angosto. El discípulo y su guía recorren arrastrándose con dificultad. El guía va delante con una lámpara del saber humano que apenas alumbra su camino.

La palabra Pirámide viene de "PIR" equivalente a fuego, o sea, Espíritu.

La iniciación en la Pirámide equivale a la comunicación con los grandes misterios del Espíritu "La Unión en el Reino de Dios Interno con el Padre". Este fuego no es el fuego material, ni tampoco el fuego o luz de los soles, sino el otro fuego, mil veces más excelso del PENSAMIENTO.

La gran Pirámide Iniciática dentro de la cual penetraba el candidato, es el símbolo de nuestro propio cuerpo. ¿Dónde, en efecto, sino en él, nos iniciamos, más o menos a lo largo de la vida y de las vidas?

En esta Gran Pirámide Cuerpo, estamos iniciados evolutivamente hasta llegar a la condición de los Adeptos Divinos, iniciadores a nuestra vez, de los seres inferiores a nosotros.

La puerta angosta de la Pirámide, es la misma puerta angosta del Evangelio que conduce a la salvación. Siempre está abierta, pero para poder entrar en ella, el hombre debe inclinarse o replegarse a sí mismo conduciéndose hacia el mundo Interno, con el pensamiento. El pasadizo agosto es el camino abrupto y penoso que conduce hacia el Reino de Dios, dentro del cuerpo; porque el camino de la perdición es ancho, dice Jesús: El Guía es el buen deseo o aspiración y el candidato es el mismo hombre.

Después de muchas angustias en pocos momentos, que al aspirante le parecen siglos, llega a una habitación de regulares dimensiones (dentro de la caja torácica). Allí le reciben dos iniciados (dos intercesores: el YO SUPERIOR Y EL ANGEL DE LA GUARDA. Ambos son creados por el mismo hombre con lo mejor de sus aspiraciones presentes y pasadas), a quienes no debe hacer ninguna pregunta. Pero el aspirante ignora esta prohibición, trata de pedirles explicaciones, mas se le informa que no debe malgastar el tiempo, ya que no obtendrá ninguna respuesta, porque los intercesores no son más que sus propias criaturas (y sólo el Dios Intimo es quien puede dar respuestas verdaderas).

Estos dos intercesores conducen el pensamiento al mundo interno y entran en un extenso corredor que conduce y termina por fin al borde de un precipicio profundo e insondable (el precipicio de las tentaciones de los deseos que conduce a la parte inferior del cuerpo físico; el aspirante debe ser tentado con esta prueba y debe bajar al pozo obscuro de su propio cuerpo).

Una luz (emanada del Yo Soy) puesta en el borde, le permite apreciar el peligro de una espantosa caída (cuando el pensamiento se dirige a este mundo inferior y se deleita en él). Mirando con atención, el aspirante distingue unas barras empotradas en un lado de la negra sima que aunque no sin riesgo, hacen posible el descenso (del pensamiento) por ellas a hombres de cabeza firme y ánimo imperturbable.

El aspirante prefiere bajar para no sufrir las dificultades del regreso. A bastante profundidad terminan los escalones de sus costillas, pero sin llegar todavía al fondo. En el último escalón (del vientre) busca la solución al terrible problema y entonces encuentra en la pared una abertura o una estrecha ventana y por ella podría entrar en otro corredor, todavía descendiente, pero en forma de espiral angosto. Al final de la pendiente pasadiza, tropieza el neófito con una fuerte verja; la empuja y cede; pero, al cerrarse detrás de él, choca contra sus quicios y produce un fragor infernal.

Sigue adelante y otra reja le corta el paso. Al aproximarse ve que continúa un estrecho y bajo corredor sobre cuya entrada brilla este letrero: "Todos los que recorren este camino, solos y sin mirar atrás, serán purificados por el fuego, por el agua y por el aire. Si consiguen vencer el miedo (de la mente) a la muerte saldrán del seno de la tierra (de la profundidad del cuerpo humano) volverán a ver la luz (del Sol en el corazón) y tendrán el derecho de preparar el alma para recibir la revelación de los misterios de la Gran Diosa Isis" (Los misterios de la naturaleza humana).

(Hasta aquí el aspirante, desde su entrada por la puerta de la Pirámide, o por su propio corazón, tuvo que caminar por cuatro corredores y estos corredores se comunican entre sí por estancias o verjas. El pensamiento durante su penetración en el mundo interno tiene que recorrer los cuatro corredores que unen y comunican entre los cuatro centros mágicos y poderosos dentro del cuerpo del hombre, que conducen a las cuatro etapas inferiores del mundo interno, siguiendo las leyes cósmicas de la involución; pero una vez llegado a la última etapa comienza nuevamente su ascenso después de ser probado en su evolución por el fuego, por el agua y por el aire).

El aspirante sigue el camino de la Iniciación.

Aunque nadie le ve, siempre está vigilado por sus intercesores y a la menor debilidad, acudirán presurosos y, por otros corredores le conducirán a la puerta de entrada para que se reintegre a la luz y a la vida exterior, no sin haber jurado que a nadie referiría lo ocurrido. El perjuro será castigado terriblemente porque este descenso a las etapas inferiores otorgan al aspirante los poderes de las tinieblas y ¡ay de quien se atreve a comunicar estos poderes a los demás! y ¡ay de quien los utiliza para sus fines personales!

Al final del obscuro corredor encuentra el aspirante a tres iniciados que cubren sus cabezas y sus rostros con la máscara de Anubis. (Hay tres iniciadores que nos conducen en estas etapas antes de llegar al altar de los misterios Mayores: El Gran Iniciador, que es el Maestro Interno; el Iniciador Menor, que es el instructor mental y, el Iniciador Mediano, que es nuestro Poder de voluntad.)

Aquella puerta es en la Iniciación, la puerta de la muerte. Uno de los enmascarados dice al aspirante: "No estamos nosotros aquí para estorbarle el paso."

"Puedes seguir tu marcha, si los dioses te conceden el valor que necesitas. Pero ten por sabido, que si traspuesto este lugar (y llegas hasta el fuego sagrado de tu Divinidad), y en algún momento retrocedes, aquí estamos para impedirte que huyas. Hasta ahora libre eres para desandar lo andado, mas si prosigues habrás perdido toda esperanza de salir de estos lugares sin obtener la definitiva victoria. A tiempo estás; decídete. Si renuncias, aún puedes salir por este corredor (que comunica con el mundo exterior) sin volver atrás la vista: si avanzas, sigue el camino que ves frente a ti (que conduce al centro de la médula espinal) por donde debes escalar hasta el CIELO. Este camino debes recorrerlo sin vacilación (si no quieres ser retenido en vuestro propio infierno). Escoge".

Al contestar el aspirante que nada le arredra, los tres guardianes, déjanle pasar, cerrando la puerta (la cuarta). Otra vez queda solo en un largo pasadizo a cuyo extremo advierte un resplandor. A medida que adelanta, su luz se hace más intensa llegando a ser deslumbradora. Pronto llega a una estancia abovedada donde, a un lado y a otro, arden enormes piras cuyas llamas se entrecruzan en el centro (de la base de la columna vertebral). Esta parte está cubierta por un enrejado incandescente. Los clavos apenas le permiten poner el pie en lugar seguro de quemaduras, y al recorrerlo no era sólo el peligro de padecer abrasado el que le amenaza, sino el morir asfixiado en aquel ambiente irrespirable.

Cerrando los ojos, el aspirante penetra en la ígnea habitación; pero ¡oh increíble encanto! Al tocar sus pies el enrejado fino, (cuando el pensamiento puro penetra sin temor en el fuego sagrado) las llamas desaparecen, las hogueras se apagan instantáneamente y el paso entre ellas se hace posible sin temor a afrontar una muerte espantosa. Y no se crea que se trata con esto de un mero símil, sino de una realidad tangible. En las entrañas misteriosísimas de nuestro cuerpo, como en las de nuestro Planeta arde, según la física, un gran fuego, y duerme según la Metafísica un fuego aún más intenso, es el fuego del Cósmico pensamiento. Estos fuegos ocultos a la mirada del profano, que vive fuera de su Templo, son vistas y sentidas solamente por el Iniciado.

Juan decía a sus discípulos "Yo os bautizo, verdaderamente, con agua; pero EL que viene en pos de mí, os bautizará con fuego y con Espíritu Santo". Juan el asceta, la mente carnal no puede comunicar a sus discípulos una sabiduría mayor que la de los misterios relacionados con el plano de la materia, cuyo símbolo es el Agua, al paso que la sabiduría de Jesús como Iniciado en los Misterios Superiores era el propio FUEGO de Sabiduría, nacido de la verdadera Gnosis o real Iluminación Espiritual.

Aquí debemos comprender la naturaleza de este fuego. No se trata de fuego físico sino del aspecto superior de este elemento. La prueba del Fuego Superior al que está sometido el aspirante en su Iniciación Interna le pondrá frente a sí mismo; esto es, la naturaleza divina frente a la naturaleza terrenal. Es el viaje de regreso, es el viaje mental hacia su propia Divinidad. Debe atravesar las esferas de los Señores de las llamas, así como las atravesó en su viaje de involución o de descenso.

El Poder Igneo del Hombre es quien guía a la humanidad a su prosperidad espiritual y material y es quien crea a los MAESTROS y a los GUIAS de las Naciones.

En estas esferas residen los Señores de las llamas y cuando

el aspirante a la vida superior los evoca por la Iniciación Interna, dentro de esta parte inferior del cuerpo, sus llamas consumen todo lo inferior, lo mezquino, lo denso y lo grosero y lo convierten en Dios Omnipotente.

Estas llamas en el cuerpo Humano, constituyen el Fuego Creador y son las emanaciones del Espíritu Santo, Tercer aspecto del Intimo Dios y por ellas se acerca el hombre a su Divinidad.

Para poder atravesar el mundo de las llamas divinas, se necesita un pensamiento y un cuerpo puros, castos y fuertes.

El Mundo de los Señores de las llamas tienen siete divisiones como todos los demás mundos, pero también estas etapas o divisiones son interpretados. En la parte superior gobierna el Dios Igneo de la Luz y en la parte inferior domina el Demonio del humo.

En la Humanidad actual predomina el elemento del fuego con humo y por eso hacen sus guerras de destrucción a base de fuego y de incendios; mientras que los Iniciados tratan de dominar al mundo por medio de la Luz pura y no por medio del Fuego destructor.

El fuego del Sol Central y su representante en la cabeza, arde y no quema, a manera de la Zarza de Horeb, mientras que el fuego del sol físico quema y arde por su rebelión contra el Sol Central tal como sucede en el cuerpo físico.

El pensamiento es un poder que posee sonido, calor y forma, una vez dirigido hacia la parte inferior del cuerpo enciende el fuego Sagrado, pero la Pureza del pensamiento y su castidad elimina del fuego su humo y su calor destructor y deja, solamente, SU LUZ, Y DIOS ES LUZ. Entonces el Iniciado es elevado por los Angeles de la Luz al Trono de la Luz.

Todo hombre debe pasar estas etapas, pero los que toman el camino de regreso ascendiendo son los magos blancos o hijos de la luz, mientras los que se detienen en estas esferas se convierten en magos negros o hijos de las tinieblas.

El Pensador en este viaje mental inicia sus átomos, sólo la pureza y la castidad pueden librar a estos átomos del Infierno de fuego y tinieblas para conducirlos al Cielo de la Luz pura libre de todo humo y de todo ardor.

El hombre QUE DOMINA SUS INSTINTOS SE HACE SERVIR POR ESTOS DIOSES ELEMENTOS DEL FUEGO.

Siguiendo después otras galerías, dentro de su organismo, el aspirante iba a desembocar a la líquida extensión que invadía toda la de un amplio subterráneo. Al otro extremo se distinguía y al final de ella, una subida de escalones. Era preciso atravesar el peligroso obstáculo, y en consecuencia, el aspirante se desnudaba rápidamente y haciendo un paquete con sus ropas que mantenía en alto en la mano con que sostenía su lámpara, valíase de la otra para nadar y vencer la corriente de las agitadas aguas (de los deseos).

Antes de que le fuera permitida al aspirante la entrada para llevar a cabo los deberes del sacerdocio en el propio santuario, debía ser sometido a la prueba del agua. El divino Jesús cumplió esa ley en el Jordán en donde pasó por el rito místico del bautismo del agua. Cuando salió del agua, se nos dice que el Espíritu Santo descendió sobre EL.

Cuado el aspirante se somete a la prueba del agua, se siente que se ha desprendido de su cuerpo físico y de sus cinco sentidos; esta separación es parcial como cuando se encuentra durante los momentos de la entrada al sueño. El hombre al pasar primero por la prueba del fuego y después por la del agua, sigue la misma evolución del planeta Tierra que fue un día ígneo y que al enfriarse por el contacto en el espacio, generó una humedad, la que evaporada se levantaba y nuevamente caía hasta que llegó a ser agua.

De modo que por la acción del calor y del frío fueron formados los espíritus de la tierra, del agua y del aire y que hasta hoy siguen formando el cuerpo humano. De manera que estos elementos nos acompañan desde la remota edad de nuestra formación física. Una vez descritos los elementos del fuego, tenemos que decir algo sobre los del agua o ángeles del agua y, siempre debemos distinguir entre el agua física y sus elementos.

En la Iniciación interna, después de vencer los elementos del fuego, dominando el instinto, el Iniciado debe dominar los elementos del agua o de los deseos. Siempre debemos distinguir la diferencia entre el instinto y el deseo.

La prueba del agua es el símbolo del vencimiento del cuerpo de deseos; es advertir al candidato que para regresar al Cielo del Padre, a la Unión con EL, debe deshacerse de los groseros goces de la carne, sin menoscabar su afición a los goces espirituales.

El fuego que radica en la parte inferior del cuerpo, es el instinto; el de deseos radica en el hígado y ambos influyen en y por la mente.

El aprendiz, después de seguir otras galerías en su cuerpo, llega al hígado morada del cuerpo de deseos.

En esta víscera reside el Rey elemental del agua que dirige a sus huestes en el cuerpo, por medio de deseos.

Otra vez debemos insistir para no confundir el agua con su elemento superior que es el DESEO, así como no se debe confundir al cuerpo con el Espíritu. El mundo de los elementos del agua, es a modo de un vapor etérico, sus habitantes son seres vivos e inteligentes que intensifican nuestros deseos e impresiones.

Los elementos de agua se apoderan de la substancia mental para tomar la forma deseada; pero al verlos interiormente ellos se parecen a una constelación de estrellas y por eso los ocultistas llaman al mundo de los elementales del agua: mundo astral, por la semejanza que tiene con los astros.

Cuando el Iniciado vence ese mundo y este cuerpo astral de deseos en su hígado, puede penetrar en la inteligencia de la naturaleza y puede levantar el velo de Isis.

El hombre que se entrega a satisfacer sus deseos groseros se encuentra agarrado por estos elementos como por un pulpo; ellos se apoderan de los átomos mentales para crear formas con las cuales encadenan al hombre.

Estos elementales tiene sus secuelas internas dentro del hombre, pero nunca dan sus enseñanzas sino a las personas que los dominan y, este dominio debe tener su base en el amor.

Los elementales del agua sienten mucha admiración y respeto para con aquellos seres que se sacrifican por los demás y por los que atraviesan el peligro para salvar a los náufragos.

Las siete divisiones de este mundo están pobladas por elementales de diferente desarrollo. Los inferiores nos incitan a los deseos bajos, mientras los superiores nos enseñan la sabiduría de las edades pasadas cuando la chispa Divina del hombre penetraba en la densidad de la materia.

Cuando un hombre domina sus deseos, los elementales del agua acuden a servirle con toda obediencia, buscando de esta manera llegar a la inmortalidad, por medio de la energía que reciben del INTIMO en el hombre.

Llegando a la otra margen, el neófito se vestía, y tras breve descanso, comenzaba a subir la escalinata a cuyo extremo había una plataforma, frente a una gran puerta, en la que estaban fijas dos grandes anillas a modo de llamadores.

Al tirar de ellas, la plataforma se hundía, y el neófito se

encontraba en el aire, pendiente de sus manos, rendido por un furioso vendaval y sin luz, puesto que para agarrarse bien a las anillas, había que dejar caer la que llevaba. Después de unos momentos de angustia y de terror que debían parecerle siglos, el viento cesaba; volvía a sentir bajo sus pies el terreno firme de la plataforma, y la puerta se abría ante su atónita mirada, para dejarle ver el interior de un magnífico templo intensamente iluminado.

(La prueba del Aire pertenece al mundo mental).

En la parte abstracta del mundo de la mente habitan los elementos del aire y tienen un importante papel en la evolución del hombre. También en esta parte se halla nuestra mente propia que hemos heredado del remoto pasado.

Los Elementales superiores del aire poseen la inspiración en todo arte y ciencia; mientras que los inferiores se interesan mucho en los fenómenos espiritistas.

En la Iniciación Interna el neófito debe dominar los elementos inferiores para ser servido por los superiores. Una vez dominados los unos y servidos por los otros el hombre llega a la Omnisciencia pudiendo de esta manera conocer o mejor dicho reconocer las historias del pasado y ver el futuro. Podrá conocer exactamente la hora de su muerte y librarse de los tormentos ilusorios y las alucinantes regiones del Infierno y del Purgatorio.

Los elementos del aire estimulan y encauzan nuestra mente a los pensamientos altruístas y elevados por medio de la visualización interna.

Con esta visualización podemos concentrar y aprender todas las ciencias y religiones del pasado y al mismo tiempo podemos crear nuevas ciencias y nuevas religiones más perfectas.

Cuando el hombre domina el fuego sexual, en la prueba del fuego, impregna la región de su mente con sus átomos luminosos cuyo brillo infunde a los elementales del aire un profundo respeto.

Por su Omnisciencia llega el Iniciado a saber el porqué de las cosas sin necesidad de pensarlas; porque este saber está dentro de nosotros y no es necesario vacilar para comprenderlo. Entonces el hombre no huye ante el peligro porque de antemano sabe qué debe suceder y cómo debe alejarse.

Los elementos de aire son los depositarios de los archivos de la naturaleza; todo lo que el hombre desea conocer lo encuentra en estos archivos en manos de estos elementos que habitan dentro de nosotros.

Los elementos del aire son los que leen los pensamientos ajenos y comunican esta lectura al hombre a quien respetan y sirven; ellos nunca se manifiestan al hombre orgulloso o vanidoso; son muy amantes de los sencillos y humildes y por eso vemos que muchas verdades nos vienen de la boca de los niños y de los pobres de Espíritu, como dice el Evangelio. Se nos dice que después de la tentación de Jasús en el desierto, fue servido por los ángeles que no eran más que los elementos superiores del aire. Ningún orgulloso por su mente y su saber humano puede dominar las Potestades del Aire, como lo llama San Pablo, pero son muy obedientes a los hombres que llegaron al dominio mental por la concentración, siempre que esta concentración tenga un fin constructivo.

El orgullo y la magia negra pertenecen a la división inferior de estos elementales; muchas veces enloquecen y enferman a sus médiums y producen en ellos perturbaciones mentales. La región que fue dominada por Jesús y sacada de aquellos dos sensitivos locos que vivían en los cementerios, era de la división inferior de los elementos del aire; porque hay ciertas personas sensitivas que se dedican a la necromancia y a otras ramas de la adivinación sea por el lucro personal o sea por la vanagloria, caen en las redes de los elementales inferiores, por el ejercicio de tales dones, de una manera inadecuada.

El mundo mental inferior es dominado por el Enemigo oculto en nosotros, quien tiene a sus órdenes las huestes inferiores del aire; mientras que los elementales superiores son huestes del Pensador, Padre de la creación, que los envía al hombre en forma de intuición o de inspiración superior por medio del corazón.

Los superiores son defensores de los órganos delicados del cuerpo astral, mientras que los inferiores los rompen para dejar pasar por las roturas ciertos conocimientos del más allá.

Se puede comparar la concentración del Adepto o Santo a una evaporación de la Inteligencia para llegar al conocimiento de los misterios ocultos; mas, las provocaciones de los espiritistas e hipnotizadores, etc. tienen por objeto la materialización de lo sutil y diáfano para poder juzgarlo según los sentidos físicos. El primer método espiritualiza la materia, el segundo materializa lo espiritual creyendo que así se le puede conocer.

Todo discípulo que se vanagloria de sus poderes, ahuyenta de sí los elementos superiores del aire.

La mente humana tiene analogía, en sus movimientos con el

aire; así como no se puede retener ni dominar sino aquel que llegó, en su iniciación, a grados superiores.

El objeto de la Iniciación externa es dar un símbolo al aspirante, cómo dominar sus pensamientos después de haber dominado sus instintos y sus emociones. Este es el único camino que conduce hacia la UNIDAD.

Una vez terminadas sus pruebas y triunfante en todas, el aspirante entra en su magnífico templo interior, iluminado por la Luz Divina.

Avanzaba desde el Altar el Gran Sacerdote, le felicitaba por su firmeza y su valor, y le ofrecía una copa de agua pura, símbolo de su iniciación y de su perfeccionamiento moral. En seguida arrodillábase frente a la triple imagen de Osiris, Isis y Horo: la Trinidad Sagrada.

(Siguiendo este relato maravilloso en el mundo interno, podemos llegar a sorprendentes significados.

Cuando el aspirante triunfa sobre sus pruebas internas dentro de su propio Templo-Cuerpo iluminado, llega hasta su corazón, el Altar del Dios Intimo; entonces avanza a recibirle el Gran Sacerdote, el Símbolo del Hombre Perfecto, que es el ATOMO NOUS que vive siempre cerca del Altar Divino en el hombre y está esperando al discípulo que llegue de su viaje mental, para conducirlo hacia su propia Divinidad. El ATOMO NOUS después de felicitarle, le da de beber del agua de la vida Eterna, como recompensa de su llegada al Reino de su Padre Interno. En seguida se arrodilla frente al Altar, ante los tres aspectos del Dios Intimo que son el Poder, el Saber y la manifestación de la Trinidad Sagrada.

Todavía no está unido con su Intimo sino que se halla ante sus atributos.

Con esta ceremonia terminaba la primera parte material de la Iniciación.

El aspirante tuvo valor y fuerza necesarias para el adelanto; pero esto no es todo: aún falta saber que si el terror no lo vencía, tampoco le supeditaban las seducciones del bienestar, de la pasión y del placer.

Para demostrarlo y sin que el aspirante se diera cuenta, durante el transcurso de su educación iniciática, tiene que ser tentado como Jesús en el desierto, para cerciorarse si quebrantará sus obligaciones de vida pura y de dominio de los apetitos y sensaciones.

Si vence, será un discípulo de la iniciación, si por el contrario se deja vencer por los apetitos y las pasiones, es sentenciado a permanecer en una categoría inferior hasta aprender a vencerse a sí mismo.

Durante las pruebas morales y la meditación, el aspirante aprende en las escuelas internas toda la sabiduría: el significado de las ceremonias religiosas, la simbología, la conciencia y magia de los números y letras, la relación de la astronomía con su propio cuerpo que conduce a la astrología hermética. Aprende el poder de la palabra y del pensamiento y sus efectos, manejando el poder magnético e hipnótico; recibe poco a poco la ciencia de la Magia y la manera de utilizarla.

Pero para llegar a la cumbre del poder debe preparar sus tres cuerpos contra los cuales salió vencedor en las pruebas: el cuerpo físico, el cuerpo de deseos y el cuerpo mental.

Domina el cuerpo físico por medio del ayuno y el ascetismo: el ayuno le purifica y el ascetismo domina sus sensaciones triunfando sobre el hambre, la sed, el frío, el calor, el cansancio, el sufrimiento y todas las molestias materiales.

Tenía que mantener su cuerpo limpio, dormir poco, trabajar mucho; su alimento debía ser bueno y natural y no debía beber más que agua.

Dominaba al alma o cuerpo de deseos con matar las pasiones, la ambición, el deseo de poseer, el bienestar personal, el egoísmo, etc., debe llegar a ser diferente ante las alegrías y los dolores, ante los placeres y los sufrimientos, de modo que nada ni nadie altere nunca su tranquilidad de pensamiento. En este período debe aprender ciertas místicas obligaciones, rituales y costumbres, prácticas y oraciones.

Para dominar su tercer cuerpo que es el mental, debe dedicar todos sus pensamientos al mundo interno, silencioso en sus meditaciones; enviando su poderosa voluntad a la distancia para realizar ciertos deberes. De esta forma puede llegar a los planos de la vida Espiritual, donde se alcanza la iluminación y el conocimiento de la verdad.

El dominio de los tres cuerpos es necesarísimo para la última prueba que equivalía al coronamiento de toda la iniciación. Significaba la completa dejación de todo lo vulgar, lo terrenal, para alcanzar la suprema luz; la que sólo brilla ante los ojos cerrados por la muerte física.

Esta última prueba consistía en colocar al discípulo dentro de un sarcófago.

Echado dentro de él, tenía que pasar inmóvil toda una noche entregado a profunda meditación y a especiales rezos. En estas condiciones, realizaba la proyección de cuerpo ASTRAL, según los métodos que le habían enseñado, y su cuerpo invisible, arrastrado por las corrientes de los planos superiores, ascendía a las alturas donde le era dicha la última palabra, donde conocía el último secreto de la absoluta verdad. Al lucir el nuevo día levanta de la base del sarcófago un hombre distinto: un Adepto perteneciente a la suprema jerarquía de la INICIACION. Sus poderes eran indescriptibles, y sus obligaciones y responsabilidades eran espantosas.

Sólo un maestro de la Secreta Sabiduría podía ser capaz de afrontarlas.

La entrada en el mundo astral, necesita el dominio de los tres cuerpos arriba indicados, el aspirante debe ser puro en cuerpo físico, en cuerpo de deseos y en cuerpo de pensamientos o en otro término, en pensamientos, deseos y obras.

La verdad es interna y para llegar hasta ella debemos entrar en nuestro mundo interno y hacer de nuestro cuerpo físico un sárcofago. Por medio de la profunda meditación y la oración mental, el espíritu penetra en las corrientes divinas, asciende hasta el Padre quien "al vencedor le dará maná escondido; y le dará una piedrecita blanca y en la piedrecita un nombre nuevo escrito, que no sabe ninguno sino aquel que lo recibe".

Al final daremos los ejercicios adecuados para estos ensayos.

Hay personas que creen que los tiempos de la iniciación se extinguieron antes de la Era Cristiana. Tal vez sea cierto; pero nunca se debe olvidar que si la iniciación Egipcia ha desaparecido, otras más importantes y más prácticas surgieron en el seno del judaísmo y la más perfecta nos trajo el Cristianismo.

Se nos dice hoy, que hay que buscar la palabra perdida en el Tibet; en las inaccesibles cumbres de los Himalayas, está el misterioso retiro de los maestros. No negamos la existencia de aquellos excelsos seres en aquella región; pero debemos comprender siempre que los Himalayas también son símbolos iguales a las Pirámides de Egipto que permanecen en el mundo interior del hombre.

La Invisible entrada permanece abierta; el sendero hoy como entonces existe. Sólo pueden hollar el sendero aquellos que ponen en práctica los cuatro consejos de la esfinge y les guíe un decidido propósito exento de insana curiosidad. En cualquier parte que estén, pueden encontrar el camino. PORQUE LOS MAESTROS INTERNOS VELAN y su atención alcanza a todas partes.

Hemos hablado sobre la Iniciación Egipcia que se efectuaba en la Pirámide y de su relación íntima con el cuerpo humano; ahora hablaremos de la Iniciación Hebraica, que aunque difiere en sus símbolos, tiene el mismo objeto y fin de la Primera.

Capítulo VII

LA INICIACION HEBRAICA

El Tabernáculo en el Desierto es el símbolo del cuerpo físico en el desierto de la materia. Desde que el hombre fue dotado de la mente, perdió la vista espiritual porque dedicó todos sus pensamientos hacia el mundo externo. Entonces el Señor reveló a los guías de la humanidad (los maestros internos) cómo volver al mundo espiritual por el camino de la mente o del pensamiento. Así, el Tabernáculo o el cuerpo fue dado al hombre para hallar a su Dios.

La Pirámide de Egipto semeja al Tabernáculo diseñado por Jehová: ambos eran la representación del Cuerpo humano, ambos eran la incorporación de grandiosas verdades cósmicas ocultas con el velo del simbolismo, cuyos objetos son la unión del hombre con su Intimo, por medio del pensamiento.

Esta idealización divina está dada al hombre que ha hecho alianza con Dios por la cual se compromete a servirle y ofrecer la sangre de su corazón, viviendo una vida de servicio sin buscar su propio provecho.

El Tabernáculo estaba colocado de Este a Oeste; el Este del hombre es su frente o anterior; su Oeste es su parte posterior. El aspirante entraba por la puerta Oriental camino del astro del día y continuaba andando hacia adelante, hacia el occidente, tocaba el altar de las ofrendas o Altar de los sacrificios (que están en el bajo-vientre), donde se quemaban aquellas ofrendas; después llegaba el Lavabo de Bronce (el Hígado la purificación por el servicio, prueba del agua), para penetrar a continuación en el vestíbulo, cuarto oriental llamado Lugar

Santo, y por último en la parte occidental el Sancta Sanctorum, donde se halla el Arca de la alianza, el símbolo más grandioso de todos.

Así también siguieron los tres magos del Oriente (los tres cuerpos del hombre con el pensamiento la Estrella del Cristo Interno hasta llegar a "Behetleem-Belén" casa de carne, en donde reside el punto central de la Divinidad nacida en forma humana.

La puerta del Tabernáculo se hallaba colocada en la fachada oriental. Esta puerta se hallaba cubierta con una cortina de lino de tres colores: azul, escarlata y púrpura, colores que representaban los tres aspectos o Personas de la Divinidad. "Dios es Luz", dice San Juan, pero la Luz blanca se refracta en tres colores primarios en la naturaleza y en el hombre. El rojo está en la sangre cuando ésta se pone en contacto con el aire; este color pertenece al Espíritu Santo en el mismo hombre; el amarillo es el color del Hijo que fulgura en el Corazón mientras que el azul es el color del Padre que flota como bruma en las quebraduras de las lejanas montañas. El amarillo del Hijo mezclado con el azul del Padre proporciona el color verde vegetal de la naturaleza; es el color de la vida y de la energía. El Amarillo con el Rojo producen la purpúrea sangre de las venas como consecuencia del error y del pecado.

En aquellos tiempos, no se contaba el amarillo puro en el velo del Tabernáculo porque Cristo no había manifestado en el Hombre para tejer el "traje dorado de boda" del alma humana que fue la novia del Cristo, en el lenguaje místico.

También estos tres colores designaban las tres religiones consecutivas del hombre: el rojo, religión del Espíritu Santo en las épocas pasadas; el amarillo la del Hijo en las actuales y el azul la del Padre, en la cabeza, en lo futuro.

Algún día llegará el hombre, quien al emanciparse de las restricciones de la ley, sus tres colores se intermezclarán, y girando alrededor del Intimo formarán, con la Unión, la luz Blanca, síntesis de todos los colores.

EL ALTAR DE BRONCE colocado a la entrada del Este del Tabernáculo en el vientre del Hombre. En aquel Altar se sacrificaba algo de la propiedad material que posee el hombre para ser consumido por el Fuego; así como sentía el sacrificador la pérdida del animal de su propiedad, así también con el mismo dolor y la misma pena sentimos hoy el sacrificio de un hábito o vicio animal querido a nuestros sentidos. (Es la prueba del fuego.)

La primera lección dada al candidato es el sacrificio de sus propios instintos animales. El animal era sacrificado por su amor, por su propio bien en el Altar de Bronce; él también debe sacrificar todo su bienestar por amor a los demás en el altar de su instinto (el vientre).

El Tabernáculo en el desierto era una sombra o proyección de cosas más grandes que había de venir, dice San Pablo. Y todas estas cosas están DENTRO y no fuera del hombre.

Cada hombre debe construir su propio Tabernáculo, esto es, su Cuerpo-Templo; debe convertirse en Altar del Altísimo y ser el Sacerdote y la hostia al mismo tiempo; debe ser el sacrificador y la ablución o sacrificio que en él se ofrece. Como Sacerdote debe degollar al animal en él y quemarlo por amor a los demás.

El fuego de densa nube de humo que flota sobre el altar de bronce y que consumía a la víctima, es nuestro remordimiento que consume nuestros errores y faltas. El fuego del remordimiento es encendido por la Divinidad Interna, es la única que nos purifica de nuestros vicios; aunque al principio su humo nos molesta, pero dentro del mismo humo refleja la Luz que puede servirnos de guía para llegar al mundo de la Unidad, mundo de la pura luz de la Verdad.

Tenemos que sacrificar nuestros instintos sobre el Altar de nuestro Dios Intimo, quemarlos con el remordimiento para ser perdonados y se cumple en nosotros lo que dijo el salmista "aunque sus pecados sean rojos como escarlata, quedarán tan blancos como la nieve".

Después de la purificación por el fuego en el Altar de Bronce y quedar el aspirante limpio de los instintos animales, queridos a sus sentidos, debía lavarse en el Lavabo de Bronce, Gran Pila que siempre se mantenía llena de agua.

El Hígado es el mar rojo de los deseos, que debieron atravesar los hebreos en éxodo hacia la tierra de promisión, hacia Jerusalén (ciudad de Paz, el cuerpo humano limpio de deseos inferiores), el Altar de Bronce en el que los instintos animales radicados en la parte inferior del vientre deben ser quemados por el fuego del arrepentimiento. El Lavabo de Bronce es la depuración de los deseos inferiores en la Región del Hígado: Es la santificación y la consagración por el servicio, para poder construir el verdadero templo de Dios Interno. Y cuando sale del agua, bajará sobre él el Espíritu Santo en forma de paloma y la voz del Padre será oída diciendo: Este es mi hijo amado...

Pasado el aspirante en su viaje mental por el charco de los instintos en el bajo vientre y por el fuego de los deseos en el Hígado, se halla ante el velo que cuelga en la entrada del Templo místico: Ante el Corazón.

Al correr el velo entra en el cuarto Oriental llamado el Lugar Sagrado o el Lugar Santo. Este Lugar Santo no tenía ninguna abertura por donde puede pasar la luz externa, pero día y noche estaba iluminado por una luz interna.

Que cada aspirante coloque su cuerpo en disposición para comprender estos símbolos sagrados y pruebe penetrar con el pensamiento desde la parte interior del pecho tratando de ver lo que hay adentro.

A manera del Tabernáculo verá mentalmente los objetos, único mobiliario del Lugar Santo o Pecho: El Altar del Incienso (el Corazón), la mesa de los panes de proposición (los pulmones); y, el Candelabro de Oro del cual procedía la Luz (los siete centros luminosos, llamados Chakras, en la espina dorsal del Hombre).

Sólo el Sacerdote (Iniciado) podía pasar el velo externo y entrar.

A la entrada por el pecho, al lugar Santo se halla el candelabro de Oro de las siete luces al lado izquierdo. Son los siete Angeles delante del trono del Señor con cuyas luces iluminan el mundo interno del hombre.

En la mesa de la proposición (pulmones) habían doce panes (que representan los doce signos zodiacales) elaborados por las doce facultades del Espíritu o doce glándulas internas que elaboran el pan de la vida para el desarrollo del alma. El Mismo Intimo nos los ha dado por medio de los doce departamentos bajo el dominio de las doce jerarquías. Estos panes deben alimentar el Alma de cada Hombre para el servicio de los demás.

El Altar de Oro del Incienso es el Corazón de donde el Iniciado o Sacerdote debe quemar el Aroma del servicio y del Amor en el Lugar Santo, antes de poder penetrar al Santo de los Santos.

El animal o error fue quemado en el Altar de Bronce; el Incienso (o servicio) es quemado en el Altar de Oro o del Incienso, ante la presencia del Señor. El error es quemado por el remordimiento, el servicio es quemado por el fuego puro del Amor Impersonal. El olor del fuego del remordimiento es nauseabundo, el olor del servicio es fragante.

Una vez ofrecido su servicio como incienso en el altar del corazón, el Aspirante, ya puede levantar el segundo velo para penetrar, en su ascenso, en el Cuarto occidental llamado el SANTO DE LOS SANTOS.

EL SANCTA SANCTORUM es la cabeza del Hombre, saturada de una grandeza Divina. A este cuarto nadie podía entrar más que el Gran Sacerdote, el Gran Hierofante, solamente, una vez al año. Todo el Tabernáculo es el Santuario de Dios, así como el cuerpo físico del hombre es la residencia del Intimo; pero en la cabeza o Sancta Sanctorum se manifiesta la Gloria del Shekinah. Por eso sólo el perfecto Hierofante puede penetrar en El, una sola vez en todo el año, en el día de la Propiciación.

En el extremo occidental del Santo de los Santos (cabeza) en la parte más extrema del Oeste de todo el Tabernáculo descansaba el Arca de la Alianza. Era un receptáculo cóncavo que continúa el Pote de Oro del Maná, la Vara de Aarón y las Tablas de la Ley.

El Arca de la Alianza es la forma interna de la cabeza del hombre que representa el desarrollo de éste en todas las edades.

En su subconsciente están escritas las leyes divinas y naturales como dice San Pedro, que le enseñan cómo trabajar con ellas y no quebrantarlas; de esta manera se convierte en servidor de las leyes por amor a las mismas leyes.

El Pote de Oro del Maná es el Yo Soy que bajó del cielo del Intimo al cuerpo humano que posee la mente. Este Espíritu en la Cabeza o Arca de la Alianza es el que da vida a los organismos. Se halla encerrado dentro del Arca de cada ser humano.

La Vara de Aarón es el principio Creador del hombre que reside en la Glándula Pineal y se manifiesta en el sexo. La Glándula Pineal es quien da la fuerza espiritual creadora en el hombre que desee utilizarla para la regeneración y no para la degeneración.

Todo aspirante, para llegar a Hierofante y para poder entrar en el Santo de los Santos debe, por medio de la castidad, hacer florecer en él la Vara de Aarón.

A ambos lados y sobre el Arca de la Alianza en el interior de la cabeza se hallaban dos Querubines en reverente actitud que adoraban el fuego ardiente de la Gloria del Shekinah, de la cual salía la Luz del Padre y comulgaba con sus adoradores.

Siguiendo mentalmente el viaje espiritual del aspirante, que ahora es Hierofante y al llegar a la parte occidental de la cabeza (jardín del Edén, de donde fue expulsado) vemos aquí a dos Querubines que defienden la entrada al Edén.

Estos dos querubines son dos grandes fuerzas que representan el Angel de la Espada y el Angel de la Guarda, el Intercesor; el primero es terrible; anotando nuestras acciones nos espanta con su espada flamígera, el segundo es nuestro intercesor o Custodio.

El primero obstruye nuestro paso por nuestra forma mental grosera compuesta por nuestras malas pasiones y deseos, y el segundo reúne átomos de los más elevados y sutiles de nuestras aspiraciones, ideales y obras de servicio.

En el Altar de Ofrendas debemos quemar los átomos del instinto y en el Altar del Incienso debemos ofrecer los de los deseos, para poder entrar nuevamente en el Reino de Dios.

El Centro del Santo de los Santos está ocupado por el Triángulo sagrado del Shekinah que simboliza "la presencia de Dios en medio de nosotros". Siempre está iluminado y simboliza al fuego del fervor y a la llama, Luz de la Divina presencia. El Triángulo del Shekinah simboliza la Trinidad del Absoluto o Intimo en su manifestación: el Padre en el Atomo del Entrecejo, el Hijo en el de la Pituitaria y el del Espíritu Santo en la Pineal.

Cristo fue el Primero quien por su autosacrificio rasgó el velo y abrió el camino hacia el Santo de los Santos.

Cristo dio fin al santuario externo para levantar el Santuario Interno.

El Altar de Sacrificio de los instintos purga las faltas, el candelabro de Oro debe ser encendido en todo este Santuario Intimo para que su Luz nos guíe a la unión con el Padre que mora dentro de nuestra conciencia Divina.

Una vez que el aspirante, hecho Sacerdote del Altísimo, entra en el Santo de los Santos para unirse con el Padre, debe salir nuevamente para ayudar a sus hermanos en el mundo y, una vez terminada su misión con ellos, tiene que ser crucificado, en el Cráneo, ese punto de nuestra propia cabeza por el cual sale el Espíritu. El Gólgota es la meta del desarrollo humano, en la INICIACION CRISTIANA, MAS NO EN LA

INICIACION HEBRAICA, porque no había llegado el tiempo todavía.

Antes de la venida de Cristo los hebreos se iniciaban en los misterios del tabernáculo; pero nunca llegaban hasta el propio autosacrificio; por eso la iniciación era incompleta.

Desde la venida del Cristo al mundo, la iniciación Egipcia y Hebraica fueron completadas por la Iniciación Cristiana, cuyo objeto es enseñarnos cómo imitar al Cristo, su fundador, que trazó el camino especial y único: entrar en unión con el Padre muchas veces, espiritualmente, para volver a sacrificarnos por los demás antes de dar el salto final.

Resumen de la Iniciación Hebraica:

El instinto de la carne debe ser consumido en el Altar del Sacrificio propio por el remordimiento; el alma debe ser lavada y purificada de sus deseos; entonces el hombre puede buscar en el templo interno a su Intimo. En su búsqueda está iluminado por los siete rayos de las siete virtudes; sus pensamientos, palabras y obras se convierten en pan de la vida para sus doce facultades del espíritu; su servicio impersonal será como incienso quemado por el amor a los demás, sobre el altar de su Corazón.

En este estado ya puede ir al Padre, al cielo y el cielo está dentro del hombre y puede identificarse con el Padre convirtiéndose en Dios Hombre, consciente de su Omnipotencia, creador desde el cielo de su Mente por la Unión con el Padre en la propia conciencia divina; en la Gloria del Shekinah.

Capítulo VIII

LA INICIACION CRISTIANA
Y SU RELACION CON EL HOMBRE

Jesús dijo: "Yo no he venido a abolir las leyes sino a completarlas". Después de explicar muy someramente, las Iniciaciones Egipcia y Hebrea nos toca, ahora, decir algo sobre la Iniciación Cristiana que es el complemento y la perfección de las dos anteriores; porque es la única que abrió la puerta de la Unión con el Intimo en el Reino Interior de Dios, para todos los hombres, cosa que no sucedían en las anteriores porque aceptaban solamente a un número muy reducido.

La Iniciación Cristiana es el camino del Amor que conduce a la Unión con la Divinidad Interna y su primer Grado es el Bautismo.

Para poder comprender el misterio del Bautismo, tenemos que repasar los primeros versículos del Tercer Capítulo del Evangelio de San Juan que dicen:

Versículo 1º Y había un hombre de los fariseos, llamado Nicodemo, príncipe de los Judíos (El Intelecto).

2º Este vino a Jesús de noche y le dijo: Rabí, sabemos que eres de Dios, porque ninguno puede hacer estos milagros, que tú haces, si Dios no estuviere con él.

3º Jesús le respondió y le dijo: En verdad, en verdad te digo, que no puede ver el Reino de Dios (que está dentro) sino aquél que renaciere de nuevo.

4º Nicodemo le dijo: ¿Cómo puede un hombre nacer siendo viejo? ¿Por ventura puede volver al vientre de su madre otra vez?

5º Jesús respondió: En verdad, en verdad te digo, que no se puede entrar en el Reino de Dios (Interno) sino aquél que fuere renacido de Agua y de Espíritu Santo.

Cristo en la última frase alude al dominio de los elementos del Agua y del fuego en el hombre como principio de la Iniciación Cristiana. (Ver la Iniciación Egipcia).

En la Iniciación Antigua, el Neófito, después de alcanzar la justificación por el sacrificio, era necesario, lavarse o bañarse para poder entrar en el propio Santuario. Jesús, el Alto Iniciador, cumplió en el Jordán este rito antiquísimo del Bautismo. Y cuando salió del Agua, esto es, triunfante sobre sus deseos, descendió sobre él el Espíritu Santo.

El Bautismo Cristiano es como la purificación antigua de los Judíos y como la prueba del agua en la Pirámide de Egipto. Una vez que el neófito es bautizado, es decir purificado de sus deseos en la fuente de la vida y cuando desciende sobre él el Espíritu Santo, se dedica a su misión: el Amor manifestado por el servicio Servir a la Humanidad desinteresadamente como Jesús, puesto que ya ha sido purificado de sus propios deseos. Entonces el Bautismo representa la primera escala del amor Impersonal que da acceso a la Fuente de la Vida Universal, al Reino de Dios que está en el Interior del Hombre.

Pero el Bautismo no significa el hecho material de sumergirse en agua, o ser rociado con ese líquido, porque este hecho no es más que alegoría o símbolo.

Ya hemos dicho que los elementos del agua, que son necesarios para la vida del hombre, son los que constituyen en él el cuerpo de deseos y es necesario dominarlos para la purificación.

De manera que el símbolo externo del Bautismo nos indica la necesidad de la pureza interna de nuestros deseos y pasiones y este puede ser efectuado en cualquier parte del mundo y en cualquier momento.

Cuando el Sacerdote unge el tope de la cabeza, la frente, el pecho, etc., con el aceite, antes de derramar el agua que limpia, nos da a comprender, aunque el mismo sacerdote obra inconscientemente, que por medio del Santo Oleo y el magnetismo puro de sus dedos, facilita a veces el movimiento a los centros que comienzan a girar, y todo es movimiento, se abren para recibir el agua bautismal de la purificación, así también cuando el neófito comienza a adquirir la pureza interna por medio del Bautismo esotérico se abren sus centros Magnéticos de Poder, para recibir al Espíritu Santo.

El Bautismo del Espíritu Santo es la segunda etapa o continuación del primero. Cuando el Iniciado ha depurado sus deseos negativos ocurre la exaltación espiritual, seguida de una reacción y no puede pensar ya más con la razón, porque ya empieza el sentir del corazón y habrá un nuevo cielo puro donde recibe el Bautismo del Espíritu Santo, que no puede concebirlo ni contenerlo en su vehículo de carne. Cuando experimenta este Bautismo huye al desierto, a la meditación o comunión con su Padre Celestial y en este estado de éstaxis puede ver al Padre, Fuente de toda vida y comprender el significado de Dios hecho carne, entonces puede decir con San Pablo: "Ni ojos humanos han visto jamás lo que preparó Dios a sus elegidos".

Cuando llega a este estado tiene que sufrir la prueba de la TENTACION. Esta prueba es muy peligrosa, porque el Demonio o Enemigo Interno que reside en nuestra naturaleza inferior le grita: Haz que estas piedras se conviertan en pan; ahora que ya eres poderoso, domina el mundo entero. Pero el Iniciado acaba de bañarse con el agua del amor Impersonal, Fuente de la Vida, sacrifica todo lo suyo hasta su misma vida, antes de valerse de estos poderes para un bien personal, se olvida de su dolor de sus necesidades, de su hambre para aliviar a los demás, llenar sus necesidades y alimentar gratuitamente a millares de personas y entonces contestar al enemigo Secreto: No sólo de pan vive el hombre sino por cada palabra que procede de Dios. Esto es, que cuando el hombre se baña en la Fuente de la Vida Universal se siente atraído por sus pensamientos hacia el Intimo; puede alimentarse por sus propias aspiraciones sin necesidad de acudir a grandes cantidades de alimentos del alma y para que el alma pueda alimentarse de la palabra de Dios necesita pasar por un largo Ayuno.

La Tentación vencida tiene por objeto elevar al Iniciado a otra etapa más prominente que es la Transfiguración.

Con el Bautismo adquiere el Hombre los poderes espirituales, con la Tentación se decide hacia cual lado se inclina, en el empleo de sus poderes, si es hacia el bien o hacia el mal; porque estos poderes son como la dinamita, que puede ser empleada para la construcción o para la destrucción.

Una vez dominados los elementos inferiores del fuego y del agua, del instinto y de los deseos por medio del triunfo del pensamiento sobre la Tentación que invita a emplear los poderes en beneficio propio o para adquirir fama o gloria, etc.... la Fuerza del Espíritu Santo Universal irradia en el aspirante la Luz Divina, del mismo modo que el foco eléctrico irradia y comunica su luz a todo y a todos los que están dentro de su esfera de acción. Basta su presencia para resolver todos los problemas de los hombres. El es pobre pero puede dar las riquezas a los demás; humilde, pero irradia gloria; silencioso pero inspira las ideas más sublimes y constructivas. Esta es la Transfiguración, un proceso del Espíritu que ilumina el Cuerpo Templo del aspirante y rasga todos los velos para que la Luz Interna Ilumine a todo ser. Es el Cristo Radiante que se manifiesta desde el corazón; es la LUZ DEL MUNDO.

Anatómicamente la médula espinal se divide en tres secciones que controlan los nervios motores, sensoriales y simpáticos. Cuando el aspirante domina la Tentación sube el fuego Espiritual en forma de serpentina por todo el cordón espinal, hasta llegar al cerebro, de un modo incomprensible, para la mayoría, y este fuego depura las substancias groseras de los tres cuerpos inferiores para comenzar el proceso de regeneración o Transfiguración.

El Fuego del Espíritu Santo en el Sacro se convierte en Luz en el cerebro y entonces el hombre se vuelve Omnisciente sin necesidad de intelecto.

Cuando llegamos a la Transfiguración irradiamos solamente la Luz Blanca del Intimo, como sol Espiritual y entonces podemos decir: El es Yo, Yo soy El; Yo soy uno con el Padre en el Reino del Intimo.

Después de la Transfiguración, esto es, la Unión con el Padre en el Reino del Dios Intimo, el iniciado debe volver al mundo, a su cuerpo unido al mundo, para sufrir tres sacrificios: El Sacrificio del cuerpo, el del alma y el del Espíritu, por sus hermanos, como lo hace la misma Divinidad.

El primer Sacrificio del cuerpo físico está representado por la Ultima Cena.

Cuando el aspirante sacrifica sus instintos animales, sobre el "Altar de Bronce", su propio cuerpo físico se convierte en "alimento verdadero" y su sangre en "bebida verdadera" para sus doce discípulos o facultades del espíritu, colocados en su organismo como escalones para llegar a la estatura del Cristo. Para llegar a la meta de la Iniciación debemos apoyarnos sobre estas facultades; así mismo como para progresar en la vida, el hombre tiene que apoyarse sobre los demás para ascender; pero una vez ascendido es de su obligación ofrecerse o sacrificarse por aquellos que le sirvieron para escalar, y tenerlos con él en su Reino.

Las doce facultades del Espíritu, representadas por los doce signos Zodiacales, por los doce discípulos del Cristo nos acompañaron desde un tiempo inmemorial, en nuestros instintos, en nuestras caídas, en nuestros dolores para llegar a la evolución actual. Hoy que el Hombre tiene ya su mente formada y completa, debe por medio de este don sacrificarse por el bien de estos amigos que nos acompañaron durante tantas edades; pero este sacrificio no es sólo para el bien de ellos solamente, sino que redunda en beneficio propio, porque la mente sin ayuda de estos discípulos o facultades internas, no puede llegar a ninguna parte en el sendero.

Cuando la mente sacrifica la atracción del instinto animal, convierte al cuerpo y a la sangre en hostia pura, en pan y bebida de los ángeles que descienden del cielo del Espíritu para alimentar a todos los seres de su organismo. Se convierte en sacerdote del Altísimo que sacrifica el goce de su cuerpo animal, con el cual está identificado, en beneficio de sus servidores internos, entonces estos se iluminan y comienzan a trabajar, no sólo por el bien del mismo cuerpo sino por todos los seres que habitan en el Cosmos. De manera que el primer sacrificio consiste en dominar los instintos que nos conducen a la animalidad.

El segundo sacrificio es del alma y está representado por la agonía en el huerto de Olivos.

No es suficiente sacrificar los instintos animales del cuerpo, es necesario cargar en la propia alma todos los sufrimientos de los demás; morales, mentales y físicos para poder aliviarlos.

Todo Iniciado debe sufrir el dolor del prójimo para saber cómo aliviarlo; debe sentir todas las desgracias del mundo en su alma para encontrarles un remedio eficaz. Debe apurar el cáliz del dolor y de la amargura para que su corazón pueda ofrecer la curación, y la ayuda sin limitaciones; entonces su corazón se convierte en el huerto de la agonía, en el cual llora por las desgracias ajenas.

Pero el dolor más intenso en esta etapa es la ingratitud, y el abandono de los seres más queridos de su corazón. Aquí le abandonan sus mejores anhelos y deseos que había forjado para aliviar al mundo, porque ve que no bastan los anhelos sino que es menester el sacrificio propio, un sacrificio viviente.

Cada uno de nosotros puede pasar por esta Iniciación y sentir estos dolores. Es la Unica Iniciación verdadera y fuera de ella no hay objeto alguno en poner los pies en el sendero interno. Para que el lector aspirante la comprenda debe dirigir su pensamiento, por un momento, al Cristo e imitarlo.

Supongamos que al levantarse, de su lecho, por la mañana, se resuelve tomar el mismo camino de Cristo. ¿Qué sucederá?

En primer término debe sacrificar el animal en su propio instinto, abandonando todo lo que puede satisfacer al cuerpo: lujuria, alimentos exquisitos, cama blanda, bebida, etc., y tiene que someterse a ayunos, mortificaciones, orar, meditar y sufrir toda clase de privaciones, y esto ¿para qué? Es para que con el tiempo llegue a tener el poder de curar un enfermo desconocido, aliviar su pena o salvarlo de una desgracia, sin que él sepa quién fue su médico, ni quién le salvó de la desgracia.

Esta es la primera etapa.

Después debe, el aspirante a la vida superior, privarse por su servicio impersonal e incógnito, de la recompensa, de la fama, de la gloria; seguir viviendo en la pobreza, matar el deseo de cobrar por su trabajo, etc. ... Y por último es calumniado y vituperado como ignorante inepto, considerado por los pudientes del mundo como un ser inútil, en la vida; despreciado y abandonado hasta por sus esperanzas y anhelos.

Al fin tiene que pasar por el tercer sacrificio, que es la crucifixión, que dura toda la vida y todas las vidas posteriores, en su obra de salvación, sin la menor esperanza de una recompensa.

Si un hombre piensa en lo anterior y lo medita bien, verá:

1º Que la Iniciación está en el mundo interno del hombre y que no es necesario ir a ninguna parte para recibirla, y

2º Que TODO INICIADO tiene que sufrir los mismos dolores del Cristo.

El tercer sacrificio pertenece al Espíritu, y está representado por la crucifixión.

Consiste en vivir para morir por los demás, sin aspirar a ninguna recompensa material ni espiritual. Sacrificarse para mejorar al mundo y seguir sacrificándose hasta la consumación de los siglos.

Después de saturarse con el dolor, el futuro Cristo se vuelve una fuente de Amor Impersonal para aliviar todos los males del mundo; pero para llegar a esta etapa, necesita volverse Salvador y para serlo es menester que su corazón se una a su mente y crucificarse en el Cráneo o Gólgota.

Este estado se desarrolla de la manera siguiente:

En la Ultima Cena sacrificó sus instintos para ofrecer su cuerpo como alimento puro; en la agonía en el Huerto, ofreció su alma para cargar con el dolor ajeno. En el primer sacrificio cambió la dirección de su fuerza sexual creadora, la que en vez de dirigirse hacia abajo y agotarse en la satisfacción de pasiones bestiales, ahora se dirige hacia arriba, a la cabeza, como fuego regenerador para poner en vibración la glándula Pineal y abrir la vista interna.

Este Fuego Sagrado, al repercutir en la caja craneana, Arca de Alianza, enciende la glándula Pituitaria, de cuyo seno se desprende una Luz maravillosa en forma de corona de espinas y esta corona es muy dolorosa; porque esto significa que el cuerpo físico está consumiéndose por el Fuego del Espíritu, que se desprende, no sólo de la cabeza, en forma de corona, sino de las manos, de los pies y de este modo queda todo el cuerpo como un holocausto encendido sobre el Altar del Intimo.

En este estado queda el Iniciado, Crucificado en su Cráneo Gólgota, y cuando consuma el autosacrificio, lanza el grito triunfal, porque el sacrificio del cuerpo físico, de los instintos y el cuerpo de deseos está consumado; entonces el Iniciado se torna en compañero de su Padre y su misión será practicar la Religión del Padre que es la Unidad o el Todo en Todos.

El más alto grado de la Iniciación que conduce a la Unión con el Intimo Infinito es la Crucifixión, para la salvación de la raza humana. Todos los aspirantes a la iniciación tienen que ser coronados de espinas.

El objeto de la iniciación no es la búsqueda de los poderes mágicos, sino el sacrificio por los demás. Sin este requisito no hay religión, ni escuela, ni ocultismo, ni misticismo.

El iniciado debe convertirse en Salvador del mundo limpiando los horrores de una época y de una generación, cargando sobre sus hombros el pecado del mundo.

Los Espiritualistas comprenden que cuando curan a un paciente por medio espiritual, el médico tiene que experimentar el sufrimiento mental del enfermo, en sí mismo, y que debe experimentarlo en un plano superior. Es un estado muy penoso cuando se transmuta el dolor en su equivalente mental para quien sanó al enfermo; de manera que este sufrimiento mental es espantoso. Tenemos el ejemplo de Jesús, cuando llegó a esta hora, en la cual debía cargar con el pecado de aquellos que habían sanado moral y físicamente, gritó: "Padre, apartad de mí este cáliz si os es posible; pero hágase Tu Voluntad y no la mía".

Cuando un espiritualista desea la curación moral o física, de un enfermo, incurre en ciertos trabajos que infringen las Leyes Superiores.

Supongamos que un enfermo del estómago, u otro deprimido espiritualmente acude a un espiritualista y pide curación. Aquí debemos comprender que la enfermedad es el efecto de una desobediencia a la Ley Natural. El dolor del estómago, por ejemplo, es el resultado de la manera de comer, o de la cantidad o de la clase de comida, desobediencia ligada a su castigo. La curación consiste en eliminar el dolor o el castigo de la Ley, llenando el órgano dolorido con ciertos átomos vitales emanados del sanador.

El órgano enfermo puede semejar a un recipiente lleno de agua sucia y la fuerza vital, es como agua limpia derramada en este recipiente, hasta echar fuera todo el contenido inmundo.

En este proceso encontramos que el médico espiritualista tiene que perder energía, al vaciar de su cuerpo una cantidad de átomos, sanos y vitales, y al mismo tiempo, por ley de compensación, tiene que ser llenado este vacío por otros átomos viciosos enfermos. Cierto es que estos átomos enfermos, no siempre pueden contagiar al médico de la enfermedad física, pero si sus vibraciones negativas o sus pecados, afectan mucho a su mente, le producen siempre ese sufrimiento mental.

"¿Quién me tocó?", preguntó Jesús a sus discípulos y estos le contestaron: "Maestro, ¿tú estás entre la muchedumbre y preguntas: quién me tocó?"

"Yo he sentido que una fuerza salió de mí" —respondió Jesús.

Este es un símil para que el lector comprenda que la misión del Iniciado es salvar y sufrir el dolor de los demás; pero cuando pasa por el sacrificio, entonces nunca más se reencarnará, sino que se convierte en Logos del Rayo al que pertenece.

Como se ve, todas las Iniciaciones antiguas y modernas tienen un solo objeto que es el de conducir al hombre en el mundo interno, mundo del Intimo y, todos sabemos que la única vía franqueable hacia este mundo es la vía mental o el pensamiento.

Cada religión y cada escuela tiene su iniciación propia y todas ellas conducen al mismo fin, aunque estas iniciaciones son símbolos de una realidad interna y nunca se deben confundir la alegoría con la Verdad.

Existe en el fondo de cada religión la verdadera Iniciación y a ésta debe dirigir el aspirante, toda su atención y sus pensamientos.

Tal vez hay muchos lectores que preguntan: ¿Cómo podemos ser iniciados y a quién debemos acudir para obtener la verdadera Iniciación?

Nosotros contestamos: Todas las Iniciaciones son buenas con tal que conduzcan el pensamiento al mundo interno y el UNICO INICIADOR debe ser el YO SOY.

Capítulo IX

LA INICIACION MASONICA
Y SU RELACION CON EL HOMBRE

La masonería, es un hecho de la Naturaleza y siendo un hecho de la Naturaleza es una repetición diaria, acontecida en el mismísimo hombre.

Sus leyes son las mismas de toda religión, tienen por objeto, el descubrimiento del verdadero Ser interior y el conocimiento de sí mismo.

Pero como sucedió a las religiones ha sucedido a la masonería: todos han materializado sus pensamientos para adorarlos, en vez de espiritualizar sus obras para convertirse en dioses.

No negamos que los secretos esotéricos de las religiones y de la masonería son actualmente de todo el mundo, pero el verdadero misterio de ellas no se halla en los libros rituales y ceremonias, sino en lo más hondo del espíritu, en el Jardín Edénico cuya puerta está guardada y vigilada por el ángel de la espada flamígera. Los religiosos, los sacerdotes de toda religión y los masones poseen los misterios a manera de los camellos del desierto, cargan el agua y mueren de sed y con todo corren buscando, por todas partes, el líquido de la vida.

El símbolo es como el verdadero arte, nunca debe hablar al sentido, sino debe excitar la imaginación, pero desgraciadamente el hombre actual tiene tan perezosa imaginación que no se molesta en escudriñar nada, y se contenta con adorar el ídolo que ella creó.

Su objeto es la investigación de la verdad; pero esta investigación, debe ser interna y subjetiva, pese a cualquier masón que crea lo contrario. Hemos dicho que los símbolos son la alegoría de la verdad y no son la verdad, sólo expresan la imagen simple de la calidad de las cosas. El símbolo es el cuerpo físico de la idea, pero para conocer la idea hay que sentirla o concebirla.

El fin de la masonería es el de que cada hombre se conozca a sí mismo y el conocimiento de sí mismo no consiste en estudiar anatomía, aunque muchas veces la magnificencia de la anatomía conduce al hombre a la meditación en el misterio.

"Yo soy el pan de la vida", dijo el Divino Maestro. ¿Podremos creer que esa frase simbólica, significa el pan que comemos diariamente y quien lo come vive eternamente?

Antiguamente el hombre, cuando todavía no materializaba sus pensamientos, no tenía necesidad de símbolos, ni alegorías. Hasta ahora, algunos animales tienen instintivamente la sensación del barómetro y sienten de antemano la llegada de la tempestad, mientras que el hombre tiene que acudir al instrumento en sus investigaciones. Todo esto, aconteció desde que la mente empezó a creer en todo, a los cinco sentidos y abandonó la intuición subjetiva.

Entonces ya comprendemos que los símbolos en la masonería tienen por objeto redescubrir la luz oculta por los tupidos velos de los sentidos. Son necesarios hasta cierto punto porque constituyen el cuerpo físico de la enseñanza, pero nunca debemos imaginar que el hombre vive, solamente cuando está en su cuerpo físico.

A su debido tiempo explicaremos en lo posible el significado de cada símbolo.

Entonces la masonería es, como hemos dicho, una repetición diaria de las leyes naturales en el mismo hombre, según la máxima de Hermes: "Como es arriba es abajo".

Masón o Francmasón

El término de masón se deriva, según algunos autores, de **phree messen** que son unos vocablos egipcios que significan "Hijo de la luz" y según otros de "Libre constructor".

En el lenguaje masónico, Dios es conocido con el nombre de Gran Arquitecto. **Arche** es una palabra griega que quiere decir "substancia primordial o primaria". **Tekton** en griego significa "constructor". Se dice que José, el padre de Jesús era carpintero; pero la palabra empleada en la lengua griega es tekton, esto es, constructor y mal puede ser traducida por carpintero. Asimismo se dice que Jesús fue tekton, o sea un constructor. De este modo el término "francmasón" o significa hijo de la luz o constructor, que está esforzándose en construir el templo místico; en construir, dentro de él, el altar de sus sacrificios, y luego debe velar y orar mientras espera pacientemente **al fuego divino** que baje para consumir su ofrenda.

Sea que "francmasón" signifique hijo de la luz o libre constructor, ambos términos dignifican al hombre que lo lleva, pero nosotros podemos preguntar: ¿cuántos hombres que llevan el título de masón son dignos de este término?

Templo

El templo es el lugar en donde se reúnen los masones para desarrollar sus trabajos. Esta palabra se deriva de la latina "tempus" (tiempo). Ya hemos repetido y volvemos a insistir, que desde que el hombre abandonó su estado edénico, su paraíso espiritual, se alejó mucho de la verdad y ya no pudo concebir lo abstracto, tuvo que materializar sus ideas, así como Tomás, después de la resurrección del Señor no podía concebir intelectualmente tal prodigio y quiso introducir el dedo en las llagas para comprobar el hecho. Así también sucede con todo hombre: desde el momento en que se olvidó de Dios que mora en su corazón, de sus leyes naturales en el Universo y el cuerpo físico, inventó un dios exterior y creó un edificio para alojarlo. Este edificio se llama templo. Tampoco se detuvo aquí, sino quiso comprender intelectualmente la naturaleza de Dios. Entonces principió a darle formas iguales al propio cuerpo físico y atribuirle deseos, anhelos y pasiones, y por último se hizo representante de EL en la tierra. Dios se convirtió en un ser temible, expuesto a la ira, venganza, odio, etc., y a pesar de ser infinito se redujo al extremo de poder habitar en un edificio llamado templo.

El iniciado o hijo de la luz comprende hasta le evidencia que el Universo entero es el Templo de Dios, que el Templo de Dios es universal, no sectario, cuya contraparte es el mismísimo cuerpo humano. Está escrito: "¿No sabéis que sois templo de Dios y que el Espíritu de Dios mora en vosotros?"

Los Egipcios, que eran mucho más sabios que nosotros, cuando construían sus templos, imitaban en lo posible las leyes cósmicas universales que se reflejan en el cuerpo del hombre. La Pirámide de Keops es el templo más perfecto. En este monumento eterno, pudo la mente iniciada encerrar algunos de los misterios del cuerpo físico reflejados por los del Macrocosmos. El iniciado o sacerdote egipcio se conoció, asimismo, física y espiritualmente, y descubrió su conocimiento en este libro que es la Pirámide, para que su hermano menor pueda leer en él y saber como él, la manera de penetrar a su interior y adorar a Dios.

¿No dijo el Cristo: "Llegará la hora y hora es, en que ni en este monte, ni en Jerusalén adoraréis al Padre. Dios es Espíritu: y es menester que aquellos que le adoran le adoren en espíritu y en verdad"?

¿Y el Templo de Salomón, no es la imitación del cuerpo físico? ¿Todos sus misterios no significan el proceso alquímico que se efectúa diariamente dentro del propio cuerpo del hombre?

La humanidad, cual hijo pródigo del Padre Celestial, hambrienta en el desierto del mundo, se alimenta por los desechos de sus placeres que enferman al alma, ha tenido siempre la voz interior del Yo Soy que le grita: Vuelve a tu hogar.

El iniciado, hijo de la luz, después de sufrir miles de miserias en pos de sus placeres se siente impelido por la voz interior a volver al seno del Padre y formar de su cuerpo una casa, un templo para Dios; un templo del espíritu, donde pueda entrar, cerrar sus puertas para encontrar al Padre frente a frente y contestar a su voz.

Pero como no todos han podido escuchar esa voz interior, el Padre nos habla con el lenguaje simbólico, el cual a la vez oculta, y a su debido tiempo revela las verdades espirituales, se valió de los hermanos mayores para trazar a nuestra vista el símbolo del Templo cuyo objeto es hacernos volver a El interiormente, a nuestro corazón, el único altar de la Divinidad.

Adorar a Dios en espíritu, no significa prosternarse ante una imagen dentro de un templo, hecho por manos humanas, sino, a manera de Melquisedec, en el templo no construido por hombre alguno. Pero al igual que nosotros contemplamos el retrato de un ser querido, debido a que el retrato despierta en nuestro corazón un sentimiento tierno, así el simbólico templo enciende en nuestro pecho el deseo de adorar al Dios interior que está fuera del alcance de los sentidos físicos.

Cristo dio fin a la época del Santuario o templo externo, desde el momento en que hizo el autosacrificio, y desde aquel entonces el Altar de los sacrificios y ofrendas debía levantarse dentro del corazón para reparar las faltas. El candelabro de oro debe estar dentro del cuerpo para que nos guíe al Cristo interno, y que la gloria del Shekinah del Padre, more dentro de los recintos sagrados de nuestra propia conciencia divina.

Entonces, el templo es la representación alegórica del cuerpo físico. Todo iniciado debe penetrar diariamente, por medio de la concentración y meditación, al templo interior, al corazón y permanecer allí largos momentos, frente a frente a su Padre Celestial. Debe el aspirante dejar todo sistema, ejercicio, escuela o religión y dedicarse a esa comunión con el Padre, porque el templo de la religión esotérica y de la masonería, tienen por objeto conducir al hombre a este fin.

La Logia

El templo representa el Universo que es el Templo de Dios, cuya contraparte es el cuerpo humano. En el interior del Sagrado Templo hay una cámara destinada a la reunión general para estudiar las obras de Dios. Es la cámara interna, es el sol del Templo, el lugar santo en donde mora la Presencia de Dios: la logia.

La logia es la manifestación de Logos o Palabra, o el Cristo que vive en cada uno de los miembros y encuentra en su conjunto una armónica expresión. Así como el templo es la contraparte del cuerpo físico, la logia es la contraparte del lugar santo, que se halla dentro del hombre, en donde el Cristo, Yo Soy, está trabajando siempre en construir y expresar el Plan de Gran Arquitecto. El verdadero Sancta Sanctorum se encuentra en el interior del hombre quien, por materializarlo, le dio un símbolo que es la logia en donde busca la inspiración.

También la logia representa la superficie de la tierra, con los cuatro puntos cardinales: Oriente, Occidente, "camino de la luz", Norte, Sur, su anchura; con tierra, fuego y agua bajo nuestros pies, y aire y Nous sobre nuestras cabezas, más encima de las cuales representa el techo de la logia un cielo estrellado, símbolo de un mundo inmaterial. Todo esto quiere decir que como el Universo no tiene límites, es un atributo de Dios que abarca todo, así también la logia, el Logos, el Cristo dentro del hombre, prácticamente no tiene límites, está dentro y fuera y todo lo que es hecho por él fue hecho.

Además, si examinamos detenidamente la logia encontramos que es la representación completa y exacta del mismo cuerpo del hombre, interna y externamente. Hay que intentar la comprensión de este símbolo, si no, el masón será como el papagayo, que repite las palabras sin entenderlas.

Se ha dicho, que logia, Logos, palabra, el Verbo, Cristo, Yo Soy, significa una misma cosa. Ahora examinaremos la doctrina de la redención cristiana. El Verbo se ha hecho carne, se manifiesta en nosotros para salvarnos. ¿Cuántos son los que han meditado en este misterio? Cristo dijo: "Yo soy el pan vivo, que descendí del cielo... Las palabras que yo os he dicho espíritu y vida son." Entonces la redención se consigue por medio de la fidelidad en la Palabra, el Cristo o Verbo Divino que es el Yo Soy interior, que NACE o se manifiesta en nosotros y nos conduce, de las tinieblas a la luz, de la muerte a la Inmortalidad.

Luego la logia es la habitación del Logos, del Verbo, de la Palabra, del Cristo y esta habitación es el mismo cuerpo físico.

Abrir la logia significa dejar que el Cristo Interno manifieste, exprese (presione hacia afuera) su poder por medio de nuestro organismo, células, porque nuestros cuerpos son sus canales. Este es el verdadero significado de la logia, que sólo puede entenderla la compresión interna, cuya doctrina vital debe hacerse carne, sangre y vida en nosotros, para obrar el milagro de la regeneración o el nacimiento del Cristo en nosotros, fin de la Iniciación o trabajo interno.

Este misterio no es solamente propiedad del cristianismo, sino de todas las religiones: Egipcios, Orientales, Romanos, Gnósticos y Cristianos. Es la Doctrina de la luz interior que identifica al hombre con su Dios; pero cada religión lo expresa en distintas formas, palabras y símbolos, adaptándose a la inteligencia y capacidad de sus fieles.

Relación de la Logia con el Hombre

Todos los manuales masónicos han tratado detalladamente el significado de los símbolos, pero ninguno ha comparado su relación con el hombre microcosmos, que debe encerrar el misterio del Macrocosmos, así como dice Hermes: Como es arriba es abajo. Los antiguos egipcios, para construir la eterna Pirámite de Keops, debían de haber estudiado bien al hombre o al Universo o a los dos a la vez para poder producir aquella maravilla científica. De que las logias actuales, los signos, los símbolos, etc...., no han conservado fielmente todo el brillo y el verdadero origen de su antigüedad es cosa comprendida, pero sí ha quedado lo suficiente para ocupar la imaginación del hombre por varias vidas.

La logia dentro del Templo Simbólico es una imagen representativa del Universo o el cuerpo físico del Hombre. Tiene la forma de un cubo que corresponde en su figura al número 4. Simboliza a la Naturaleza o cuerpo con sus cuatro elementos y los cuatro puntos cardinales. Estos cuatro elementos animados por la vida son nacidos por la unión de los principios primordiales, representados por las dos columnas.

La planta del local está orientada en dirección del Oeste a Este. El hombre debe seguir la ley Divina para su evolución, debe imitar al Cristo o Logos solar en su trabajo. En el OCCIDENTE, el sol de la vida después de terminar su jornada y con radiante esplendor, descansa; así es el hombre: después de trabajar intensamente como el padre sol durante el día, busca la paz y el descanso en los brazos de Dios, por medio del silencio, la meditación y por fin el sueño, como lo hace el niño en brazos de su madre.

ORIENTE: Así como es el sol, símbolo de la vida y del nacimiento, del crecimiento y del continuo esfuerzo, así también debe el hombre imitar al sol en todos sus movimientos. Por el sol conoció el hombre las leyes de Dios y en el Oriente vio el agente de estas leyes. El nacimiento diurno del sol después de su descanso enseña al hombre la continuidad de la vida y del esfuerzo, así también de la evolución. El oriente es el principio de la vida.

SUR: Designa la iluminación y la espiritualidad, porque allí el sol brilla en todo su esplendor. El sur es el punto en donde la mente Divina se manifiesta en toda su plenitud.

NORTE: Es el lugar de las tinieblas donde el sol no derrama su luz. Es el mal, el abismo, valle de las lágrimas, la ignorancia. Lugar de los deseos inferiores. La Pirámide tenía la puerta de entrada al norte que indica que el neófito, ciego ignorante debe entrar por el norte, lugar de las tinieblas, a la logia en busca de más luz.

El hombre, también es como la logia, tiene los mismos puntos cardinales. El oriente en él es el anterior de su cuerpo por donde puede manifestar su continuo esfuerzo; sus cinco sentidos colocados en esta parte son los que le ayudan al servicio, al conocimiento de los misterios. Su rostro debe derramar la luz del saber y del beneficio.

El occidente en él es la parte posterior de su cuerpo. Después que el Sol Espiritual derrame su luz por la faz del hombre incitándole a expresar, a manifestarse, se resigna a ocultarse, para que su mente busque la meditación y el descanso, asimilando todas las experiencias del día. Entonces cierra las puertas de su aposento y se dedica a adorar al Padre interiormente y recibirá la iluminación.

El lado derecho o sur del hombre es el lado positivo. El cerebro derecho es el instrumento de la mente Divina; todo pensamiento altruista procede de esta parte: El sol espiritual derrama en él su manantial de iluminación y manifiesta en él el reino de la espiritualidad; es la Galilea, la ciudad santa, etc., del Evangelio.

El izquierdo, el norte, es el lado negativo, el lado tenebroso, hemisferio izquierdo del cerebro llamado por biblia Babilonia, ciudad de confusión, morada de los espíritus luciféricos, de los sentimientos egoístas, Judea, Capharnaum del Evangelio, y por último el reino de la ignorancia, de donde nada sale, sino el deseo bajo y egoísta.

En el contorno de la logia se hallan repartidas doce columnas, según la comprensión general, representan los doce signos zodiacales pero según nuestra comprensión representan un ideal más esotérico. Semejante al sol colocado entre los signos así es el verdadero hombre, está dentro del cuerpo físico, está suspenso entre las dos decisiones de donde nace su futuro espiritual después de nacer su devenir físico.

Así como las doce columnas de la logia indican los doce signos del zodíaco; dentro del cuerpo físico se hallan doce partes, doce facultades que están influidas por aquellos signos, y que están repartidos alrededor del sol espiritual en el hombre.

El año tiene doce meses, Jacob tuvo doce hijos, Jesús doce discípulos y el hombre como contraparte de la ley cósmica tiene doce facultades del espíritu en él.

Durante el año, el sol Padre visita a sus doce hijos, en el Zodíaco; el sol Cristo en el hombre, también vivifica durante el año a las doce facultades, representadas por los hijos de Jacob, o discípulos de Jesús.

El Carnero o Aries representa la cabeza o el cerebro del Hombre cósmico es Benjamín: como facultad intelectual, es la voluntad activa guiada por el cerebro.

Tauro: Representa el cuello y garganta, es Issachar: la fuerza del pensamiento silencioso y vivificante.

Géminis: Los brazos y manos del hombre; Simeón y Leví: la unión de la razón y la intuición.

Cáncer: Los órganos vitales, respiratorios y digestión; Zabulón: el equilibrio entre lo material y lo espiritual.

Leo: El corazón, el centro vital de la vida física; Judá: anhelos del corazón.

Virgo: El plexo solar que asimila y distribuye las funciones en el organismo; es Asher, que expresa la realización de las esperanzas.

Libra: Riñones y lomos del hombre, es el equilibrio en el torbellino de la fuerza procreadora; es Dan: la percepción externa equilibrada que se exterioriza como razón y presencia.

Escorpio: El órgano generador o el sistema sexual es la caída del hombre fuera de la Balanza o Libra punto equilibrante; es Gad: la generación de las ideas.

Sagitario: Muslos y asientos del hombre autoridad y gobierno físico; es José: facultad organizadora del Espíritu.

Capricornio: Rodillas plegables y flexibles del hombre emblema del servicio; es Nephtalí, símbolo de la regeneración o renacimiento.

Acuario: Piernas, locomoción del organismo; es Rubén: la ciencia y la verdad.

Piscis: Los pies, bases fundamentales de toda cosa externa; Efraín y Manasés: paciencia y obediencia.

Entonces las doce columnas que representan los doce signos zodiacales interpretan las doce facultades del Espíritu, colocadas en el cuerpo físico del hombre.

A lo largo del friso, imagen de la eclíptica, circuye un grueso cordón, anudado a distancias proporcionales, formando doce lazos cuyos extremos están terminados en dos borlas que se apoyan sobre las columnas de la Orden. Esta cadena o lazo interior nos explica la relación que se halla entre una facultad espiritual y otra. Este lazo interno debe ser buscado individualmente y cada cual debe manifestar lo más elevado de sus facultades, en pensamientos, sentimientos y obras.

No basta la manifestación buena de una sola facultad, sino que todos deben vibrar al unísono Divino, y porque una vibración negativa tiende a anular la positiva. Entonces el lazo simboliza la unión de todas las facultades espirituales, y la unión de todos los masones, para perfeccionarse, en primer término, a sí mismo y perfeccionar después a la Humanidad, haciendo de ella una Familia Universal.

Al oriente se levanta un estrado o plataforma, elevado sobre una gradería de cuatro escalones y cuyo frente está formado por una balaustrada. En la parte central de esta plataforma se levanta sobre tres gradas otro estrado de menores dimensiones, pero bastante espacioso para contener el sitial del Venerable Maestro y el ara o el trono que tiene delante, resultando que este se halla elevado a la altura de siete grados sobre el nivel del suelo.

El sitial del Venerable encierra, para nosotros, numerosos misterios. Es otro símbolo del hombre, miniatura del Macrocosmos. Se ha dicho que la frente del hombre es el Oriente por donde derrama el sol sus rayos de vida y de luz; los ocultistas dicen que es el asiento del Yo Soy o el trono de la Divinidad en el hombre. "A quien venciere, lo haré columna en el templo de mi Dios, y escribiré sobre su frente el nombre de la ciudad de mi Dios, la nueva Jerusalén, que descendió del cielo de mi Dios y mi nombre nuevo." (Apoc., Cap. III, vers. 12). Este trono se levanta sobre siete gradas o escalones.

La ciencia espiritual nos enseña que el hombre está compuesto de siete mundos compenetrados unos en otros y que el número siete se halla en todo, porque es el más sagrado. Los mundos en el hombre: Físico, Astral, Mental, Intuicional, Espiritual, Monádico y por último Divino. Para llegar a sentarse en el trono de la Divinidad; para merecer el título de Maestro verdadero, debe elevarse por medio de la verdadera Santidad altruista sobre sus siete mundos, representados por las siete gradas elevadas sobre el nivel del piso.

En otras logias se observan leves diferencias en la disposición de las gradas: por ejemplo la parte oriental del Templo se halla elevada sobre tres escalones, con respecto al piso de la logia, significando con ello que no se puede llegar al mundo de las causas, sino elevándose por medio de la abstracción y la meditación en las regiones superiores del pensamiento en donde se encuentran los principios originarios de las cosas.

Sobre esta elevación se sientan, respectivamente al Norte y al Sur, el Secretario y el Orador y, más abajo, el Hospitalario y el Tesorero y el Portaestandarte y el Maestro de Ceremonias. Estos, con los dos Diáconos, los dos expertos y el Guardatemplo constituyen los oficiales de la Logia, que cooperan con los tres Dignatarios en las diferentes ceremonias que se desarrollan cooperando al orden y armonía de los trabajos.

Entonces el venerable Maestro es aquel ser que por su propio esfuerzo en servir a los demás, impersonalmente, se eleva sobre sus mundos, sus cuerpos, y se sienta sobre el trono de su propia divinidad, representado por el dosel o estrado, colocado sobre los siete escalones.

Por encima del asiento del venerable M∴ se destacan un Delta o triángulo resplandeciente que lleva en caracteres hebraicos el nombre de Jehová, con el ojo Divino en el centro.

Todos esos símbolos encierran grandes misterios en el mismo hombre. El Delta indica la Trinidad del Hombre hecho a imagen del Creador. Los tres lados sintetizan el misterio de la Unidad, de la Dualidad y de la Trinidad, o sea el Misterio del Origen de todas las cosas y de todos los seres.

El lado superior representa la unidad fundamental en el hombre o el primer principio del cual todo tuvo nacimiento. Es la representación del Absoluto dentro y fuera del hombre. Es la primera frase que dice "en el principio" y en el cual existen todas las cosas. Es el Padre origen de toda creación.

Los dos ángulos inferiores son la imagen de la dualidad, representadas, también, por las dos columnas o las dos piernas del hombre y los dos lados; positivo y negativo en su cuerpo.

Cada ángulo es un distinto aspecto de la unidad Primordial Originaria.

El triángulo equilátero es el símbolo de Perfección, Armonía y Sabiduría, son el Padre, Hijo y E. S., las tres emanaciones, poderes, principios. Son el Creador, Conservador y destructor, que forman en El un solo Ser.

Desde el triángulo que forma el Delta propiamente dicho, irradian en sus tres lados grupos de rayos que terminan en una corona de nubes. Estos rayos simbolizan la fuerza expansiva del Ser Interno, que desde un punto central en el hombre se extiende y llena el espacio infinito. Y la corona de nubes indica la fuerza cristalizada, o la materia forma que se produce, como reflujo natural de la fuerza interna e invisible y se condensa con el movimiento de contracción.

En el hombre hay dos corrientes: negativa y positiva que están relacionadas y reguladas por el ritmo que las une como punto equilibrante.

Las letras hebraicas que formulan el nombre de Dios Jehová, encierran cabalísticamente el misterio de la creación por el triángulo. En hebreo son cuatro letras I—Hé-O He. I equivale a Diez, número del Creador. Hé es cinco, la mitad de 10, que representa la creación en sí misma. Unido el Creador a su creación ó 10×5 se obtiene $1 + 5 = 6$ que es la O y así tenemos el misterio de la trinidad. El Padre 10 Emanó de sí al hijo 5 o el mundo, y de la relación del 10 con el 5 tenemos el Espíritu Santo.

El hombre como divinidad emana y se manifiesta en el cuerpo físico de cuya unión se expresa la vida.

De manera que IHéO son tres letras que representan el triángulo de la trinidad que se halla en toda religión y filosofía bajo diferentes nombres y que representan al número tres en todo su significado. Enumeramos algunas. La más simple trinidad es: Padre, Madre, Hijo. En egipcio: Osiris-Isis-Horus. En la Brahmánica: Nara-Nari-Viraj. En Caldea: Anu-Nuah-Bel. En el cristianismo la madre desaparece para dar lugar al Espíritu Santo; pero conserva el culto a la "Madre de Dios".

Alquímicamente: El Azufre, la Sal y el Mercurio son considerados como principios constitutivos del Universo.

Rajas-Tamas-Satva o actividad-Energía-Ritmo, que corresponde a la fuerza centrífuga —la fuerza centrípeta—, la fuerza equilibrante.

Brauma, Vishnú y Shiva de la trinidad Brahmánica.

Todos estos nombres que encontramos en la definición del Ser Supremo, se hacen en el hombre, el yo, la conciencia individual, la mente o inteligencia y la voluntad que impulsa el deseo hacia su satisfacción. Estos tres principios corresponden también a los tres atributos de Dios y del hombre: Omnipresencia, Omnisciencia y Omnipotencia.

Esta Trinidad también origina la distinción entre los tres mundos: exterior, interior y Divino o trascendente que corresponden a las tres partes del hombre espíritu, alma y cuerpo.

Las tres columnas simbólicas que sostiene la logia (distintas de las dos que se encuentran al occidente, y representan las dos partes o piernas del hombre, como dos polos), representadas igualmente por las tres luces, constituyen otra interesante trilogía: sabiduría que corresponde al Venerable Maestro o sea la inteligencia creadora, que concibe y manifiesta interiormente el plan del gran Arquitecto; la fuerza, que corresponde al primer Vigilante es la fuerza volitiva que trata de realizar lo que la primera concibe; y la belleza representada por el segundo vigilante, estas tres facultades se hallan dentro del mismo hombre.

Libertad-Igualdad-Fraternidad; la primera representada emblemáticamente por la plomada, consiste en la liberación de la ignorancia, del vicio del error, y de las pasiones que degradan y embrutecen al hombre y lo hacen esclavo de sus deseos. La igualdad corresponde al nivel que nos enseña la unidad fundamental de todos los seres con los principios de la equidad y la justicia. La fraternidad simbolizada por la escuadra es la unión de los dos principios anteriores que nos hacen concebir que somos hijos de un único Padre y de una sola Madre. Sólo el maestro puede practicar, efectivamente, la fraternidad porque en el grado de aprendiz se hizo libre, y en el del compañero se hizo justo.

El ojo en el centro del triángulo es la representación de lo absoluto dentro y fuera del hombre. Es la unidad que se hizo tres, es el símbolo del Unico Principio, es la Causa sin causa, en sus tres lados o atributos primordiales, representados por las tres puntas del triángulo, que tienen también otras significaciones simbólicas al representar los tres reinos de la Naturaleza: el pasado, el presente y el porvenir —el nacimiento, la vida y la muerte—, Dios, perfección, transformación.

En el fondo del Oriente, a ambos lados del dosel, en lo alto se destacan a los dos lados del Delta, la luz de la realidad transcendente, las imágenes de las dos grandes lumbreras del Universo: el sol y la luna; las dos luminares visibles, que iluminan nuestra tierra son la manifestación directa y refleja de la luz invisible. El sol está a la derecha y la luna en su cuarto creciente a la izquierda del presidente.

Estos dos símbolos nos enseñan la dualidad de la manifestación. El sol representa la mente Divina en el hombre que corresponde al cerebro derecho, padre de toda idea altruísta; mientras que la luna, en su cuarto creciente, demuestra al cerebro izquierdo, al intelecto origen de todo egoísmo. Los dos luminares y las dos columnas que se hallan en el Occidente del templo, representan los dos principios complementarios, humanizados en nuestros dos ojos, en la dualidad manifestada en casi todos nuestros órganos, en los dos lados derecho e izquierdo de nuestro organismo y en los dos sexos que integran la raza humana y se reflejan en todos los reinos de la vida y de la Naturaleza: corresponden a los principios de la Actividad y de la Inercia; Energía, Materia; Esencia y Sustancia, Azufre y Sal y metafísicamente corresponden a los dos aspectos masculino y femenino de la Divinidad; al Padre Madre celeste de todas las religiones.

Todos estos símbolos se hallan en el mismo cuerpo del hombre, y su materialización en la logia tiene por objeto obligar al intelecto que concentre y medite en sí mismo para adquirir el perfecto conocimiento de sí mismo.

Delante del trono, y a conveniente distancia, hay un pedestal o ara, llamado altar de los juramentos.

El altar es un símbolo antiquísimo en todas las religiones, era destinado para el sacrificio de los animales durante el servicio religioso. Los judíos sacrificaban toros y cabras, acto que nos parece bárbaro, en el día, porque la biblia dice terminantemente que Dios no desea sacrificios sino un espíritu humilde y un contrito corazón, y que para El no tienen placer los sacrificios de sangre; pero parece que toda religión debía usar, antiguamente, algo de bárbaro. El hombre antiguo amaba a sus posesiones materiales y no podía comprender nada del cielo para aspirar a él, así como actualmente, el hombre dominado por los deseos no puede ni tiene tiempo de pensar en ideales superiores. Con los sacrificios vivientes, los antiguos sentían la pérdida de un animal cedido por un pecado cometido o una transgresión de la ley, como nosotros hoy sentimos los remordimientos de la conciencia por nuestras malas acciones.

Se ha dicho antes que "sobre el altar debía arder, permanentemente, el fuego divino, año tras año, con el más celoso cuidado. Este fuego consumía el sacrificio, que simbolizaba el dolor y la muerte, causados por el pecado. El Tabernáculo en el desierto era una sombra de cosas más grandes que habían de venir, dice San Pablo.

Este altar con sus sacrificios y la quema de las carnes, debe ser en el interior del místico. Ningún altar externo puede ayudarnos si no construímos el tabernáculo y su altar dentro de nuestros propios corazones y de nuestras mismas conciencias. Cada hombre debe convertirse en el altar del sacrificio, y al mismo tiempo ser la hostia u oblación que en él se ofrece y que simboliza el animal que en el tiempo pasado se inmolaba. Cada hombre debe convertirse en sacerdote que degüella al animal en él, sacrificarlo y quemarlo. Cierto es que al principio el humo genera en oscuridad o tinieblas y su olor es nauseabundo, pero con el perpetuo sacrificio de los defectos y deseos, llegará el momento en el cual se disipan las nubes ante el ojo espiritual y el humo nauseabundo se transforma en humo de incienso y el altar del sacrificio es cambiado por el del incienso. El incienso es el símbolo del servicio voluntario, o aroma del servicio. El sacerdote tenía el mandamiento expreso de que nunca ofrendara un incienso distinto, sobre el Altar de Oro, es decir, que siempre debía emplear aquella sagrada composición".

El altar de los juramentos delante del trono, en la logia, tiene la forma triangular (aunque afecta otras formas según el rito). Esta forma representa los tres altares en el tabernáculo símbolo de la evolución: Altar de bronce o de sacrificio, altar del incienso y el altar de oro, cuyo simbolismo es el hombre antiguo, el hombre moderno y el hombre futuro o superhombre.

Sobre el primer estrado, junto a la balaustrada, a derecha e izquierda del Ven. M. ∴ hay dos bufetes en frente el uno del otro para los hermanos Orador y Secretario.

El orador en la logia representa el poder del verbo en el hombre. El objeto del primer grado es el desarrollar este poder en el candito.

El secretario representa en el hombre la memoria que acumula, ordena y archiva todo experimento recibido en los mundos del cuerpo.

Sobre el altar del Venerable se coloca un candelabro con tres bujías encendidas, una espada, un pequeño mazo llamado mallete, y la carta o patente constitutiva de la Logia.

El candelabro con tres bujías encendidas representa en el hombre las tres luces de la Trinidad. Dios es luz, dice San Juan. Se sabe que la luz, la cual es Dios, es refractada en tres colores primarios por la atmósfera que rodea la tierra, cuyos colores son: azul, amarillo y rojo; así como Dios es refractado en tres atributos o personas, así también el hombre que es su imagen y semejanza.

El Rayo del Padre es azul, a la vez el del Hijo es amarillo, así como el del Espíritu Santo es rojo. En la Naturaleza vemos estos colores con sus respectivas combinaciones. Así como la luz del candelabro llena la Logia, la luz de la trinidad debe ser puesta dentro de nuestros corazones para que nos guíe. La llama sagrada de la Divinidad interna debe morar en nuestra propia conciencia, en el cuerpo templo de Dios y sobre nuestro altar que es el corazón.

La Espada es el poder del verbo o de la verdad Intuitiva es el poder de la voluntad educada. El mallete simboliza la fuerza de la voluntad del hombre.

La carta constitutiva de la Logia nos indica la sucesión de la verdad en el hombre.

Sobre el altar de los juramentos son puestos el libro de la ley (aunque esto no es general en todos los ritos), un compás y una escuadra entrelazados.

El libro simboliza la Palabra Divina, el Verbo o Verdad suprema, escrita en nuestro corazón, en nuestro archivo de la memoria; es la ley natural de la cual habla San Pablo. El compás representa un ángulo en la cual dos líneas distintas parten de un punto y cuanto más se alejan de su origen más se separan. Es la dualidad en el hombre: espíritu, materia. El punto central de la unión corresponde al Oriente o sea al mundo de la verdad, de la realidad, la fuente de la creación que permanece eternamente y en estado de Unidad invisible; la parte opuesta al punto es la irrealidad, la materia, el occidente; es la misma realidad dividida en dos principios o columnas distintas.

Entonces el punto central del compás es la unión del espíritu del hombre con el espíritu Divino. Es la Realidad que se manifestó en apariencia. Es el Ser que adquirió forma. Es el Espíritu que se vistió de materia.

Ahora toca al hombre forma, realizar por medio de la iniciación, ir dentro, o progresar caminando en sentido inverso, desde el occidente al oriente, espiritualizar su materia, o sea desde los extremos del ángulo, remontando a su origen. También el compás representa el cielo, la Divinidad, el Espíritu entrelazado con la tierra, la humanidad y la materia. Lo superior se une a lo inferior. El Verbo es hecho carne.

La escuadra es el inverso del compás.

Si el compás representa al Espíritu manifestado en la materia, en el cuerpo, la escuadra, cuyo punto central es hacia abajo y sus dos ángulos se elevan hacia el cielo, representa al hombre inferior que por ser dominado por lo superior se eleva nuevamente a su origen, al cielo.

El compás es la intuición y la escuadra es la razón. El compás es la sabiduría interna y la escuadra es el conocimiento externo, pero ambos son necesarios para el hombre en el mundo físico.

Entonces la escuadra y el compás, abiertos y entrelazados cerca del libro de la ley, o Palabra Divina, son los instrumentos simbólicos que nos sirven para interpretarla y usarla constructivamente.

En ambos lados Norte y Sur hay los asientos respectivamente de los aprendices, de los compañeros y de los Maestros: los primeros tienen que colocarse en la región obscura porque no pueden soportar la luz plena del Mediodía, en donde se hallan los compañeros y los maestros, respectivamente del lado del occidente y del oriente, trabajan provechosamente, los primeros ayudando a los últimos.

Al occidente se halla la puerta de entrada, a la cual hay un asiento y una espada flamígera para el Guardatemplo interno.

Para comprender este símbolo, tenemos que repasar ciertos versículos del capítulo III del Génesis.

Versículo 21: Hizo también el Señor Dios a Adán y a su mujer túnicas de pieles, y vistiólos:

22: Y dijo: He aquí, Adán, cómo se ha hecho uno de nos, sabiendo el bien y el mal: ahora pues, porque no alargue quizá su mano, y tome también del árbol de la vida y coma, y viva para siempre.

23: Y echóle el Señor Dios del Paraíso del deleite, para que labrase la tierra, de la que fue tomado.

24: Y echó fuera a Adán, y delante del Paraíso puso Querubines, y espada que arrojaba llamas, y andaba alrededor para guardar el camino del árbol de la vida.

Antiguamente el hombre, en el Paraíso, en el estado edénico, representaba la fase celestial de la conciencia impersonal o el estado de su unión con su Padre Dios que era en su interior. Vivía en la tierra; pero como centró su atención en el mundo espiritual, se retenía en aquel estado moral sin comprender nada de las influencias externas; no se cuidaba de su misión terrestre. Entonces la sabiduría Divina despertó en él la Serpiente, el principio negativo en su mente que generó el deseo, que debería suministrar el motivo y el poder para la completa expresión Divina en la tierra o cuerpo.

Entonces el hombre gustó y comió del fruto del llamado árbol del conocimiento del bien y del mal y por ello obtuvo la experiencia y el conveniente discernimiento, adquiriendo así el poder de usar el conocimiento, que por el cual Dios dijo: He aquí, Adán, cómo se ha hecho uno de nos; porque al comer por primera vez de este fruto aprendió a conocer el bien y el mal por experiencia; entonces conoció el nuevo y atrayente mundo físico, murió al conocimiento de la verdad que está en él, sintió que estaba desnudo de la realidad y se sintió temeroso.

El deseo en el mundo de los deseos era necesario para crear un cuerpo y desarrollar en él una **conciencia** de sí, con objeto de expresar la personalidad. Se llenó poco a poco de deseos, de esperanzas, de ambiciones, aspiraciones y con todas las varias manifestaciones del deseo, atributos de las fases personales para poder expresarse.

En este estado fue arrojado del Paraíso, del Jardín del Edén o del Estado edénico espiritual, y fue vestido con un "traje de piel" o, en otras palabras, con carne, lo mismo que los demás animales, para poder completar su experiencia y su perfección; tenía que tener un organismo, y una cubierta apropiada al estado en que tenía que manifestarse.

En lo impersonal, en el Estado edénico, no había necesidad de los sentidos, ni tener una forma externa; pero en el estado terrestre fueron necesarios los cinco sentidos para la expresión y para comprender lo que se expresaba.

Desde que el hombre tuvo sus deseos comenzó a (aumentar y multiplicarse).

Y así, por medio del deseo se formarán todas las manifestaciones y las varias lenguas de la tierra y todas son hijas del deseo, en la mente humana, de expresar en términos terrestres con infinitas fases. Pero mientras más lucha la mente para expresar en palabras o dar forma a la idea Divina, más grande fue su fracaso.

Mientras moraba el hombre en el Estado Impersonal llamado el Jardín de Edén, y antes de entrar en su misión terrestre, crecía el árbol cuyo fruto se llamaba el conocimiento del bien y del mal.

En aquel estado carecía de deseos, porque no había gustado de este fruto. Pero una vez que cedió al deseo y comió del fruto del deseo tuvo que salir del Paraíso y cayó en el pecado llamado original. Al salir del Edén espiritual y entrar al mundo material se encontraba rodeado por condiciones nuevas y extrañas, porque en vez de tener dominio sobre los reinos inferiores que le suministraban cuanto necesitaba, tuvo que arar la tierra y labrarla para ganar su pan con el sudor de su frente.

Esta caída, y esta salida de su estado impersonal le entregaron completamente a la fascinación. Quedó solamente, el deseo como único guía. El hombre se ha vuelto incapaz de ver la realidad o el alma de las cosas, porque se había puesto un cuerpo físico con un cerebro humano, el que estando influido por el deseo, obró como un velo para su conciencia Divina, oscureció su vista interna y entenebreció su mente, que la luz de la verdad no pudo penetrar y llegar hasta él y por eso todo fue falsamente coloreado para su entendimiento mental.

Este velo que cubre la realidad, la luz interna, fue llamado por los ocultistas y masones, cuerpo de deseo, cuerpo astral, guardián del umbral, fantasma del umbral y varios otros nombres, que impide al intelecto que entre al santuario, o la logia, espantándolo con la espada flamígera de luz y fuego de la verdad. Pero no debemos adelantarnos en descifrar el simbolismo antes de terminar la explicación del Génesis.

El hombre al ver todas las cosas, oscurecidas por el deseo y esa oscuridad le conducía al error, al sufrimiento, al dolor, se despertó en él la añoranza a su estado Edénico; porque su mente le engañaba en cada momento, puesto que era como un lente imperfecto, dislocaba y alteraba todo; la luz de la verdad era para él una neblina o un espejismo.

El intelecto formó el cuerpo de deseos, que interpreta y representa falsamente, a la conciencia, toda imagen, idea e impulso inspirado por el Yo Soy interno, y atraía de afuera todas las impresiones.

Y cuando esas falsas visiones, inspiradas por el deseo, causaron muchas caídas y muchos trastornos y sufrimientos, el hombre, gradualmente, perdió la confianza en sí mismo —en el Yo Soy Interno— y comenzó a buscar algún amparo, y centrar sus esperanzas en algún Maestro, o santo para librarse de sus sufrimientos.

Estos disgustos, errores y sufrimientos fueron llamados: EL MAL.

Pero cuando el deseo no causa ningún sufrimiento, entonces es llamado EL BIEN.

Experiencias malas o buenas no son más que incidentes creados por el deseo, para despertar en el hombre ciertas facultades que le permitirán reconocer la Verdad que está en él y dentro de él.

El mal no es más que el aspecto positivo del Fruto del deseo que fascina la vista física, y por la dulzura del primer bocado, que incita a la saciedad, produce efectos dañinos que se manifiestan y se convierten en una maldición, trayendo una desilusión final. En este estado, vuelve el hombre avergonzado, y humillado al verdadero ser, dentro de sí, mediante la nueva conciencia, así despertada; entonces comenzará el hombre a pensar como el hijo pródigo, en volver a su Padre y pedirle perdón; a entrar nuevamente a su interior; a ser admitido como neófito en la logia, cuyo símbolo, como hemos dicho anteriormente, es el Paraíso, el Estado Edénico, el estado espiritual, el templo de Dios; el corazón; el Reino del cielo.

Durante edades, el intelecto vivía del fruto del llamado árbol del conocimiento; durante edades el hombre externo sufría y gozaba por las consecuencias que causaban en él sus frutos llamados en términos relativos: Bien y Mal, según los diferentes puntos de observación; pero en realidad no son más que dos aspectos externos de una verdad interna y central.

Cuando la conciencia, acrisolada con el fuego de los sinnúmeros de sufrimientos y dolores, año tras año, vida tras vida, siglo tras siglo, entonces empezó a despertar, a ver y comprender que se había alejado mucho del Padre interno; del centro de la vida, simbolizado físicamente por la logia. Cansado y sufrido por la separación de la Unica y sola Realidad Interna, entonces anhela la vuelta al lugar paterno, se desnuda como el neófito del uso exterior y de todo lo que pueda distraerle en el mundo físico, se presenta ciego de ignorancia ante el Templo para recuperar nuevamente, su puesto perdido por medio de la iniciación interna.

Pero para obtener y recuperar lo perdido, por causa de sus deseos, tiene que vencer muchas dificultades, entre ellas es el Querube con la espada que despide llamas, el fantasma del umbral, el Guardián del Templo, el cuerpo de deseos. Todos estos nombres designan a la conciencia, aquel atributo en el hombre que desempeña el papel de Juez y fiscal al mismo tiempo. Aquel severo juez interno, cuya sentencia no admite apelación alguna, que aleja del paraíso, del Estado edénico al intelecto y los sentidos impregnados por los malos deseos. Este guardián del Templo Interno no permite la entrada sino a aquellos que han sufrido la muerte iniciática despojándose de todo deseo y sentido externo para librar al espíritu de las cadenas terrestres.

A ambos lados de esta puerta, unos tres pasos hacia el frente, se levantan dos columnas aisladas, de orden corinto, cuyos capiteles se hallan coronados, por tres granadas entreabiertas, distinguiéndose cada una de dichas columnas por un nombre misterioso, cuya inicial (J∴ y B∴) llevan esculpida en el fuste.

Estas dos columnas del Templo de la Sabiduría, que es el hombre, son el símbolo del aspecto dual de toda nuestra experiencia en el mundo terrestre. Es la dualidad de nuestros órganos. Son los dos lados derecho e izquierdo de nuestro cuerpo, son los dos sexos, son los dos principios positivos y negativos que integran al hombre; son por fin Actividad, Inercia-Espíritu, Materia-Esencia, Sustancia-Azufre y Sal representados en el cuarto de reflexión.

El aspecto dual del Universo y del mismo Primer Principio que lo origina se encuentra, en las dos columnas al occidente y al ingreso del Templo Místico, es necesario que este aspecto sea superado.

Al oriente las dos columnas, representadas por el sol, y la luna, se unifican en el Delta, como hemos visto anteriormente.

Lo que llama la tención en ciertas logias y ritos, es la variada colocación de estas dos columnas; mientras unos colocan la columna J∴ a la derecha otros la sitúan a la izquierda y viceversa.

A pesar de nuestro profundo respeto a las ideas ajenas; no podemos quedarnos callados sobre el particular:

Hemos visto que las dos columnas representan los dos principios: positivo o activo y negativo o positivo; pero ¿Cuál es el lado positivo y cuál es el lado negativo en el hombre? Todo ocultista sabe que el derecho es el positivo y el izquierdo es el negativo. Las mismas iniciales J∴ y B∴ indican claramente en la cábala los dos principios. J∴ tiene el mismo valor que Yod simboliza el hombre, el positivo, el activo; mientras que B∴ es la mujer el agente negativo, el pasivo. De esto se deduce que la columna J∴ debe ser siempre a la derecha del recipiendario y B∴ a su izquierda.

Inmediato a estas columnas, al extremo occidental de los lados del Norte y del Sur del Templo, se colocan, sobre un pequeño estrado, el bufete y el sitial para los Vigilantes, con un pequeño mazo (mallete) de encima.

La situación de los Vigilantes varía también según los ritos. En el Rito francés el Primer Vigilante se coloca junto a la columna B∴ y el Segundo Vigilante junto a la columna J∴ mientras que en el Rito escocés el Primer Vigilante tiene su asiento junto a la columna J∴ y el Segundo Vigilante en muchos templos se coloca vis a vis del primero, junto a la columna B∴.

Los dos vigilantes del Templo, o del cuerpo, como ya hemos dicho en otra parte, representan con el Venerable los tres atributos de la Divinidad: Omnisciencia, Omnipotencia y Omnipresencia. Son las tres grandes columnas que sostienen a la Logia (distintas de las dos que se encuentran al Occidente) o los tres atributos y poderes que sostienen al cuerpo humano: Sabiduría, Firmeza y Belleza. Entonces los dos Vigilantes son los dos ángulos del Triángulo que forma el cuerpo humano. El Ven∴ el primero y el Seg∴ Vig∴ se sientan respectivamente al Oriente, al Occidente y al Mediodía, es decir, en donde se manifiestan respectivamente las tres cualidades.

A ambos lados, a lo largo del templo, de Oriente a Occidente, hay una o más filas de asientos, a las que se da el nombre de columnas. Los asientos de la izquierda forman la columna del Norte, que está destinada a los Aprendices y los Compañeros; los asientos de la derecha constituyen la columna del Sur o el Mediodía y ésta es la de los Maestros.

En otra ocasión se ha dicho que el lado izquierdo y el cerebro izquierdo constituye la parte negativa en el cuerpo humano. Es en el cerebro izquierdo donde se alojan las ideas negativas y los átomos del mal donde están en pugna con los que llamamos bien. La trilogía cuerpo, encierra a ambos principios y los átomos negativos representan a los aprendices que tienen que sentarse en la región menos iluminada por el sol, por ser todavía incapaces de afrontar la plena luz del Mediodía, en donde se colocan los maestros que guían a los primeros.

Al extremo oriental de la columna del Mediodía, se halla el bufete del honorable Tesorero, y frente a éste en el lado opuesto correspondiente a la columna del Norte, tiene el suyo el H. Hospitalario. El Tesorero representa en el hombre lo que llaman los ocultistas cuerpo causal; átomo simiente, memoria que reúne el fruto de la acción, mientras que el Hospitalario es aquella facultad del hombre que representa la fraternidad y la caridad.

El altar del Venerable Presidente y los bufetes de los vigilantes, y en muchas logias también el de los demás oficiales, se hallan cubiertos de ricos y rozagantes tapetes de terciopelo, iguales al dosel, galoneados y guarnecidos de estrellas, y pasamanería de oro y plata, según sea el color del rito.

La iluminación de los templos suele ser espléndida por lo general, sin que respecto a este particular pueda decirse que se siga ninguna regla fija. El ritual prescribe que en todo templo deben destacarse tres luces de obligación, colocadas una al Este de las gradas del Oriente; la segunda junto al Primer Vigilante, y la tercera al Sur. Por lo común, estas luces montadas en trípodes o candelabros, suelen agruparse junto al altar de los juramentos. En el centro de la logia, sobre el pavimento de mosaico, debe haber un cuadro que contenga el trazado gráfico de la Logia. Este cuadro pintado en tela, que se extiende en el momento de abrir los trabajos y se retira tan pronto como terminan.

Este cuadro es el símbolo de nuestro cuerpo y representa gráficamente, para ayudar a la comprensión, los misterios que se encierran en nosotros. El cuadro representa:

1º Las siete gradas del Templo y el pavimento del mosaico.

2º Las dos columnas de la Orden con el monograma de su nombre J∴ y B∴ y entre éstas, a la altura de los capiteles, un compás abierto con las puntas hacia arriba.

3º Sobre la columna J∴ la plomada y sobre la columna B∴ el nivel. La plomada representa el progreso individual desde abajo hacia arriba, y el nivel representa la línea recta que es la relación no interrumpida entre los dos infinitos, es decir, que los pensamientos, aspiraciones y acciones del hombre, deben ser modelados sobre una línea recta, en sentido opuesto a la gravedad de las tendencias inferiores.

4º A la izquierda de la Columna J∴ la piedra tosca o en bruto, símbolo del cuerpo material del hombre, que no obtuvo ningún conocimiento, a la derecha de la columna B∴ la piedra cúbica piramidal o puntiaguda, que representa al hombre perfecto, o aquel que trabaja en la perfección de sí mismo. Entre ambas columnas la puerta del templo.

5º Al pie del cuadro una plancha de trazar (tablero o pizarra) y en la parte superior una escuadra, en el centro con la imagen del Sol a la derecha, y la de la Luna, en cuarto creciente, a la izquierda.

6º Tres ventanas, una al Occidente, otra al Oriente y la tercera al mediodía. En otras logias el templo no tiene ventanas: esto significa que no recibe luz desde el exterior, sino desde el interior. Por esta razón tiene que clausurarse herméticamente al mundo profano, y su puerta está vigilada constantemente por el Guardatemplo, armado de espada, símbolo de la vigilancia que constantemente debemos ejercer sobre todos nuestros pensamientos, palabras y acciones, para hacer de ellos un uso constructivo y progresar continuamente en el sendero de la Verdad y la Virtud.

7º En el fondo, el cielo tachonado de estrellas y todo el cuadro está circuido por el cordón anudado que prescriben los rituales. Todos estos símbolos fueron explicados anteriormente.

Iniciación del Primer Grado

El lector no debe olvidar el íntimo significado y el valor de cada uno de los símbolos que hemos encontrado en el templo masónico y su estrecha relación con el cuerpo físico y el hombre en general. Por medio de este estudio veremos cómo las características fundamentales de la masonería expresadas en el simbolismo y la ceremonia de recepción del primer grado del aprendiz, no son más que una copia fiel y exacta de lo que acaece invisiblemente en el misterioso ser llamado HOMBRE.

Significado de la Iniciación

En otro lugar se ha dicho que la palabra iniciación es derivada del latín INITIARE, y tiene la misma etimología de INITIUM "inicio o comienzo", viniendo las dos de INIRE "ir dentro o ingresar". Entonces la palabra INICIACION tiene el doble sentido de "COMENZAR O IR DENTRO". En otras palabras, iniciación es el esfuerzo que realiza el hombre para ingresar nuevamente, para ir dentro de sí mismo, en busca de las verdades eternas que nunca fueron sacadas a la luz, al mundo externo. Iniciación es equivalente a religión de RE-LIGARE: ligarse nuevamente; es la vuelta del hijo pródigo, al seno de su Padre, después de haber errado largo tiempo en el mundo material, sufriendo miserias y hambres.

El iniciado es el ser que conoció su error y volvió a ingresarse al interior de su casa paterna; mientras que el profano queda fuera del templo de la Sabiduría lejos del real conocimiento de la verdad y la virtud, siguiendo la satisfacción de sus sentidos externos.

Así pues este Ingreso (INICIACION) no es, ni puede considerarse únicamente como material, ni es la aceptación de una determinada asociación, sino como ingreso a un nuevo estado de conciencia, a una manera de ser interior, de la cual la vida exterior es un efecto, y consecuencia. Es el renacimiento indicado por el Evangelio; es la transmutación del íntimo estado del hombre, para efectivamente iniciarse o ingresar, en una nueva vida que caracteriza al verdadero INICIADO, y no como se suponen muchos que pueden llamarse iniciados desde el momento que comienza su Iniciación. La Iniciación es el renacimiento iniciático, o sea, la negación de los vicios, errores e ilusiones que constituyen los metales groseros o cualidades inferiores de la personalidad, para la afirmación de la Verdad, de la Virtud y de la Realidad, que constituye el Oro puro de la Individualidad, la perfección del Espíritu que se expresa en nosotros a través de nuestros ideales elevados. Todo hombre de buena voluntad, bueno y santo es el verdadero Iniciado, sin tener necesidad de pertenecer a una Orden externa; puesto que es un miembro de la FRATERNIDAD BLANCA SUBJETIVA.

El cuarto de reflexión

Toda logia debe tener un local especial llamado cuarto de reflexión.

Todo hombre al cerrar los ojos, se halla en su cuarto de reflexión, con su aislamiento, y la oscuridad que representa, es el período de las tinieblas de la materia física que rodean al alma para su completa maduración. El cuarto oscuro de la reflexión es el símbolo del estado de conciencia del profano que anda en las tinieblas y por esta razón se encuentran en él los emblemas de la muerte y una lámpara sepulcral. En este local, pintado de negro, figurando una catacumba, rodeado de los símbolos de la destrucción y de la muerte, se coloca un taburete y una mesa cubierta con tapete blanco, sobre la cual hay una calavera (muerte), algunos mendrugos de pan (insignificancia que tratan de obtener los cinco sentidos), un plato de ceniza (el fin de la materia); un reloj de agua (el corredor del tiempo que lo envuelve todo); un gallo (el deber de ser vigilante y alerta), un tintero, plumas y algunas hojas de papel para escribir su testamento; cuyo significado será explicado en otro lugar. El recinto se halla alumbrado por la débil luz que despide la lámpara sepulcral (lámpara de los conocimientos físicos adquiridos por la mente carnal); en uno de los ángulos se ve un ataúd junto a una fosa abierta, o un hipogeo abierto también, en una de las paredes, dejando ver a un cadáver amortajado (como debe el iniciado contemplar a su cuerpo físico). El cuarto de reflexión significa aquella crisis, aquella lucha entre el cuerpo y sus deseos con el espíritu y sus ideales; este cuarto negro y oscuro es el mismo cuerpo que sirve de prisión, de tumba y de ataúd al verdadero Ser Interior. Por esta razón, cerca de los emblemas de la muerte se hallan también, ciertas inscripciones en las paredes cuyo objeto es levantar la fuerza y desarrollar la voluntad en el neófito.

Al ingresar a este cuarto el candidato tiene que despojarse de los metales, tiene que volver a su estado de pobreza edénica, la desnudez adánica, antes de cubrirse con la piel de todas aquellas adquisiciones, que le fueron útiles hasta ahora para llegar a su estado actual y que son obstáculos para volver a su estado primitivo. Debe apartar todo deseo, ambición, codicia en los valores externos, para conocerse a sí mismo; entonces, en su interior, hallará los verdaderos valores espirituales. Dinero, bienes, ciencias, son vanidades ante el conocimiento de sí mismo.

El candidato debe ser libre y despojado de los metales: cualidades inferiores, vicios y pasiones de su intelecto, de sus creencias y prejuicios; debe aprender a pensar por sí mismo y no seguir, como ciego, el conocimiento y creencias de otros; por último el cuarto de reflexión significa el aislamiento del mundo exterior para poder concentrar en el estado íntimo; en el mundo interior a donde deben ser dirigidos nuestros esfuerzos para llegar a la Realidad. Es el "conócete a ti mismo" de los iniciados griegos. Es la fórmula hermética que dice: "Visita el interior de la tierra: rectificando encontrarás la piedra escondida". Es decir, desciende en las profundidades del ser y encontrarás la piedra filosofal que constituye el secreto de los sabios.

Así como los huesos e imágenes de la muerte que se hallan representados en las paredes del cuarto, indican la muerte simbólica del neófito, para renacer en el mundo del espíritu e indica la muerte aparente de la verdad en el mundo externo; así también las inscripciones que cubren las paredes del cuarto indican los consejos del Ser interno, que tienen por objeto guiar al hombre a la verdad y al Poder. Estas inscripciones son varias, citaremos algunas de ellas:

"Si una vana curiosidad te conduce aquí, márchate.'

"Si rindes homenaje a las distinciones humanas, vete, porque aquí no te conocen."

"Si temes que te echen en cara tus defectos, no sigas adelante."

"Espera y cree... Porque entrever y comprender el infinito, es marchar hacia la perfección."

"Ama a los buenos; compadece y ayuda a los débiles; huye de los embusteros, y no odies a nadie."

"El hombre más perfecto, es aquel que es más útil a sus hermanos."

"No juzgues ligeramente, las acciones de los hombres, alaba poco, adula menos y no censures ni critiques nunca."

"Lee y aprovecha; mira e imita; reflexiona y trabaja; procura ser útil a tus hermanos y trabajarás para ti mismo."

"Piensa siempre que del polvo naciste y en polvo te convertirás."

"Naciste para morir." Etc., etc., etc. ...

Todos estos consejos en el cuarto de reflexión y las demás figuras tétricas nos demuestran que dentro del hombre se hallan la muerte y la vida, el dolor y la dicha; el engaño y la iluminación; mientras que los cinco sentidos ofrecen la muerte, el espíritu depara la vida eterna.

El grano de trigo

El candidato a la perfección tiene que pasar por cuatro pruebas, a saber: las de la tierra, agua, aire y fuego. Esto quiere decir que debe triunfar sobre los cuatro cuerpos o cuatro elementos que componen su ser físico, para poder llegar a la Divinidad; a su debido tiempo serán explicados.

El cuarto de reflexión es la prueba de la tierra. Entre los objetos que se encuentran en aquel cuarto es el grano de trigo. El iniciado es simbolizado en el grano de trigo, echado y sepultado en el suelo para que germinara y se abriera, con el propio esfuerzo, su camino hacia la luz. El Espíritu en él está sepultado como el grano de trigo; el Yo Soy está preso en el cuerpo y está esperando despertarse y manifestarse a la luz del Día del Señor. Así como la semilla germina el ser, echada en la tierra, después de una muerte aparente, así también el hombre, comparado a la tierra, se halla en él latente el Espíritu divino en espera de manifestación perfecta; la semilla mora un tiempo en el seno de la tierra, para germinar; el hombre debe aprender del grano de trigo, a concentrarse en el silencio del alma, aislándose de todas las influencias exteriores, y morir para sus defectos e imperfecciones, a fin de germinar y manifestarse a la nueva vida.

El pan y el agua

Estas se encuentran en la mesa del cuarto y son la continuación del símbolo anterior; así como el labrador siembra, riega, cuida, cosecha, muele, amasa para formar del trigo un pan; así el iniciado debe imitar el mismo ejemplo del labrador, en su propio cuerpo, debe de educarle, limpiarle, formarle y presentarle como el pan de sacrificio y decir como el Divino Maestro: Este es mi cuerpo, comedlo.

La sal y el azufre

Otros dos elementos se encuentran en el cuarto de reflexión: dos saleros, respectivamente con sal y azufre.

Ya se ha dicho antes que el azufre es símbolo de la energía activa, el principio Creador. La sal muestra la energía pasiva, femenina o maternidad. Estos principios corresponden a las dos columnas; a los dos polos del cuerpo humano y a los dos primeros grados de la masonería.

Sal y Azufre son las dos polaridades en el individuo: espiritual y material; expansión y gravedad. El candidato debe encontrar el equilibrio, un equilibrio muy distinto del que prevalece en el mundo profano, es un equilibrio entre el esfuerzo y la vigilancia, en el mundo interno del Espíritu, para poder manifestarlo en el externo. El esfuerzo vigilante y la firmeza perseverante son las dos cualidades que necesita el futuro iniciado; este símbolo se completa también con la figura del gallo y la clepsidra o reloj de agua; representan la Vida del Espíritu que domina al tiempo y a la destrucción de toda forma exterior.

El testamento

En el cuarto de reflexión el candidato debe hacer su testamento. Este testamento difiere del testamento profano en que éste último es una preparación para la muerte eterna, mientras que la primera es la preparación para la vida nueva; porque la muerte ya no es fin para el iniciado, sino el principio de la vida y el mismo candidato será el ejecutor. El que debe morir para sus pasiones y deseos bajos, hace testamentos como el muerto profano y, al morir para sus pasiones físicas, renace a la nueva vida en donde debe cumplir sus deberes para con Dios, para consigo mismo y para con sus semejantes: tres preguntas que se hallan en el testamento.

Preparación

Antes de ser admitido en el Templo interior, representado por el Templo exterior en el cuarto de reflexión, en la soledad de la conciencia, se les prepara de esta manera: los ojos deben ser vendados, se le pone una cuerda al cuello y se le hace descubrir el pecho por el lado izquierdo, la rodilla derecha y el pie izquierdo.

La venda es el estado de ignorancia o ceguera en el mundo profano; en el cuerpo físico, ceguera de los sentidos. La cuerda es el estado de esclavitud a las pasiones; también nos recuerda el cordón umbilical del feto en el vientre de la madre, un ser sin individualidad. La desnudez del corazón de todo prejuicio, odio y convencionalismo, que impide la sincera manifestación de los sentimientos. La desnudez de la rodilla derecha simboliza la vanagloria, el orgullo intelectual que impide la genuflexión o la inclinación de la rodilla ante el altar de la VERDAD. La desnudez del pie izquierdo es la marcha en el sendero, la marcha hacia el templo para llamar a su puerta en busca de luz y de Verdad.

La puerta del Templo

La puerta es el símbolo del paso o ingreso. La puerta del templo es la primera estancia en la iniciación interna; para aprender los misterios del espíritu, se debe entrar al templo interior en donde están los ocultos tesoros.

El neófito golpea la puerta del templo tres veces de manera desordenada; quiere entrar, pero no sabe cómo, es inexperto; aunque el templo Interior está abierto siempre para aquellos que buscan la verdad y piden luz. El Cristo está esperando a aquel que toca la puerta del templo para abrir.

Entrar al Templo con los ojos vendados nos sirve para indicar que en el Templo de la sabiduría no pueden servir los sentidos, y que la luz del saber interno es sentida y no vista.

El Guía que conduce al neófito al templo, representa al guía interior que conduce individualmente a todo ser que ansía ir en el camino de la verdad, sin el cual le sería imposible al candidato llenar debidamente las condiciones que se le piden para su iniciación.

Es el Guía que contesta a las preguntas dirigidas desde el interior del templo. "¿Quién es el temerario que se atreve a perturbar nuestros pacíficos trabajos y trata de forzar la puerta del templo o el PORTAL DE HOMBRE?" Contestando: "Es un profano deseoso de conocer la luz verdadera de la Masonería y que la solicita humildemente por haber nacido libre y de buenas costumbres."

El significado iniciático de esta respuesta es de fundamental importancia: Nadie puede entrar al Templo de la sabiduría si no tiene el firme deseo de conocer la Verdad, hay que solicitar el ingreso con humildad, convencido de su ignorancia y su flaqueza, debe ser también libre de todo prejuicio filosófico, religioso y social porque el orgulloso de su saber humano e intelectual nunca puede ser admitido en el templo interno y por fin debe ser de buenas costumbres, porque las malas costumbres son barreras infranqueables para el adelanto espiritual.

La punta de la espada, apoyada sobre el corazón, es el símbolo del Poder del Verbo y de la Verdad Intuitiva que se manifiesta en lo íntimo de nuestro ser, y si los ojos no pueden ver sin embargo, el sentimiento de la verdad siempre existe. También tiene el significado de que si el candidato entra al Templo del Saber por curiosidad o para la adquisición de poderes, la espada flamígera de la verdad le aniquila.

Interrogatorio del candidato

El interrogatorio del candidato, al ingresar al Templo, es el examen de sus meditaciones en el cuarto de la reflexión.

¿Cuáles son sus deberes hacia Dios, hacia sí mismo y hacia la humanidad?

¿Cuáles son sus ideas sobre el vicio y la virtud?

Estas preguntas son la explicación de lo que contestó el Guía por el candidato. El vicio es la esclavitud, la cadena que obstaculiza al hombre, y siendo esclavo de su vicio "NO PUEDE SER LIBRE Y DE BUENAS COSTUMBRES"; entonces debe convertirse en virtuoso.

La virtud de VIR, Vira Viril: Fuerza, virilidad, poder en el sentido moral del hombre que, por medio de sus "esfuerzos personales" domina los vicios o debilidades.

El verdadero masón es aquel que establece el dominio de lo Superior sobre lo inferior, he aquí el programa de todo iniciado en la Verdad y en la Virtud.

El primer viaje

El viaje significa el esfuerzo que hace un hombre para adquirir su objeto. En la ceremonia del primer grado debe el candidato realizar tres viajes: el primero está lleno de dificultades y se presenta con muchos peligros y ruidos; representa la prueba del agua o la dominación del cuerpo de deseos y su purificación. El Guía o Cristo le enseña lo bueno y lo verdadero, y el candidato debe ser dócil a sus insinuaciones e instrucciones. La dirección de este viaje es de occidente a oriente por el lado Norte. El Occidente es el mundo sensible y material; es la parte inferior del cuerpo humano en donde residen los fenómenos objetivos del universo; la Verdadera Luz se halla en él puesta, como cuando se pone el Sol; se halla Velada como Isis y el Iniciado debe revelarla por sus esfuerzos.

La realidad y la Luz nacen en el Oriente o cabeza del Hombre, es allí en donde brilla con todo resplandor.

El viaje comienza desde el occidente, es decir, desde su conocimiento objetivo de la realidad exterior, el hombre se encamina por la oscura noche del Norte en busca de la VERDADERA LUZ en el oriente; no deben asustarle la oscuridad, ni las dificultades que encuentre en su camino para llegar a la LUZ. Una vez que llega al Oriente, mundo de la luz, no debe detenerse allí sino debe regresar al Occidente con la conciencia iluminada que le permite enfrentarse, con más serenidad, con las dificultades y prejuicios del mundo, que ya no tienen poder para hacerle desviar de su camino, porque ha purificado su cuerpo de deseos y dominó sus pasiones por el reconocimiento de la verdad. También tiene otro significado: Una vez que el candidato se halla iluminado, no debe guardar su iluminación para sí, sino debe instruir e iluminar a los demás que se encuentran todavía en el Occidente o mundo material.

El segundo viaje

Ya se ha dicho que el cuarto de reflexión representa la prueba de la tierra o el dominio del mundo físico; el primer viaje es el dominio del mundo de deseos, ahora el segundo viaje representa y simboliza el triunfo sobre el cuerpo mental o mundo mental.

Este segundo viaje es más fácil que el primero; ya no hay obstáculos violentos. El esfuerzo hecho en el primero nos enseñó cómo superar las dificultades que se encuentran en el camino de la evolución, una vez dominados nuestros deseos.

El choque de espada que se oye durante este viaje es el emblema de luchas que se desarrollan alrededor del iniciado. Es la lucha individual consigo mismo para dominar su mente elaboradora de los pensamientos negativos. Es el segundo esfuerzo para encauzar la vida en armonía de los Ideales elevados. Es el bautismo del agua practicado por las religiones; es la negación de lo negativo; es la preparación para recibir el BAUTISMO DEL FUEGO o del ESPIRITU SANTO o sea la afirmación en lo positivo.

El Bautismo del Agua, objeto del segundo viaje, es la purificación de la mente y de la imaginación, de sus errores y de sus defectos.

El tercer viaje

El tercer viaje representa el Bautismo del Fuego y se cumple todavía con más facilidad que los precedentes, habiendo desaparecidos los obstáculos y ruidos, sólo se oye una música profunda y armoniosa.

Dominando y purificando la parte negativa de su naturaleza que causaba dificultades, el iniciado se familiariza con la energía positiva del fuego, es decir, llega a ser consciente del Poder Infinito del Espíritu que se halla en sí mismo. Es el DESCENSO DEL ESPIRITU SANTO EN LENGUAS DE FUEGO que depura toda traza de errores que dominaban al alma.

Es la prueba del fuego en las antiguas iniciaciones, el elemento más sutil, del cual nacen todas las cosas y en el cual todas se disuelven. Es el dominio del mundo DEL ESPIRITU DE VIDA cuyos linderos tocan el mundo DIVINO.

El descenso del Espíritu sobre el iniciado, con su fuego, hace desaparecer las tinieblas de los sentidos y con ella toda duda y vacilación, dándole esta SERENIDAD IMPERTURBABLE, en la cual el alma descansa para siempre al abrigo de todas las influencias, tempestades y luchas exteriores.

Este fuego es la esencia del AMOR INFINITO, IMPERSONAL, libre de todo deseo, impulso personal que da el poder al

INICIADO de obrar milagros, porque se convierta en él en FE ILUMINADA y en Fuerza Ilimitada por haber franqueado por todos los límites de la Ilusión.

El cáliz de amargura

Dominados los cuatro elementos o Cuatro mundos, el iniciado debe apurar el cáliz de amargura. Este símbolo nos da mucho que pensar. Muchos ilusionados creen que la ciencia espiritual es un método fácil y sencillo al cual acuden para adquirir poderes, riquezas y comodidades y nunca piensan, ni hubo quien les instruyera que tras de estas pruebas nos espera el abrumador CALIZ DE AMARGURA, al enfrentarse con las desilusiones, de nuestros proyectos y de nuestras aspiraciones. Hasta el mismo Jesús al sentir este estado abrumador de las cosas, clamó; Padre, si es posible, aleja de mí este cáliz.

Pero, el Cáliz no puede alejarse sino que debe ser apurado hasta la última gota. El iniciado debe seguir los pasos de Cristo, cargar sobre sus hombros todas las amarguras de los demás, sufrir la ignorancia, el fanatismo y la ingratitud de todos. Debe llevar este cáliz a sus labios serenamente, y apurarle como si fuera la más dulce y confortable de las bebidas. Entonces se cumple el milagro; la amargura en su boca se convierte en dulzura en boca de los hombres y la Verdad triunfa sobre las ilusiones de los sentidos.

La sangre

Una de las pruebas que someten al candidato es la prueba de la SANGRIA. Se le dice que debe firmar un juramento con su propia sangre, esto es signar el pacto con ella. Los herméticos saben muy bien que la sangre es el asiento del YO o del EGO, es la expresión de la vida INDIVIDUAL. Mientras circula la sangre en el organismo hay vida; pero cuando se coagula acaece la muerte.

Firmar el juramento con la sangre significa adherirse a la Causa Sagrada eternamente; de manera que este pacto signado con ella no puede romperse ni aun con la muerte. Por tal motivo ningún iniciado puede volverse atrás y aquel que "PONE LA MANO SOBRE EL ARADO NO PUEDE VOLVER LA VISTA

ATRAS" si no quiere convertirse en estatua de SAL "como la mujer de LOT".

No nos es posible revelar más este profundo misterio, porque las consecuencias serán muy dolorosas para nosotros y para las personas que llegan a comprenderlo, solamente podemos decir que el autor del juramento, signado con su sangre, no puede ser, ni dejar de ser INICIADO a voluntad, sino que lo será para siempre y aquel que cree poder cesar de considerarse como tal es porque NUNCA LO HA SIDO. Cuando derramó Cristo su amor por medio de la sangre, firmó el pacto de sangre con nosotros hasta la consumación de los siglos. EL mismo nos enseñó que no debemos jurar ni por el CIELO ni por la tierra, porque sabía el efecto del juramento.

El Fuego

Otro símbolo análogo al de la sangre es el fuego. Invitan al candidato a que permita que se le haga con el FUEGO, en el pecho u otra parte, la impresión de un sello, por el cual se reconocen los masones.

Este sello (QUE NUNCA SE APLICO MATERIALMENTE EN LA MASONERIA PERO QUE FUE PRACTICADO ANTIGUAMENTE) se graba con el fuego de la Fe en el corazón del Iniciado; la fe es el único sello por el cual los masones se reconocen entre sí. Es la fe que enciende el ardor del entusiasmo para obrar en armonía con el PLAN DEL GRAN ARQUITECTO, y cooperar conscientemente.

La ayuda en la cadena de unión

Finalmente y para dar prueba de su altruismo se le invita al candidato a ingresar en la cadena de unión, mediante una oferta voluntaria, para ayudar a los necesitados. Antiguamente daba todo por los demás y esta escena se repitió en el tiempo de Cristo cuando le preguntó aquel rico: Maestro ¿qué haré para ser perfecto? Y el Maestro le contestó: Vende tus bienes y repártelos entre los pobres.

El juramento

El juramento es la obligación que debe prestar el candidato delante del ara (su corazón altar de DIOS); sigue con los ojos vendados (que no pueden todavía ver la luz), arrodillado sobre la rodilla izquierda (no solamente signo de respeto y devoción, sino en esta pose se pone en contacto con las corrientes terrestres que tienden a subir hacia las que bajen desde arriba; el candidato forma el punto de unión entre las dos); la derecha en forma de escuadra (símbolo de la fijeza, estabilidad y firmeza, objetos del juramento; es la preparación para libertarse. Ver el significado de la escuadra en otras páginas anteriores. La mano derecha sobre la Biblia (verdad revelada) y en la izquierda un compás cuyas puntas apoyan sobre el pecho, símbolo del reconocimiento pleno de la armonía. (Ver la explicación del compás).

El juramento se hace en presencia del GRAN ARQUITECTO DEL UNIVERSO y de los hermanos reunidos en la Logia. La presencia del GRAN Arquitecto en el Hombre es la primera condición que debe comprender el candidato; los hermanos que forman con sus espadas una bóveda sobre su cabeza, sin que él pueda verlos con sus ojos físicos, son el símbolo de los protectores invisibles que se hallan interior y exteriormente; que nos vigilan constantemente y nos protegen sin que nos demos cuenta de sus existencias.

Este juramento se contrae libre y espontáneamente con un pleno conocimiento del alma. No se trata de una obligación involuntaria o con amenazas, porque como el masón es libre en el sentido más pleno de la palabra, contrae la obligación o juramento, que lo liga al IDEAL de la ORDEN, con la espontánea voluntad.

Obligaciones del juramento

Las obligaciones del juramento son tres, primera: el silencio, una ley importante del hermetismo es no revelar a nadie los secretos de la Orden "no deis las perlas a los puercos". Al penetrar el hombre al Templo Interno de la Sabiduría, y recibir los fragmentos del Saber Divino, debe guardarlos como un tesoro en su propio corazón por dos motivos: el uno, porque nadie puede comprenderlos y el otro, porque al divulgarlos perderá, con las palabras, la energía interna que es como levadura que fermenta el corazón con aquella sabiduría.

La segunda: no escribir, no grabar o formar algún signo que pueda revalar la palabra Sagrada; esto es el VERBO DIVINO que se halla en todo Ser, porque sacarlo afuera es como quien arranca la semilla de la tierra para ver su crecimiento. El Verbo Divino o el IDEAL DIVINO debe obrar desde el interior hacia afuera y nunca debe ser visto por los ojos de las pasiones, como aquellos que se vanaglorian de sus poderes.

La tercera: es su unión eterna a la Fraternidad Espiritual, a sus ideales, aspiraciones, y tendencias; comprometerse en ayudar a sus hermanos en cada momento; así se da cuenta de que la FRATERNIDAD es un cuerpo y que él es la célula en dicho cuerpo que debe cumplir con sus deberes.

Antes de faltar al Juramento, el masón prefiere "tener la garganta cortada y la lengua arrancada de raíz". Es el castigo simbólico del indiscreto cuando haga uso egoísta de sus poderes; entonces la lengua instrumento del Verbo, le será arrancada, esto es, perderá el poder de la palabra o del VERBO. Su garganta que es la que produce el sonido de la verdad será cortada.

La Luz

Una vez que ha cumplido con los tres deberes del juramento será digno de ver la LUZ DE LA VERDAD. Este símbolo se efectúa con hacer caer las vendas de los ojos del candidato, que representa la venda de ilusión, que le impide ver la esencia de VERDAD.

Al principio se queda deslumbrado; después ve a los hermanos con espadas dirigidas hacia él. Estas espadas no son amenazas; porque aquel que ve la luz nunca puede tener miedo a las amenazas; estas espadas demuestran las dificultades que debe afrontar el Iniciado, en el cumplimiento constante de sus ideales; pero el Iniciado no debe nunca renunciar a sus aspiraciones elevadas; por lo tanto los hermanos, al verle firme en su propósito, se descubren, quitando la MASCARA que escondía sus semblantes y bajan las espadas, que significa que las dificultades son vencidas ante la firmeza de la Fe. Es la luz interior que pasa libremente y se derrama sobre el mundo externo para esfumar todo temor y toda dificultad.

ES LA LUZ DE LA DIVINIDAD. Es el objeto de iniciación interna: hacer del hombre un Dios.

La masonería acude a todos estos símbolos como para ayudar al intelecto del hombre a comprender la verdad y descubrir qué es DIOS EN DIOS.

Consagración

Concluido lo antecedente, el candidato es conducido al ara, delante de la cual se arrodilla sobre la rodilla izquierda, mientras que la derecha está en forma de escuadra; se le hacen confirmar sus obligaciones. (Todo acto debe tener un significado muy profundo. El mero hecho de arrodillarse, tiene un gran significado oculto, porque los centros etéricos físicos, al aplicar la rodilla sobre la tierra, se sintonizan con ciertas corrientes a disposición de los que buscan auxilio en lo INVISIBLE. La oración con la posición del hombre arrodillado, no sólo ayuda al que ora, sino, hasta cierto punto, es reservado de las influencias perniciosas que pueden dominarlo en cualquier otra posición que adopte el cuerpo.)

(Pedir de rodillas es una frase que se repite a cada momento; porque los antiguos que nos dejaron esta frase, comprendían la eficacia de la petición estando de rodillas. Ya hemos explicado en otro lugar el significado de la escuadra y no es menester repetir aquí el significado de la pierna derecha que toma la forma de escuadra.)

(Cuando el candidato cumple con sus obligaciones y se arrodilla ante el altar, que es su corazón, en donde reside el verdadero Maestro, el YO SOY, el Atomo NOUS, el Cristo, entonces Este que es representado por el V. M., toma la espada flamígera apoyándola sobre la cabeza del recipiendario, pronuncia la fórmula de la consagración, acompañada por los golpes misteriosos del grado.) Hecho esto, le hace levantar y lo abraza, dándole por primera vez el título de hermano, y le ciñe el mandil diciendo:

"Recibid este mandil, distintivo del Masón, es más hermoso que todas las condecoraciones humanas, porque simboliza el trabajo que es el primer deber del hombre y la fuente de todos los bienes, el que os da derecho a sentaros entre nosotros, y sin el cual nunca debéis estar en la Logia."

(La espada flamígera es el símbolo del Poder Divino. El poder creador se halla en el hombre, pero actualmente en la humanidad es un poder limitado.)

El **Poder de la creación** se manifiesta en la parte inferior de la espina dorsal en donde reside el enemigo secreto del hombre. El hombre está esforzándose para unirse con el propio Intimo o según la parábola de la Biblia; ansiaba regresar al EDEN, al paraíso; después de ser arrojados como rebeldes y "Dios puso en el oriente del mismo Jardín del Edén unos querubines, que lucían doquiera una espada flamígera para custodiar el Camino del árbol de la Vida". La Espada del PODER que se halla en manos del Maestro que reside en el cerebro del hombre impide a los rebeldes átomos destructivos acercarse a la fuente del Saber divino para no tergiversarlo en malo según sus propios deseos; pero desde el momento en que se arrodilla ante el Maestro Interno; ante el Altar del sacrificio; el Maestro Intimo lo consagra como discípulo suyo tocándolo con la espada Flamígera, con toques misteriosos, para transformarlo en ayudante servidor y hermano en el Trabajo de la OBRA.

El mandil es la túnica de la piel, a la que hace mención la Biblia o el CUERPO FISICO con su conciencia espiritual (Adán), y su reflejo personal (Eva) que fueron arrojados del estado edénico, mental interior, fueron llevados a la tierra, mundo físico para trabajarlo y expresar en la materia las cualidades divinas, y adquirir en la tierra experiencias que transforman al hombre en maestro.

El mandil es el cuerpo físico, es la túnica de piel, es la parte que aísla al espíritu Interno y oculta su Luz a los ojos físicos.

Colocar el mandil significa aislar al corazón del mundo físico durante los momentos del trabajo espiritual, durante la comunión con el Padre que se halla en el interior.

Los guantes

Se le da al recién iniciado dos pares de guantes, uno para él y otro para que le ofreciera a la mujer más amada.

Los guantes blancos son símbolos de las buenas obras, o sea, para expresar lo divino en nosotros sin mirar el fruto de las obras.

Con el otro par de guantes para la mujer, quiere mostrar que la mujer compañera del hombre tiene derecho a participar de los beneficios de la Orden, aunque, hasta ahora, en algunas logias le niegan estos derechos.

También los guantes según nosotros tienen otro significado más trascendental: es amar a Dios con todas las fuerzas. Los guantes son como el mandil, aisladores. En algunas religiones se enseña que para orar se debe cruzar los brazos; la masonería ofrece al iniciado un par de guantes.

El hombre irradia la energía por los dedos de las manos; pues para amar a Dios con todas las fuerzas se cruza los brazos sobre el pecho para conservar esta energía, en sí mismo, que le ayuda mejor a la adoración al G. A. D. U. Los guantes tienen por objeto conservar esta energía en el hombre para la mejor expresión de la Verdad en el momento necesario.

La palabra

Habiendo sido consagrado aprendiz masón el neófito está ahora en condiciones de que se le comunique la palabra sagrada y la manera de darla.

El primer versículo del Evangelio de San Juan nos da el significado y la clave de la palabra. En el principio era el Verbo, o sea la Palabra. Es la contestación de la verdad de que todo se manifiesta desde un Principio Interior o espiritual, llamado Verbo o Palabra; es decir afirmación creadora de su realidad que lo hace venir a la existencia o manifestarse desde un estado de inmanencia latente o potencial.

En el principio era el Verbo, es una frase que nos demuestra el origen espiritual de todo lo que vemos, o se presenta de alguna manera delante de nuestros sentidos. De todo, sin distinción, se puede decir que, en el principio (o en su origen) era o fue Verbo, Palabra, Pensamiento o Afirmación Creadora que originó. Y como el Verbo, Palabra o Pensamiento no puede ser sino una manifestación de la Conciencia, toda cosa exterior tiene un origen interior, en el Ser, en donde tuvo nacimiento primero como causa, cuyo efecto vemos.

Todo lo que se manifiesta debe haber tenido su origen de un pensamiento, deseo, aspiración, afirmación o estado de Conciencia. El Universo desde el principio tuvo el ser en el No-Ser que es el fundamento de todo lo que existe; espacio y tiempo no son más que laboratorios del Verbo.

Es, pues, de importancia trascendente lo que el hombre dice, piensa o afirma en sí mismo: con este solo hecho participa consciente o inconscientemente del poder creador universal del Verbo y su obra constructiva.

El primer grado del aprendiz tiene el privilegio de desarrollar el poder del Verbo, sabia y conscientemente en el iniciado.

Aprender el recto uso de la Palabra: he aquí la tarea fundamental que le incumbe al masón. Con esta disciplina hace que su actividad sea constructiva y en armonía con los planes del G. A., es decir de los principios universales de la Verdad.

Hay, pues, una palabra sagrada, distinta de todas las palabras profanas que son nuestros errados pensamientos negativos y juicios formados sobre la apariencia exterior de las cosas; la palabra sagrada es el Verbo, es decir, lo que de más elevado y conforme a la realidad podemos pensar o imaginar, una manifestación de la luz que nos ilumina desde el interior. Es nuestro ideal y nuestro concepto de lo que hay de más justo, bueno, hermoso, grande, noble y verdadero; conformando nuestras palabras a este Verbo, pronunciamos la Palabra Sagrada y decretamos su establecimiento. Pues como se dijo: "Decretarás una cosa, y ésta será establecida en ti".

La Palabra Sagrada, dada por el V. M. que se sienta al Oriente simboliza la Palabra Sagrada dada individualmente, a cada uno de nosotros, por el Espíritu de Verdad, por el Intimo YO SOY que igualmente se sienta o mora al Oriente u origen de nuestro ser. También representa la instrucción verbal que se da en la logia (o lugar donde se manifesta el Logos o Palabra) y que siempre debe partir del Oriente para ser efectiva, es decir, de lo que cada uno puede pensar individualmente de más noble y elevado. Debe ser luz inspiradora y vida como la luz del sol que sale del Oriente.

A semejanza de la Palabra Sagrada que se formula al oído, letra por letra, así debe darse la instrucción hermética: se le da a cada uno como primer rudimento, la primera letra de la Verdad, para que meditando y estudiando sobre ella llegue, con su propio esfuerzo a conocer y formular la segunda, que lo hará digno de recibir útil y provechosamente, la tercera. De esta manera ha sido y fue, comunicada la Doctrina Iniciática, en todos los tiempos, siendo el simbolismo masónico la primera letra de la mística palabra sagrada de la Verdad.

Cuando lleguemos a la explicación mística del Ritual daremos el significado particular de la Palabra Sagrada del aprendiz. La palabra Sagrada, que se da al oído o secretamente, es el símbolo de aquella instrucción sobre los principios de la Verdad que cada aprendiz tiene el derecho de conocer y ser enseñado por los hermanos más adelantados que se hallan en el sendero.

La palabra Sagrada que se da al oído o secretamente, es el saber verdadero, que el iniciado recibe de su interior. Es el ejercicio que le convierte apto para el Magisterio de la verdad y de la virtud. Esta instrucción no depende de lo que recibe, sino de lo que encuentra y asimila por sí mismo, con sus propios esfuerzos, es decir del recto uso que hace de la primera regla recibida, como medio para llegar directamente a la verdad.

En esto consiste la instrucción iniciática: obrar siempre y obrar bien para llegar a descubrir las verdades trascendentales cósmicas que están en sí, y no como la instrucción oficial que se contenta en hacer saber al discípulo ciertas opiniones intelectuales que, muchas veces, son más perjudiciales que útiles. La ciencia de la Verdad debe ser sentida, vivida y no aprendida.

Cada letra de la Palabra Sagrada debe ser objeto de una reflexión individual; por ejemplo, al meditar en los poderes y significado de la primera letra, el discípulo llegará por sus propios esfuerzos a encontrar la segunda, que es la que debe dar al Instructor, en respuesta a la primera, para que se lo juzgue digno de recibir la tercera que es de un género diferente de la primera.

El hombre correcto que ansía el saber debe practicar primeramente el bien que está a su alcance; entonces la primera práctica le descubre el camino de la segunda: ayudar al necesitado, consolar al afligido significa dar y como el efecto de dar es recibir, según las leyes Cósmicas, entonces llegaremos a la conclusión de que: quien ayuda será ayudado para dar más, y quien consuela será consolado para aliviar mejor el dolor ajeno.

La Palabra Sagrada tiene tres sentidos. El primer sentido es exterior que determina ciertas enseñanzas por medio del símbolo, la ceremonia y las alegorías, así como las religiones tienen las ceremonias, obligaciones externas y la ciencia en el método experimental con las propiedades exteriores de las cosas.

El segundo sentido es el esotérico que por medio de la reflexión individual, se puede llegar al conocimiento de la Verdad, a la Doctrina interior que se oculta en el simbolismo y en las formas exteriores. El tercero es el místico o secreto entendimiento de la Verdad presentada por las alegorías y los símbolos.

La misma ley rige en el sendero de la Religión como en el del hombre espiritualista, que busca el sentido interior y profundo de los símbolos religiosos y el valor operativo de sus ceremonias, así se llega a entender sus significados espirituales.

El hombre que se dedica al reconocimiento de lo más hondo de las cosas abarca en sí todas las religiones, artes y filosofías y no necesita ningún maestro; bástale su propio Maestro Interno que es Omnisciente, Omnipotente y Omnipresente.

El objeto de la masonería y las religiones es preparar y enseñar al intelecto cómo comunicarse con Su Propio y Único Maestro YO SOY que está ávido por instruir e iluminar al hombre.

Los tres años

Los tres años del aprendiz y los tres viajes de la iniciación son el símbolo del triple período que marcará las etapas de su estudio y de su progreso.

Los tres años se refieren particularmente a las tres primeras artes: la gramática, la lógica y la retórica. Antiguamente un aprendiz necesitaba estudiar durante tres años consecutivos estas artes, empleando un año para el dominio de cada una. Como se ha dicho anteriormente el primer grado tiene por objeto desarrollar en el hombre el poder del Verbo y este poder, forzosamente, debe dominar las tres artes indicadas. La gramática es el conocimiento de las letras, es decir principios, signos y símbolos de la Verdad. El aprendiz no sabe leer ni escribir el Lenguaje de la Verdad, sino que se ejerce deletreando, una por una, las letras o Principios. También los tres primeros años tienen relación estrecha con los tres primeros números: El Uno, símbolo de la Unidad Universal; el Dos es la dualidad de la manifestación; el Tres es la Trinidad o perfección.

Letras y números

El estudio de las letras es una parte del arte gramatical. Es el estudio de aquella gramática (del griego **gramma** que significa letra, signo) simbólica, con la cual debe familiarizarse el aprendiz.

Una vez conocidas las letras, le será posible combinarlas por medio de la lógica y manifestar el Verbo por medio de la retórica.

Pero los signos o letras tienen como todos los símbolos triple sentido: externo, interno y espiritual. Las letras según los ocultistas son formas externas de poderes internos y espirituales.

La primera letra del alfabeto que es A; muestra en su forma los dos Principios o fuerzas primordiales que parten del punto originario y forman el Angulo. Y también el Triángulo que nace del ángulo por medio de la línea horizontal —el tercer principio— que une sus dos lados.

Esta primera letra nos muestra el origen de todo y su progresiva manifestación: la involución o revelación del Espíritu en el reino de la forma o de la materia.

ALEF. La forma hebraica de esta misma letra, cuyo valor numérico es UNO, nos presenta en la línea oblicua central, el Primer Principio Unitario del cual se manifiesta las dos fuerzas o principios en el hombre: ascendente y descendente, o sea centrífugo o centrípeto; masculino y femenino; representados por las dos columnas. Es en sí mismo un signo de equilibrio, en cuanto muestra el dominio de los opuestos y la Armonía producida por su actividad coordinada. En su conjunto muestra la trinidad, es decir la fuerza manifestada por la unidad.

Hasta aquí ha llegado el conocimiento simbólico de la letra A. ¿Pero ha podido alguien descifrar y analizar su sentido interno? ¿Cuáles son las fuerzas que se encierran en la letra A y cómo se debe utilizarlas?

No son muchos los cerebros que pensaron en rasgar el velo denso que oculta los poderes que se encierran en la letra A y en sus compañeras del alfabeto.

Dios creó al Universo por medio del VERBO y el VERBO se hizo carne según número, peso y medida; entonces cada letra que forma una parte de la palabra debe tener su número, peso y medida.

¿Quién ha descubierto el número, peso y medida de cada letra? ¿Quién ha podido utilizarla conscientemente? Dicen que los maestros de la YOGA tienen estos secretos y nos cuentan que algunos en el Occidente han llegado a poseer este inapreciable tesoro.

Nosotros, muy lejos de la pretensión de poseer este tesoro ofreceremos, en lo futuro, develar el misterio de cada letra, su número, peso y medida; según nuestra inspiración interna. Por lo pronto tenemos que seguir en el sentido externo de las letras.

La letra B es una clara expresión de la dualidad, de los dos principios superpuestos, que evidencian la Ley de Polaridad: muestra la relación entre el Superior y el Inferior, el Cielo y la Tierra, una relación bien distinta en sus dos aspectos. En el lado derecho (que es el lado izquierdo de la figura y corresponde a la involución o revelación del Espíritu en la materia) y derecha del otro lado (el lado ascendente que corresponde a la evolución del Espíritu de la materia). El lado derecho muestra el dominio del hombre y el lado curvo el de la naturaleza.

La forma hebraica de esta letra (cuyo nombre es beth) patentiza igualmente esta relación entre el Superior y el Inferior, el Cielo y la Tierra, relación descendente por un lado y abierta por otro, símbolo de las posibilidades ascendentes que se hallan abiertas para el hombre, mediante el establecimiento de su relación con el Principio de la Vida. Su valor numérico es DOS.

Es una de las letras que forman la palabra sagrada del Aprendiz y a su debido tiempo estudiaremos su relación en dicha palabra.

La tercera letra C, es originariamente la de una escuadra, y como tal se presenta en los alfabetos fenicio y griego en donde tiene el nombre de gamma y el sonido de la letra G.

El símbolo de la escuadra fue explicado anteriormente. En cuanto a la letra en su forma latina muestra un arco, es decir, la tensión de las energías individuales para alcanzar un objeto determinado. También representa el ciclo descendente de la involución, que debe completarse con la obra individual de la ascensión evolutiva.

En el alfabeto hebraico de esta letra se llamó Guimel (camello) y tiene el valor numérico de tres. Se refiere al verbo perfecto en el ternario, y al progreso individual del hombre, de abajo arriba, porque supone un ser inteligente, un ser que piensa y otro ser que habla. Es el símbolo material de las formas espirituales. Es el cuerpo físico que encierra la divinidad del hombre es el mandil que aisla al hombre de las impresiones externas.

La cuarta letra D es representada por un triángulo en varios alfabetos, es del delta en el griego; su nombre en hebreo es daleth, significando puerta. Es el mismo hombre, es la cruz, clave de todos los misterios humanos, es el hombre cruz, la forma material con sus cuatro elementos, inconsciente de su divinidad; su número es cuatro.

El hombre que medita en su cuerpo físico, en su cruz, su propia intuición lo lleva en la escala de la perfección hasta la letra Hé, hasta el pentagrama, hasta la rosa en la cruz.

La letra E o Hei, significa el aliento que anima a todos los seres. Es el espíritu que domina los cuatro elementos. Es, como se ha dicho antes, la rosa —espíritu— floreciente sobre la cruz del hombre. Así como en la Magia, en Pentagrama domina todos los elementos, así también el espíritu del hombre domina todos sus cuerpos inferiores. La letra Hé es representada por el Círculo, según la ciencia antigua y su valor numérico es 5.

Por manera que el aspirante a la sabiduría, el neófito debe conocer el valor de las letras, porque cada letra representa una potencia invisible, debe saber vocalizarlas para sentir sus beneficios y por último debe buscar su propia relación con la relación de las letras.

Por ejemplo: la letra A latina y la hebraica representa la trinidad de Dios y del hombre, es el ternario que forma la unidad de todos los principios, porque todo par opuesto encuentra entrelazado por un principio de armonía y equilibrante.

El Padre y la Madre engendran al Hijo, el azufre y la sal producen el mercurio. El hombre, la criatura perfecta nace de la unión del cielo y de la tierra, realizando la mística unión y la expresión de lo Superior con lo inferior.

Cada letra es una potencia, un poder y una energía en sí misma y se la puede distinguir bajo varias formas.

1º La letra es un símbolo representativo de un principio Creador eterno que rige la evolución interna de la Creación.

2º Cada letra tiene un sonido, fuerza que posee el poder de su vibración sutil y que constantemente está vibrando por su propio tono.

3º Este sonido al vibrar a través de la energía que anima a todos los seres, modela las condiciones de las formas para darles sus arquetipos.

4º La letra es la representación de una divinidad que tiene íntima relación con la conciencia del hombre.

5º Vocalizar una letra es llamar a una divinidad por su nombre y atraer su fuerza cósmica hacia sí.

6º Una Palabra compuesta de varias letras se transforma en instrumento de generación del espíritu, porque se convierte en idea.

7º Cada pueblo adoptó por sus letras una forma especial que representa la propiedad de su propia deidad, según la sensación con que impresionaban a su mente el atributo y las características de tal deidad.

8º De manera que si el Hebreo pronuncia o vocaliza la letra A adaptando la forma de su propia letra, alzando la mano derecha hacia lo alto y extendiendo la izquierda hacia lo bajo, obtiene los mismos beneficios que un latino, que, al pronunciar la misma letra adopta la forma latina.

9º Si cada letra del Alfabeto es un poder, la combinación de varias letras produce una aglomeración de poderes para un fin deseado.

10º El Mantram sánscrito, conservado por los iniciados orientales, no es más que el poder del Verbo sintetizado en una palabra; también las palabras son ciertas formas cabalísticas conservadas en las ceremonias de la iniciación occidental.

11º Toda palabra es una acción y si es acción debe ser útil; hay una vieja leyenda cristiana que nos enseña, que el diablo no puede apoderarse de los pensamientos en tanto que no sean materializados por la palabra.

12º En las escuelas herméticas hay muchas palabras que no tienen sentido para el profano y a veces hasta para los mismos miembros. Estas palabras no son creadas como rompecabezas, según algunos pareceres, sino que los autores de ellas han buscado ante todo, el poder oculto y esotérico de cada una de sus letras, sin ocuparse mucho en lo que puede significar esta palabra en el diccionario de la lengua; así como los inventores del símbolo nunca tuvieron la intención de que su forma debe encerrar únicamente una idea determinada, sino que del símbolo debe emanar la fuente de todas las ideas.

13º El aprendiz, al estudiar las letras de su grado, debe meditar en los puntos anteriores para comprender que la esencia del Verbo o palabra está en el principio; que la luz intelectual es la palabra, que la revelación es la palabra y que hablar es crear; pero para crear se debe escoger los elementos de la creación y emplearlos con maestría.

14º Dios, dando la razón al hombre, le dio las letras para formar la palabra y pronunciarla.

15º La letra A cuyo valor numérico es uno, es el primer sonido que articula el ser humano y primera letra del Alfabeto, como el número uno, es la unidad madre de los números. Ambas figuras expresan la causa, la fuerza, la actividad, el poder, la estabilidad, la voluntad creadora, la Inteligencia, la afirmación, la iniciativa creadora, la originalidad, la independencia, lo Absoluto que contiene todo y del cual emanan todas las posibilidades, el hombre rey de la creación que une el cielo a la tierra, la supremacía, la actividad enervante, el deseo incansable de llegar a su fin, etc.

16º Todos estos atributos y muchos más pertenecen a la letra A. Los iniciados, conscientes del poder de la letra, separada o unida a otra para intensificar su fuerza, la entonaban según ritmo especial, para producir una vibración y color apropiado que ayudaban a efectuar un resultado deseado en su propia mente y en la de los demás. Adhiriendo a lo anterior que cada hombre tiene una nota particular aquel que maneja la pronunciación de las letras según su nota o tono personal, obtendrá poderes ingentes. ¡Amados lectores!: Aprended a vocalizar las letras y el provecho se manifestará en vuestros tres mundos: Espiritual, Intelectual y Físico.

Después de leer los artículos anteriores, el amado lector, llega a comprender que la masonería, las religiones y todas las escuelas son fases de la Unica ley natural, que rige el Universo Mayor y el universo menor, que es el hombre.

De manera que la masonería es una doctrina que tiene por objeto el despertar del hombre, del sueño de la ignorancia, al cumplimiento de su deber; pero como estos deberes son abstractos, tuvo que acudir a símbolos, emblemas, rituales para que la mente objetiva del hombre pueda sentir algo de lo que es latente, que mora en él.

Todo lo que fue escrito sobre la masonería es solamente la explicación de ciertas ideas; pero si la idea no se manifiesta por acto, es una idea vana, porque la acción es la que manifiesta y comprueba la existencia de la voluntad.

Los rituales de una religión son ideas manifestadas por palabras que cristalizan la voluntad.

El ritual del primer grado es la realización del ideal o del espíritu masónico; es la exteriorización de la divinidad interna en el hombre o en otros términos es un medio para ayudar al hombre a su unión consciente con su Dios Interior, con su Intimo, fin buscado por todas las religiones esotéricas del mundo e ignorado por las exotéricas.

Aquellos que comprenden que el cuerpo humano es la copia fiel en miniatura de todas las divinidades, de todo lo que existe en el Universo y por tal razón fue llamado Microcosmos, encuentran que el ritual del primer grado es un medio, un escalón que tiene por objeto el acercamiento **consciente** de la mente humana a su Interno Creador, puesto que esta mente, desde que comenzó a usar sus cinco sentidos físicos, dedicó toda su atención a lo externo y se olvidó de Lo Intimo e Interno.

En resumidas cuentas, El Maestro de una Logia, al llegar a comprender el espíritu masónico procede a practicarlo por medio del ritual.

Como se ha dicho anteriormente, el templo es el cuerpo humano. "Vosotros sois el templo del Espíritu Santo", y como "el reino de Dios está dentro de vosotros" todas las facultades del hombre deben replegarse al templo Interno en busca del reino de Dios.

Considerando al hombre igual a un templo cuyo sacerdote es la razón iluminada por la Sabiduría Divina, insinúa y guía a sus fieles facultades a la adoración de Dios, en el templo interno, procede a oficiar y practicar el ritual de la adoración.

Capítulo X

YOGA

Yoga es una palabra sánscrita que significa literalmente "unión", aunque también tiene las acepciones de contemplación y concentración. Es el método que ha de seguir el hombre para llegar a la mística unión con Dios. El verdadero Yogui es aquel ser quien reconoce la esencial Divinidad de su verdadero ser, y la esencial unidad de todos los seres como la reconocieron y enseñaron Buda, Jesús y demás reformadores del mundo, a pesar del prejuicioso ambiente en que se criaron.

A la Yoga "unión" con el Dios Intimo puede llegarse por cuatro senderos a saber:

1º Por la Raja Yoga o el desenvolvimiento de la naturaleza interna, por medio de la disciplina mental.

2º Por la Karma Yoga "unión por la acción u obrar". Otros emplean Hatha Yoga "o dominio de las fuerzas físicas para el adelanto espiritual".

3º Por la Bhakti Yoga "o el camino del amor y la devoción";

4º Por la "Gnani Yoga" o el "sendero de la sabiduría".

Para nuestro trabajo actual, solo nos interesa la Raja Yoga o el sendero del pensamiento, porque los otros tres están incluidos en él, como veremos más adelante.

La disciplina de la Raja Yoga es un camino que tiene ocho estaciones o una escalera de ocho gradas; cada una presupone el conocimiento y la práctica del interior.

Esas etapas se llaman en sánscrito Agnas o "miembros". Con esta dominación, los yoguis nos demuestran que el conjunto de estas prácticas forman el cuerpo de la Yoga "camino de la unión, con el Intimo", así como el cuerpo físico forma la perfecta Unión del verdadero Dios Hombre.

Las primeras son dos (Yama y Niyama) "Moral y devoción", verdaderas bases para llegar a la unión. Así como los pies izquierdo y derecho son necesarios para sostener el cuerpo, así también de la moral y de la espiritualidad, las dos primeras etapas de la Yoga, depende el adelanto en las seis siguientes.

La tercera y cuarta etapa llamadas (Asana y Pránáyáma) "Actitud y dominio de las fuerzas vitales" por medio de los ejercicios físicos y respiratorios; corresponden al vientre y al pecho.

Asana significa la actitud de sentarse, que consiste en erguir el busto y el abdomen durante los ejercicios respiratorios. El objeto de esta actitud y de los ejercicios es curar el cuerpo de todas sus dolencias físicas y obtener una mente sana en un cuerpo sano. Es natural que la Hatha-Yoga en este caso, debe ser la parte complementaria de las prácticas de "RAJA YOGA".

Pránáyáma o ejercicio respiratorio — Aunque Pránáyáma tiene varios significados, pero el más aceptado es "vida" porque según los yoguis Prana es la substancia vital. Respirar es vivir dice un sabio hindú, y, en la Biblia tenemos el pasaje que dice: "Y Dios sopló en sus narices el aliento de la vida"; de manera que la aspiración y el dominio del cuerpo, por la Hatha Yoga, representan la parte vital del cuerpo de la Yoga o Unión.

La quinta y sexta llamadas (Pratyáhára y Dhárana) son los instrumentos de la mente, así como los brazos del hombre son los instrumentos más importantes para la acción física.

Prtyáhára significa la concentración mental sostenida en un punto externo. El objeto de esta concentración es llegar a lo Invisible por medio del visible; mientras que Dhárana constituye el primero de los tres aspectos superiores o internos de la Unión con el Intimo Dios y su objeto consiste en la concentración interna; porque cuando la mente se sostiene firmemente y sin desviarse sobre un objeto se logra identificarse con la "esencia interna y externa" del objeto de su meditación. De manera que ésta se hace como una escalera hacia el Absoluto.

La séptima es Dhyana o contemplación y corresponde al cuello que sostiene la cabeza. Por medio del cuello, todos los impulsos e impresiones del cuerpo pasan a la cabeza, así también por medio de la contemplación o meditación llegan todas las facultades de la mente a ser como una corriente ininterrumpida para llegar a Samádhi o la IDENTIFICACION.

La octava es Samádhi, corresponde a la cabeza, es la última etapa o la coronación de todos los esfuerzos anteriores. La corriente se identifica con el Agua del Océano; el Alma Individual con el Alma Universal, y se reconoce su unidad Indivisible de todo lo que existe, y no habrá más ni pensador, ni pensado, ni pensamiento, porque en este estado, ni ojo humano puede ver, ni oídos pueden oír jamás; puesto que los tres elementos se fusionan en la misma Unidad y no habrá separación entre el meditador y el meditado: el Hombre se hace uno con LO QUE ES.

Como se ve, el propósito de la Raja Yoga es eliminar toda obstrucción mental, fortaleciendo la voluntad y vigorizando el poder de la concentración para conducir al aspirante a la verdad, por el sendero de la perfección, meta de toda religión.

Raja significa Rey. Se llama así porque por la voluntad y la concentración el hombre se vuelve rey del Universo y puede dominar, sin ninguna dificultad, la naturaleza física para abrir un paso hacia la Unión con la Verdad.

Pitágoras, Platón, Plotinio, Proclo, los gnósticos y los místicos cristianos han practicado este método.

Espinoza, Kant, Schopenhauer, Emerson, etc., dicen que el objeto de este método es escudriñar el misterio del alma humana e incitarla a la actualización de las facultades latentes en la intimidad de todo ser humano.

Quien domina completamente su mente podrá gobernar todos los fenómenos de la naturaleza.

La Mente Divina es el soberano poder del Universo y cuando la Mente Humana se une con la mente del Intimo Dios, tendrá poderes divinos; de suerte que la concentración en un objeto visible descubre la verdadera naturaleza del objeto en sí mismo, en lo Invisible. Quien puede abstraerse por completo del mundo externo y concentrarse en el YO SOY, descubre o mejor dicho se siente idéntico a la Unica Realidad.

Entonces vemos que el Dios a quien adoramos no es una entidad separada e independiente de nosotros, no está lejos, sino que mora en nosotros y en El vivimos, nos movemos y tenemos el ser y reconocemos la esencial identidad de todos los seres.

La Ciencia de la Raja Yoga señala ocho etapas en el sendero de la Unión con el Intimo, como se ha dicho. Esta ciencia explica clara y científicamente sus métodos.

No hay nada misterioso en su sistema, por el contrario, expone y explica cómo se realizan los fenómenos en apariencia misteriosa. Esta Yoga demuestra que mientras ignoramos la causa de los fenómenos nos parecen misteriosos; y para escudriñar los enigmas del Universo nos ponemos en contacto con nuestro Intimo Omnisciente, que nos enseña la razón de ser de todas las cosas.

La Raja Yoga no exige fe ciega, al contrario somete todo a la experiencia de la razón del aspirante para que infiera de los resultados sus conclusiones.

Cuando despertamos una facultad latente en nosotros, ésta nos acompañará hasta después de la muerte, porque lo único que podemos sacar de este mundo es nuestro carácter y nuestra experiencia.

Tales son los verdaderos objetos de la Raja Yoga o la Unión con el Intimo por medio del pensamiento.

Primera etapa

La primera etapa del sendero para llegar a la Unión con Dios, está simbolizada con el pie izquierdo y su objeto es observar las leyes de la ética y de la moral. Sin el pie izquierdo, el hombre es cojo, no puede seguir fácilmente en el camino; sin la moral no se llega lejos en el sendero hacia la Unión.

El pie izquierdo tiene cinco dedos y la primera etapa de la RAJA YOGA tiene cinco leyes o preceptos que son:

No matar.
No hurtar.
No mentir.
No fornicar y,
No recibir dádivas.

Estos principios deben ser observados estrictamente, pues de lo contrario, el aspirante no adelantará en el sendero, ni alcanzará el reconocimiento del divino Intimo que reside en su interior.

Cada uno de estos preceptos tiene su respectivo poder, como veremos después; de manera que no hay nada de milagroso cuando nos cuentan que un yogui o un San Francisco de Asís amansaban o dominaban a los animales más feroces u otros santos resucitaban muertos, etc.

No matar

Es el primer precepto. No matar, no sólo al hombre, sino a todo ser vivo, ni por pensamiento, ni por palabra, ni por obra, porque el pensamiento y la palabra son acciones. El hombre que se afirma en la idea de no matar, todos los seres se tornarán mansos ante él. Cesarán la riña, la lucha y la guerra entre los hombres y hasta entre los animales, cuando la humanidad siga esta enseñanza: "Bienaventurados son los pacificadores porque serán llamados hijos de Dios" ha dicho Jesús, porque el pacificador es el que no mata y nunca puede tener enemigos; al contrario hasta los enemigos, ante él, serán los mejores hermanos.

No hurtar

El segundo precepto es no hurtar. Hay hurto clandestino y hurto público, el primero es un defecto del individuo; y el público, pertenece a las naciones fuertes. El mundo actual está lleno de riquezas y alimentos, pero por el hurto clandestino y público las naciones viven en miserias, y mientras más arrebatan las cosas materiales, más pobreza domina al mundo. El aspirante debe afirmarse en la idea de no hurtar y allegar toda riqueza. También el hurto puede ser por pensamiento y por eso dijo el Legislador: No desearás los bienes del prójimo.

No mentir

Igualmente delinque el que miente, el que induce a mentir y quien aprueba una mentira. Una mentira leve es siempre mentira. Todo pensamiento vicioso vuelve a quien mintió, después de dañar a los demás; la palabra veraz en los labios limpios de la mentira es una LEY para todos los hombres y todas las cosas. El hombre veraz puede obrar milagros, le basta decir la palabra. El evangelio relata que cuando el Centurión fue a pedir a

Jesús la curación de un hijo enfermo, le dijo: Señor, yo soy un hombre de potestad (esto es: tengo yo el poder de la palàbra) digo a éste "ven" y viene, y al otro "ve" y va. Di tú, tu palabra y mi siervo será sano.

No fornicar

Sin la castidad no es posible tener energía espiritual. El cerebro, que ha absorbido la energía seminal creadora por medio de la castidad, posee una gigantesca fuerza de voluntad y de concentración que puede cambiar la suerte de los hombres y tener dominio sobre las gentes. Unicamente de la castidad dimanan todos los poderes del hombre.

"Bienaventurados los puros de corazón porque ellos verán a Dios", dice Jesús.

No recibir dádivas

Toda dádiva es una especie de soborno y el sobornado es influido y dominado por el donante; así es que quien recibe dádivas pierde la independencia de la mente.

Entonces para llegar a la Unión con el Intimo, el aspirante tiene que practicar, ante todo, estos cinco preceptos, que corresponden a la primera etapa, hasta adquirir sus poderes. Sin estas prácticas en conjunto, ninguna escuela, ningún maestro, tampoco ninguna religión puede ayudarle en su intento de llegar a la Unión.

La segunda etapa

La primera ha sido moral, la segunda es espiritual y simboliza el pie derecho; también tiene cinco preceptos que son:

Purificación externa e interna.
Contento.
Mortificación.
Estudio y,
Sumisión a la Voluntad Divina.

La purificación externa significa un cuerpo limpio por medio de baños, abluciones, duchas e irrigaciones. El hombre desaseado atrae a su atmósfera elementales sucios e inferiores que impiden su adelanto.

Se cuenta que Mahoma encontró, en el Templo del Kaabá, a un hombre, con el pelo alborotado y la ropa mugrienta, arrodillado orando; entonces el profeta le agarró por el cabello y sacándolo del templo, le dijo: Es preferible no rezar que asistir tan sucio al templo.

La rama de la Yoga llamada Hatha Yoga está dedicada a la limpieza del cuerpo, para dominar sus instintos.

La purificación interna consiste en lavar también las suciedades del ánimo como los siniestros y malos pensamientos, por medio de pensamientos puros: lavando la cólera por el amor, la lujuria por la pureza, etc...

Un cuerpo externamente limpio puede parecer a las gentes bello, mas no así al aspirante que percibe la suciedad interna; pero cuando se establece la limpieza interna y externa, ya no siente el aspirante tanto apego al cuerpo físico y la fealdad del cuerpo se convierte en hermosura por la santidad interna.

Cuando la mente se limpia de los malos pensamientos adquiere la apacibilidad del ánimo, la concentración, el dominio de sus órganos y el poder de reconocer al YO SOY.

Sólo puede adelantar en el conocimiento de sí mismo aquel cuyo cuerpo y mente son limpios y sanos. Mente sana en cuerpo sano; mente limpia en cuerpo limpio. Cuando un hombre llega a ser dueño de su mente, gobernará su cuerpo y será dueño de este instrumento del alma.

El contento

El dolor y la tristeza son impedimentos para el adelanto espiritual; por esto la Raja Yoga recomienda la limpieza y la salud del cuerpo para evitar el dolor físico y exige la limpieza y la salud de la mente para no tener tristeza. Solo el contento, la salud y la felicidad son los mejores caminos hacia la Unión.

La mortificación

La Mortificación no significa maltratar al cuerpo, al contrario la Raja Yoga, exige un cuerpo sano y fuerte. La mortificación consiste en dominar los desmesurados deseos del cuerpo para dotar a sus órganos del poder de eliminar de ellos las impurezas.

Cuando se mortifica el cuerpo con un ayuno racional, por ejemplo, se depuran todos los elementos nocivos de la sangre; con la castidad se aumenta la energía creadora y vitaliza el conjunto. Los resultados de esta racional mortificación producen muchas veces la clarividencia, la clariaudiencia u otras facultades psíquicas.

El estudio

El estudio no significa leer obras, sino consiste en la consciente recitación de oraciones, sea, en voz alta o mentalmente, que es de mayor eficacia. Ya se ha dicho que las vibraciones del pensamiento dirigidos por medio de la concentración forman como un puente entre la mente y el Intimo.

La sumisión a Dios

Esta sumisión la define Jesús en su Sermón de Montaña que dice: "No os acongojéis por vuestra vida, pues diciendo ¿Qué comeremos o qué beberemos o con qué nos cubriremos? Porque los gentiles buscan todas esas cosas. Vuestro Padre Celestial sabe que de todas estas cosas habéis menester. Más buscad el Reino de Dios y su Justicia, y todas estas cosas os serán dadas por añadidura".

Después dijo: "El Reino de Dios está dentro de vosotros". ¿No significa todo esto que el hombre debe penetrar a su mundo interno en busca del Reino de Dios? ¿No significa que cuando el hombre penetra en lo Intimo, por medio del pensamiento, se vuelve sumiso a la voluntad del Padre Celestial, quien le provee de todas sus necesidades?

La tercera etapa

La tercera etapa enseña la postura del cuerpo, de la cual depende la ley del equilibrio corporal: aprender a sentarse y mantenerse erecto. La columna vertebral es como la varita Mágica; cada vértebra debe ocupar su debido lugar, sin ninguna opresión a los nervios, ni obstaculizar su nutrición. Todo hombre debe aprender a pararse sobre la planta de los pies, descansando apenas los talones. No es una tarea fácil, debido a la educación que nunca se ocupó en esto; pero aquel que se dedica a esto, después sentirá una sensación de bienestar que recompensa todo trabajo hecho.

Sin este requisito no se puede practicar los ejercicios respiratorios. El aspirante tiene que mantener pecho, cuello y cabeza erguidos en línea recta.

Esta práctica domina el sistema simpático y los nervios que dominan el organismo, y cuando la mente domina sus sistemas desaparece toda enfermedad.

El estudiante no debe apoyarse en el respaldo del asiento, ni debe tenderse o cruzar las piernas.

La cuarta etapa

La cuarta etapa es la respiración o aspiración. La Raja Yoga dedica varios tomos sobre esta importante etapa.

Todo hombre aspira átomos correspondientes o afines a su pensamiento o carácter. Al pensar aspiramos átomos de la misma naturaleza que nuestros pensamientos y nuestra sangre, a su vez, se impregna de ellos.

Para atraer salud, bienestar, sabiduría, santidad, etc., debemos pensar en todos ellos para poder aspirarlos.

En los libros hay miles de ejercicios respiratorios y cada ejercicio pertenece o es dedicado a un órgano especial. No nos es posible describirlos todos; pero personalmente hemos ejercitado solamente dos y nos parecieron suficientes para todos nuestros objetos.

El primer ejercicio

Es el equilibrador o el Armónico y consiste en lo siguiente:

1º De pie, mirando al Este, cuerpo erguido, aspirar lentamente por la fosa nasal derecha, tapando con el dedo la ventanilla izquierda, hasta llenar los pulmones durante el tiempo de ocho pulsaciones u ocho palpitaciones del propio corazón. Durante la aspiración, hay que visualizar claramente el objetivo que deseamos obtener. Con esta respiración o mejor dicho aspiración, absorbemos los átomos necesarios para la realización de nuestro deseo.

Cuando penetran en nuestra sangre hacen vibrar los plexos; la idea adquiere carácter positivo y tiende a estimular nuestro ser para realizar el objetivo. Con las ocho pulsaciones y aspirando, los pulmones deben llegar al máximo de su capacidad expansiva, siempre visualizando la idea con toda claridad.

2º Terminada esta fase, hay que retener el aliento en los pulmones durante cuatro pulsaciones, retención que facilita la asimilación, siempre visualizando.

3º Terminada la retención se pasa a la exhalación que debe ser efectuada por la ventanilla izquierda, durante ocho pulsaciones, tapando la ventanilla izquierda con el dedo sin visualización.

4º La cuarta fase es el período de reposo y consiste en retener los pulmones vacíos, durante cuatro pulsaciones, gozando del provecho obtenido, también sin visualizar nada.

Este ejercicio es llamado positivo, porque por la ventanilla derecha se absorbe la energía vital positiva y sirve para el desarrollo de la mente consciente; terminado este ejercicio, hay que estimular el subconsciente de la siguiente manera.

Nuevamente se comienza, pero ahora por la ventanilla izquierda para aspirar la fuerza pasiva que alimente el subconsciente.

1º Hay que proceder como la primera, pero de una manera inversa, para lo cual se tapa la derecha con el dedo y aspirar lentamente durante ocho pulsaciones sin visualizar nada.

2º Retener el aliento durante el tiempo de cuatro pulsaciones.

3º Exhalar por la derecha tapando la izquierda durante ocho pulsaciones.

4⁹ Retener los pulmones vacíos durante cuatro pulsaciones.
La Raja Yoga recomienda otro ejercicio que es algo peligroso para ciertas personas, no lo aconsejamos a todo el mundo y consiste en:
1⁹ Aspirar por la izquierda durante ocho pulsaciones.
2⁹ Retener el aliento durante Treinta y dos.
3⁹ Exhalar por la derecha durante diez y seis.
Creemos que para practicar este ejercicio es menester de un guía para controlar la salud corporal y mental del practicante, mientras que la práctica del anterior no sólo es inofensiva sino contiene lo que necesita el aspirante.

El segundo ejercicio

El segundo ejercicio debe ser practicado después del antecedente y consiste en lo siguiente:
1⁹ De pie, hacia el Oriente, erguido, aspirar por ambas ventanillas, durante ocho pulsaciones; mientras dure la aspiración se debe visualizar lo que se desea, como si viene a nosotros y lo poseemos; de esta manera, se absorbe los átomos deseados para realizar el objeto.
2⁹ Retener cuatro pulsaciones visualizando que las vibraciones atómicas de lo que se ha deseado, invadan todo el organismo.
3⁹ Exhalar durante ocho pulsaciones y durante este tiempo hay que visualizar nítidamente, como quien por medio del pensamiento dirige todas las vibraciones, para la cristalización de la idea, como si las vibraciones que salen por medio del aliento fueran directamente al objetivo: a un centro que se quiere despertar en el organismo, a un órgano que se quiere sanar o a un enfermo, sea cercano o distante, que se quiere sanar, o en fin a cualquier objeto deseado.
4⁹ Retener durante cuatro pulsaciones y repetir mentalmente una frase que armonice con el ritmo de las cuatro pulsaciones del corazón como por ejemplo: YA—ESTA—HE—CHO o, A—SI—SE—A. o, A—MEN—A—MEN, etc.
Después de este ejercicio debe venir un momento de meditación para dar gracias y decir por ejemplo con Jesús: Te agradezco, Padre mío, que siempre me escuches. O: Yo y el Padre somos Uno y El me da siempre lo que pido. Etc.

Los dos ejercicios deben ir juntos.

El lector puede leer miles de libros que tratan sobre la ciencia de la respiración y puede practicar infinidades de ejercicios en dichos libros, él es libre, pero nosotros damos lo más importante, lo más necesario y al mismo tiempo exento de todo peligro.

Muchos preguntan: ¿Cuántas veces hay que practicar estos ejercicios, cuándo, dónde, etc.?

Nosotros no podemos dar ninguna regla, esto depende de la urgencia de la necesidad. Jesús dijo: Y obtendréis, si no es por vuestros merecimientos, sería por vuestra exigencia.

Con todo podemos insinuar lo siguiente:

1º Cada ejercicio puede ser practicado siete veces seguidas, cada sesión.

2º Tres sesiones cada día antes de cada comida: esto es, antes del desayuno, antes del almuerzo y antes de la cena. Si es posible antes de dormir, sería muy recomendable.

3º El lugar debe ser silencioso, limpio y puro.

4º El estado debe ser en perfecta salud, sin ninguna preocupación mental. Este último es muy importante, porque si en nuestra mente hay algún enojo o preocupación durante los ejercicios, absorbemos los átomos que aumenten el estado mental después del ejercicio.

Comprendido y practicado todo lo anteriormente dicho podemos pasar a la quinta y sexta etapa de la RAJA—YOGA.

LA QUINTA es la concentración mental en un punto externo, cuyo objeto es el dominio de los órganos de los sentidos, de suerte, que sujetos a la voluntad se retraigan de los objetos exteriores y permitan la concentración mental.

LA SEXTA es la concentración interna, consiste en fijar la mente en un centro interno, sea el corazón, el plexo solar u otro, cuyo objeto es conducir a la séptima etapa que es la meditación o contemplación y consiste en que se levantan oleadas mentales, cuya gradual intensidad prevalece contra todas las vibraciones contrarias.

Los filósofos están divididos entre ellos: Una parte da la razón a Aristóteles cuando dijo: Por el estudio de las cosas visibles se puede llegar a la verdad; la otra parte dice con Sócrates: Conócete a ti mismo, esto es meditando en tu mundo interno, y obtendrás la verdad.

La Raja Yoga siempre ha enseñado los dos métodos: uno fue seguido por Aristóteles y otro por Sócrates y no hay divergencia alguna entre los dos.

La conciencia puede identificar nuestra realidad con la de las demás formas de vida. En cada hombre, animal, planta y mineral, se ve, tras la envoltura y forma visible, la presencia del Espíritu idéntico en su propio Espíritu; se ve asimismo en todas las formas de vida, en todo tiempo y lugar.

Por otra parte enseña que cada YO es un centro de conciencia en el infinito Océano de la Vida y aunque aparentemente separado y distinto, está realmente, en contacto con el Todo y cada una de sus aparentes partes. De aquí se deduce que las dos escuelas, existentes en el mundo actual, se encuentran en el mismo punto.

La palabra mente tiene dos acepciones: la primera es "Mente Universal" y la segunda es "Mente personal", con todas sus facultades. La mente del hombre trabaja en tres distintos planos que son: 1º Mente instintiva o subconsciente, 2º Intelecto o consciente y 3º Mente espiritual.

Estos tres planos mentales constituyen la envoltura del YO, de manera que cuando el intelecto concentra en la forma llega al alma de la forma, primera envoltura de su espíritu; y, si concentra en el YO siente la Unidad del Todo en sus aparentes partes.

La concentración coloca la mente en perfecta armonía con la voluntad del YO, para acrecentar su poder sobre el mundo exterior. La concentración tiene por objeto el dominio de los tres planos mentales para obtener poder y dominio sobre las fuerzas del Universo.

Todo es mente y la mente del hombre que obedece a la voluntad del YO SOY es igual en su poder a la mente del Absoluto.

El dominio de la mente por medio de la voluntad es lo primero que enseña la Raja Yoga.

Cuando el aspirante llega a concentrar bien su mente en las cosas externas y llega a comprender su naturaleza, ya puede dirigirse hacia el interior de sí mismo, para dominarse y dominar al mundo por medio de la voluntad.

Hay que interceptar todo pensamiento o impresión del

mundo externo y pensar simplemente en "YO SOY"; que la mente se detenga en la palabra "YO" que significa realidad.

La práctica debe ser en actitud cómoda y tranquila según las enseñanzas anteriores.

La séptima etapa

La séptima etapa es la contemplación o meditación que es la base del poder de la voluntad y su cultivo facilita el ejercicio de la potencia volitiva. La meditación o contemplación conduce a la octava etapa que es el éxtasis, tan frecuente entre los yoguis y santos, sea cual sea, la religión que profesan, porque toda religión conduce a Dios.

La atención es la detención de la concentración, de la conciencia. Es el enfocamiento perfecto de la mente en la realidad de las cosas.

El hombre es el Creador, pero crea solamente las cosas sobre las cuales se ha fijado la mayor suma atención.

La Imaginación detenida, concentrada, es el poder creador del hombre.

La atención voluntaria es el distintivo del hombre DIOS.

LA ATENCION VOLUNTARIA ES LA FE, Y LA FE NO ES MAS QUE LA ATENCION VOLUNTARIA.

"TODO LO QUE PIDIEREIS CON FE (esto es con imaginación atenta o atención voluntaria contemplativa) OS SERA DADO. Dijo Jesús.

Meditad en esta frase de Jesús. PEDID CON ATENCION CONTEMPLATIVA, CON IMAGINACION ATENTA Y TODO OS SERA DADO.

YA OS FUE DADA LA PRIMERA LLAVE MAGICA DEL REINO.

La octava etapa

La octava etapa es el éxtasis, es llegar al Reino del Intimo, del cual no se puede repetir más que las palabras de San Pablo:

Ni ojo humano vio, ni oído oyó lo que preparó Dios a sus elegidos, esto es, a aquellos que llegaron a El por el Extasis.

Capítulo XI

EL METODO CRISTIANO

El Método Cristiano está resumido en el SERMON DE LA MONTAÑA, que se encuentra en el Evangelio de San Mateo, en los Capítulos V, VI y VII.

Capítulo V. Sermón de Jesucristo en la montaña

1º Y viendo Jesús las gentes, subió a un monte, y después de haberse sentado, se llegaron a él sus discípulos.

2º Y abriendo su boca, los enseñaba, diciendo:

3º Bienaventurados los pobres de espíritu; porque de ellos es el reino de los cielos.

4º Bienaventurados los mansos, porque ellos poseerán la tierra.

5º Bienaventurados los que lloran, porque ellos serán consolados.

6º Bienaventurados los que han tenido hambre y sed de justicia, porque ellos serán hartos.

7º Bienaventurados los misericordiosos, porque ellos alcanzarán misericordia.

8º Bienaventurados los de limpio corazón, porque ellos verán a Dios.

9º Bienaventurados los pacíficos, porque hijos de Dios serán llamados.

10º Bienaventurados los que padecen persecución por la justicia, porque de ellos es el reino de los cielos.

11º Bienaventurados sois, cuando os maldijeren, y os persiguieren, y dijeren todo mal contra vosotros, mintiendo por mi causa.

12º Gozáos y alegráos, porque vuestro galardón muy grande es en los cielos; pues así también persiguieron a los profetas, que fueron antes de vosotros.

13º Vosotros sois la sal de la tierra. Y si la sal se desvaneciere, ¿con qué será salada? No vale ya para nada, sino para ser echada fuera y pisada por los hombres.

14º Vosotros sois la luz del mundo. Una ciudad, que está puesta sobre un monte, no se puede esconder.

15º Ni encienden una antorcha, y la ponen bajo del celemín, sino sobre el candelero, para que alumbre a todos los que están en la casa.

16º A este modo ha de brillar vuestra luz, delante de los hombres, para que vean vuestra buenas obras, y den gloria a vuestro Padre, que está en los cielos.

17º No penséis que he venido a abrogar la ley, o los profetas: no he venido a abrogarlos, sino a darles cumplimiento.

18º Porque en verdad os digo, que hasta que pase el cielo y la tierra, no pasará de la ley ni un punto, ni una tilde, sin que todo sea cumplido.

19º Por lo cual quien quebrante uno de estos mandamientos muy pequeño será llamado en el reino de los cielos; mas quien hiciere y enseñare, éste será llamado grande en el reino de los cielos.

20º Porque os digo, que si vuestra justicia no fuere mayor que la de los escribas y de los fariseos, no entraréis en el reino de los cielos.

21º Oísteis que fue dicho a los antiguos: No matarás; y quien matare, obligado quedará a juicio.

22º Mas yo os digo, que todo aquel que se enoja con su hermano, obligado será a juicio. Y quien dijere a su hermano: Raca, obligado será a concilio. Y quien dijere: Insensato, quedará obligado a la gehena del fuego.

23º Por tanto si fueres a ofrecer tu ofrenda al altar, y allí te acordares, que tu hermano tiene alguna cosa contra ti,

24º Deja allí tu ofrenda delante del altar, y ve primeramente a reconciliarte con tu hermano, y entonces ven a ofrecer tu ofrenda.

25º Acomódate luego con tu contrario, mientras que estás

con él en el camino; no sea que tu contrario te entregue al juez y el juez te entregue al ministro, y seas echado en la cárcel.

26º En verdad te digo, que no saldrás de allí, hasta que pagues el último cuadrante.

27º Oísteis que fue dicho a los antiguos: No adulterarás.

28º Pues yo os digo, que todo aquel, que pusiere los ojos en una mujer para codiciarla, ya cometió adulterio en su corazón, con ella.

29º Y si tu ojo derecho te sirve de escándalo, sácale, y echale de ti; porque te conviene perder uno de tus miembros, antes que todo tu cuerpo sea arrojado al fuego del infierno.

30º Y si tu mano derecha te sirve de escándalo, córtala, y échala de ti; porque te conviene perder uno de tus miembros, antes que todo tu cuerpo vaya al fuego del infierno.

31º También fue dicho: Cualquiera que repudiare a su mujer, déle carta de repudio.

32º Más yo os digo, que el que repudiare a su mujer, a no ser por causa de fornicación, la hace ser adúltera; y el que tomare la repudiada, comete adulterio.

33º Además, oísteis que fue dicho a los antiguos: No perjurarás; mas cumplirás al Señor tus juramentos.

34º Pero yo os digo, que de ningún modo juréis, ni por el cielo, porque es el trono de Dios;

35º Ni por tierra, porque es la pana de sus pies; ni por Jerusalen, porque es la ciudad del grande Rey;

36º Ni jures por tu cabeza, porque no puedes hacer un cabello blanco, o negro.

37º Mas vuestro hablar sea: Sí, sí; no, no; porque lo que excede de esto, de mal procede.

38º Habéis oído que fue dicho: Ojo por ojo y diente por diente.

39º Mas yo os digo, que no resistáis al mal; antes si alguno te hiere en la mejilla derecha, párale también la otra.

40º Y a aquél que quiere ponerte a pleito, y tomarte la túnica, déjale también la capa.

41º Y al que te precisare a ir cargado mil pasos, ve con él dos mil más.

42º Da al que te pidiere; y al que te quiera pedir prestado, no le vuelvas la espalda.

43º Habéis oído que fue dicho: Amarás a tu prójimo, y aborrecerás a tu enemigo.

44⁹ Mas yo os digo: Amad a vuestros enemigos, haced bien a los que os aborrecen, y rogad por los que os persiguen y calumnian.

45⁹ Para que seáis hijos de vuestro Padre, que está en los cielos, el cual hace nacer su sol sobre buenos y malos, y llueve sobre justos y pecadores.

46⁹ Porque si amáis a los que os aman ¿qué recompensa tendréis? ¿No hacen también lo mismo los publicanos?

47⁹ Y si saludareis tan solamente a vuestro hermanos, ¿qué hacéis además? ¿No hacen esto mismo los gentiles?

48⁹ Sed pues vosotros perfectos, así como vuestro Padre celestial es perfecto.

Capítulo VI. De la oración y del ayuno

1⁹ Mirad que no hagáis vuestra justicia delante de los hombres, para ser vistos de ellos; de otra manera, no tendréis galardón de vuestro Padre, que está en los cielos.

2⁹ Y así cuando haces limosna, no hagas tocar la trompeta delante de ti, como los hipócritas hacen en las sinagogas y en las calles, para ser honrados de los hombres. En verdad os digo, recibieron su galardón.

3⁹ Mas tú, cuando haces limosna, no sepa tu izquierda lo que hace tu derecha.

4⁹ Para que tu limosna sea en oculto, y tu Padre, que ve en lo oculto, te premiará.

5⁹ Y cuando oráis, no seréis como los hipócritas, que aman el orar en pie en las sinagogas y en los cantones de las plazas, para ser vistos de los hombres. En verdad os digo, recibieron su galardón.

6⁹ Mas tú, cuando orares, entra en tu aposento, y cerrada la puerta, ora a tu Padre, que ve en lo secreto, te recompensará.

7⁹ Y cuando orareis, no habléis mucho, como los gentiles; pues piensan, que por mucho hablar serán oídos.

8⁹ Pues no queráis asemejaros a ellos; porque vuestro Padre sabe lo que habéis menester, antes que se lo pidáis.

9⁹ Vosotros pues así habéis de orar: Padre nuestro, que estás en los cielos, santificado sea tu nombre.

10⁹ Venga el tu reino. Hágase tu voluntad, como en el cielo, así también en la tierra.

11º Danos hoy nuestro pan supersustancial.
12º Y perdónanos nuestras deudas, así como nosotros perdonamos a nuestros deudores.
13º Y no nos dejes caer en la tentación. Mas líbranos del mal; Amén.
14º Porque si perdonáreis a los hombres sus pecados, os perdonará también vuestro Padre celestial, vuestros pecados.
15º Mas si no perdonareis a los hombres, tampoco vuestro Padre os perdonará vuestros pecados.
16º Y cuando ayunéis, no os pongáis tristes como los hipócritas; porque desfiguran sus rostros, para hacer ver a los hombres que ayunan. En verdad os digo, que recibieron su galardón.
17º Mas tú, cuando ayunas, unge tu cabeza, y lava tu cara.
18º Para no parecer a los hombres que ayunas, sino solamente a tu Padre que está en lo escondido; y tu Padre, que ve en lo escondido, te galardonará.
19º No queráis atesorar para vosotros, tesoros en la tierra, donde orín y polilla los consume y en donde ladrones los desentierran y roban.
20º Mas atesorad para vosotros, tesoros en el cielo, en donde no los consume orín ni polilla, y en donde ladrones no los desentierran, ni roban.
21º Porque en donde está tu tesoro, allí está también tu corazón.
22º La antorcha de tu cuerpo es tu ojo. Si tu ojo fuere sencillo, todo tu cuerpo será luminoso.
23º Mas si tu ojo fuere malo, todo tu cuerpo será tenebroso. Pues si la lumbre que hay en ti, son tinieblas, ¡cuán grandes serán las mismas tinieblas!
24º Ninguno puede servir a dos señores: porque o aborrecerá al uno, y amará al otro; o al uno seguirá y al otro despreciará. No podéis servir a Dios y a las riquezas.
25º Por tanto os digo, no andéis afanados para vuestra alma, qué comeréis, ni para vuestro cuerpo qué vestiréis. ¿No es más el alma que la comida y el cuerpo, que el vestido?
26º Mirad las aves del cielo, que no siembran, ni siegan, ni allegan en trojes; y vuestro Padre celestial las alimenta. Pues ¿no sois vosotros mucho más que ellas?
27º ¿Y quién de vosotros discurriendo puede añadir un codo a su estatura?

28º ¿Y por qué andáis acongojados por el vestido? Considerad como crecen los lirios del campo: no trabajan, ni hilan.

29º Pues yo os digo, que ni Salomón en toda su gloria fue cubierto como uno de éstos.

30º Pues si al heno del campo, que hoy es, y mañana es echado en el horno, Dios viste así; ¡cuánto más a vosotros, hombres de poca fe!

31º No os acongojéis pues, diciendo: ¿Qué comeremos, o qué beberemos, o con qué nos cubriremos?

32º Porque los gentiles se afanan por estas cosas. Y vuestro Padre sabe que tenéis necesidad de todas ellas.

33º Buscad pues primeramente el reino de Dios, y su justicia, y todas estas cosas serán añadidas.

34º Y así no andéis cuidadosos por el día de mañana. Porque el día de mañana a sí mismo se traerá su cuidado. Le basta al día su propio afán.

Cavítulo VII.   El señor condena los juicios temerarios

1º No queráis juzgar, para que no seáis juzgados.

2º Pues con el juicio, con que juzgareis seréis juzgados; y con la medida con que midiereis, os volverán a medir.

3º ¿Por qué pues ves la pajita en el ojo de tu hermano, y no ves la viga en tu ojo?

4º O ¿cómo dices a tu hermano: Deja, sacaré la pajita de tu ojo, y se está viendo una viga en el tuyo?

5º Hipócrita, saca primero la viga de tu ojo, y entonces verás para sacar la mota del ojo de tu hermano.

6º No déis lo santo a los perros, ni echéis vuestras perlas delante de los puercos, no sea que las huellen con sus pies, y revolviéndose contra vosotros os despedacen.

7º Pedid y se os dará, buscad, hallaréis; llamad y se os abrirá.

8º Porque todo el que pide, recibe; y el que busca halla, y al que llama se le abrirá.

9º O ¿quién de vosotros es el hombre, a quien si su hijo pidiere pan, le dará una piedra?

10º O si le pidiere un pez, ¿por ventura le dará una serpiente?

11º Pues si vosotros, siendo malos, sabéis dar buenas dádivas a vuestros hijos; ¿cuánto más vuestro Padre, que está en los cielos, dará bienes a los que se lo pidan?

12º Y así todo lo que queréis que los hombres hagan con vosotros, haciendo también vosotros con ellos. Porque ésta es la ley y los profetas.

13º Entrad por la puerta estrecha, porque ancha es la puerta, y espacioso el camino que lleva a la perdición, y muchos son los que entran por él.

14º ¡Qué angosta es la puerta, y qué estrecho el camino, que lleva a la vida, y pocos son, los que atinan con él!

15º Guardáos de los falsos profetas, que vienen a vosotros con vestidos de ovejas, y dentro son lobos robadores.

16º Por sus frutos los conoceréis. ¿Por ventura cogen uvas de los espinos, o higos de los abrojos?

17º Así todo árbol bueno, lleva buenos frutos; y el mal árbol lleva malos frutos.

18º No puede el árbol bueno llevar malos frutos, ni el árbol malo llevar buenos frutos.

19º Todo árbol que no lleva buen fruto, será cortado, y metido en el fuego.

20º Así pues, por los frutos de ellos los conoceréis.

21º No todo el que me dice: Señor, Señor, entrará en el reino de los cielos, sino el que hace la voluntad de mi Padre, que está en los cielos, ese entrará en el reino de los cielos.

22º Muchos me dirán en aquel día: Señor, Señor, ¿pues no profetizamos en tu nombre, y en tu nombre lanzamos demonios, y en tu nombre hicimos muchos milagros?

23º Y entonces yo les diré claramente: Nunca os conocí, apartaos de mí, los que obráis la iniquidad.

24º Pues todo aquel que oye estas, mis palabras, y las cumple, comparado será a un varón sabio, que edificó su casa sobre la peña.

25º Que descendió lluvia, y vinieron ríos, y soplaron vientos, y dieron impetuosamente en aquella casa, y no cayó; porque estaba cimentada sobre peña.

26º Y todo el que oye estas, mis palabras, y no las cumple, semejante será a un hombre loco que edificó su casa sobre arena.

27º Que descendió lluvia, y vinieron ríos, y soplaron vientos, y dieron impetuosamente sobre aquella casa, y cayó, y fue su ruina grande.

28º Y sucedió, que cuando Jesús hubo acabado estos discursos, se maravillaban las gentes de sus doctrinas.

29º Porque los enseñaba como quien tiene autoridad, y no como los escribas de ellos y los fariseos.

SEGUNDA PARTE

"Esta sabiduría no es mía; ésta sabiduría está en mí."

Capítulo I

EL CIRCULO O GENERALIDADES

1º El mundo está compuesto de energías atómicas inteligentes, diversas e infinitas.

2º Todo ser aspira y respira; sólo el hombre aspira, respira y piensa.

3º El pensamiento en el hombre es la base de sus aspiraciones, y la aspiración forma el futuro del hombre.

4º Las inteligencias infinitas y diversas que palpitan en la Naturaleza esperan, ansiosamente, las aspiraciones y respiraciones del Rey de la Creación, para servirle y obedecerle.

5º Cuando el pensamiento entra en los mundos de esta inteligencia se apresuran a obedecer, entregando la clave de toda comprensión.

6º El mundo de estas inteligencias es el mundo interno.

7º Lo que encadena al hombre a su ignorancia es su pensamiento y sus aspiraciones en el mundo externo.

8º No hay infierno ni cielo; no existe mal ni bien, sino en el pensamiento del hombre.

9º En el pensamiento se halla lo verdadero y lo falso, cuando llega el hombre a distinguir entre los dos y cuando llega a desintegrar a los dos, logra la unión con su verdadero YO SOY en el Reino de los Cielos.

10º El cuerpo es la quinta esencia de estas inteligencias que residen en todos sus centros. Las inferiores (que otros las llaman malas) residen desde el ombligo para abajo; las superiores (o buenas) desde el ombligo para arriba.

11º El objeto de la vida es convertir a los inferiores en superiores y el hombre se convierte en Dios.

12º Por donde pasa un hombre Dios, purifica todos los átomos inferiores y llena la atmósfera de superiores.

13º Pensar alto y aspirar hondo es atraer al cuerpo las más evolucionadas inteligencias.

14º El átomo es una inteligencia viva que rodea el pensamiento, esperando la aspiración y respiración, para penetrar en él.

15º Los átomos son ángeles inteligentes que tienen, como los hombres, jerarquías.

16º El hombre en su cuerpo es la miniatura del Cosmos: Todo lo que está arriba es igual a lo que está abajo, y todo lo que contiene el Macrocosmos lo contiene el Microcosmos.

17º El objeto del hombre es salvar a sus átomos inferiores que encuentran en la naturaleza inferior, mas no dominarlos, Una vez salvados desaparece toda aflicción: ésta es la misión del Cristo en el hombre.

18º El hombre que aspira y concentra, abre un camino directo a su objeto.

19º Los átomos ángeles que residen en el mundo interno del hombre son dueños de toda la Sabiduría.

20º Estos ángeles internos contestan toda pregunta dirigida por la concentración sostenida.

21º La Iniciación significa ir dentro en busca del Cristo, impulso que es el iniciador en toda sabiduría; todo hombre es su propio iniciador y su propio salvador.

22º Quien busca en el interior de su Templo vivienda halla al Dios Intimo que mora en él.

23º Nuestra actual edad es la más adecuada para esta búsqueda por medio de la concentración, aspiración e inspiración.

24º Aspirar, concentrar y respirar átomos de luz nos conduce a la iluminación.

25º Pensar y aspirar la belleza, es adquirir la BELLEZA.

26º El objeto del pensar y del aspirar, en nuestra nueva edad, es libertar nuestros sentidos de la esclavitud de nuestros átomos inferiores para lograr el futuro desenvolvimiento.

27º Cada centro, en el cuerpo del hombre, es un grado de conocimiento especial y todos forman una universidad; debemos cursarlos todos.

28º Cada Grado es dirigido por un Dios maestro. Todas sus enseñanzas son internas, sólo puede el hombre entrar en estos cursos por la aspiración y aprenderlos por la concentración.

29º Toda sección en el cuerpo tiene una vibración y una ley individual; pero la Ley de las LEYES emana del Absoluto Intimo.

30º Aspirar y respirar meditando, es el único camino que nos conduce a la única Ley del Reino Interno.

31º El objeto de nuestra unión con el Intimo es darle libertad de acción más allá de nuestro cuerpo objetivo y ser conscientes de sus obras.

32º La concentración es el puente tendido desde nuestro cuerpo hacia el Intimo Infinito, cuyo objeto es comunicarnos con EL.

33º Respirar es vivir, meditar es crear.

34º El cuerpo físico es como un país que está gobernado por varias jerarquías de gobierno. Su rey es el Pensador, sus gobernantes son los pensamientos y sus obreros obedientes son los átomos.

35º El Pensador es el Rey que vitaliza y estimula todas las dependencias gubernativas y obreras.

36º Un pensamiento sano, una aspiración pura y una respiración completa y perfecta, vitaliza todo el cuerpo.

37º El valle que separa nuestra mente del YO SOY se puede salvar con la meditación aspirada.

38º Una meditación en lo puro y justo pone en orden la atmósfera de nuestros ángeles trabajadores.

39º Una concentración voluntaria y perfecta une a los elementos de la mente con la conciencia de la Naturaleza.

40º Cuando el hombre medita y aspira, todo su cuerpo se convierte en filtro: absorbe mucha fuerza hacia adentro y esta fuerza forma alrededor del cuerpo una armadura protectora que impide la penetración de las fuerzas destructivas.

41º Hay que meditar hasta obtener un pensamiento propio y una fuerza propia y no acudir a otros seres pidiéndoles protección.

42º El pensamiento propio viene de lo interior y es el que nos guía en el camino de la evolución y la liberación.

43º La meditación en el Intimo, rasga la atmósfera que cubre la sabiduría divina, herencia de todo hombre.

44º Los archivos de la Sabiduría Divina están en manos de los Angeles de Luz que nos circundan y viven en nuestro cuerpo; para poseer esta sabiduría hay que conquistar a estos ángeles por la contemplación y la aspiración.

45º El hombre actual trabaja con la mitad de sus ángeles o átomos y cuando llega a estimular a la otra mitad, su unión será consciente y perfecta con Dios y se convertirá en una columna en el Templo del Reino Interno.

46º La Sabiduría Divina es Unica, solamente su objeto varía según los ángeles atómicos que le enseñan.

47º El hombre es bueno o malo según la calidad de los ángeles que prevalecen en él.

48º Hay que tener en cuenta, una vez por todas, que cada átomo es un ángel bueno o malo; superior o inferior. Una Inteligencia superior puede comunicarse con la mente humana por medio de sus ángeles superiores y elevados, y una inferior por medio de ángeles inferiores.

49º La salud física, psíquica y mental es el único poder a quien se someten los ángeles buenos internos, mientras que la enfermedad es casi siempre un instrumento de los inferiores.

50º Todo excitante estimula la sangre y con ella los átomos inferiores que se hallan debajo del ombligo. Estos, excitados, obstruyen el camino que conduce al Reino Interno y nos comunican sus propias instrucciones falsas y malignas.

51º Meditación y aspiración puras abren la puerta del corazón que conduce a los diversos departamentos del Reino. La frase, puerta del corazón no es un término poético sino es una verdad: en el corazón se encuentra una pequeña puerta de escape que está custodiada por el Atomo Hijo o Logos quien la cierra y la abre según la calidad del pensamiento.

52º Un pensamiento de sacrificio y salvador puede abrir la puerta del corazón para descender, como Cristo al Infierno, salvar a los átomos de luz encadenados allí y subir con ellos nuevamente al cielo de la cabeza.

53º El Atomo Demonio o Enemigo, que reside en la parte más inferior del Sacro del hombre, intenta siempre enviar sus ángeles malignos o átomos al corazón; pero la puerta está siempre cerrada para ellos.

54º Todas las células del hombre piensan, y toda célula pensante se alimenta de los átomos que penetran por la respiración.

55º El mejor alimento para las células es el pensamiento puro.

56º Un pensamiento puro y una respiración solar, que absorbe la ventanilla derecha de la nariz, queman todos los residuos impuros que posee un hombre desde el pasado.

57º La aspiración, respiración y meditación continuas y puras comunican al hombre con las más elevadas vibraciones de lo Absoluto Intimo y entonces adquiere un poder mental ingente para dirigir a la humanidad.

58º El hombre tine muchos enemigos secretos que le perturban durante la concentración y la aspiración; para vencerlos hay que dirigir el pensamiento al plexo Solar en la región del estómago; en este plexo residen las fuerzas lumínicas; estas fuerzas abren el camino al pensamiento y lo conducen hacia arriba, por la médula espinal, hasta llegar a la conciencia de lo Real interno, en donde mora todo saber y toda felicidad.

59º En la médula espinal y sus ramificaciones se encuentran todas las ciencias del mundo desde el principio. Cada inteligencia angelical que reside en estas regiones es un archivo de saber: inventores, poetas, artistas, genios, etc., si son buenos reciben sus inspiraciones de la parte superior, y sin son malos las reciben de la inferior.

60º El libertino no puede penetrar en esta Universidad, porque su plexo solar carece de la energía de luz o de ángeles luminosos que le abren el camino.

61º La energía creadora del sexo tiene que llenar con su poder todos los centros magnéticos y convertirlos en soles en la densa obscuridad del cuerpo. Esta fuerza de luz Creadora mantiene la salud del cuerpo, del alma y de los átomos dentro y fuera del cuerpo.

62º Cada centro de poder tiene una comunicación directa con el Intimo por medio de la energía creadora; pero en el momento que decrece esta energía se corta la comunicación.

63º Dentro del hombre existen dos principios o dos fuerzas, a las que las religiones dan el nombre de buenas y malas; los ocultistas las llaman positivas y negativas; los alquimistas dicen: rápidas y lentas y otros dicen armónicas y desarmónicas; Cristo y Anticristo, etc...

64º El principio del bien está representado por un Atomo Divino llamado por los ocultistas ATOMO NOUS o Conciencia Divina y reside en el corazón, cuyos impulsos son constructivos. Este Atomo es la Encarnación del Segundo Atributo de la Divinidad que se halla en la Glándula Pituitaria. Es la deidad manifestada de la causa que permanece oculta.

65º El principio del mal reside en otro Atomo en la parte inferior de la espina dorsal y su impulso es destructivo; llamémosle el Rey del mal o el Rey del infierno.

66º Ambas entidades tienen legiones de ángeles atómicos a sus órdenes y ambas luchan para atraer al hombre.

67º El impulso de Nous o Crístico domina el mundo interno y trata de absorber el pensamiento del hombre hacia este mundo; el impulso del Lucifer jefe de los ángeles rebeldes domina el mundo externo y conduce el pensamiento del hombre hacia este mundo.

68º El reino de Lucifer abarca desde el ombligo para abajo y la memoria del pasado está escrita en esta parte. El reino del Nous está en el pecho, en donde están grabados los archivos del presente. En la cabeza Reina el Padre y en su dominio se hallan los archivos del futuro. Con letras de fuego están escritas las vidas pasadas en el sacro; con letras de luz están escritas las vidas futuras en la cabeza, y el fuego del Sacro y la luz de la cabeza se unen en el Corazón, centro de vida y residencia del Salvador.

69º No hay ni bien ni mal, tal como los comprende la humanidad, solamente hay diferencia de vibraciones.

70º Las vibraciones se tornan rápidas o lentas según el impulso y la índole del pensamiento.

71º Lucifer es el impulso que limita nuestros pensamientos y aprisiona nuestra mente en la atmósfera del mundo externo.

72º El NOUS es el impulso que nos libra de esta limitación y de esta prisión para convertirnos en amos del mundo externo.

73º El Atomo Lucifer evoca todos los átomos malos captados por nuestros malos pensamientos, desde nuestra aparición en el mundo, para formar con este ejército su reino inferior (infierno) y dominar el mundo externo.

74º Cristo por medio del Atomo NOUS, en donde reside su impulso, evoca todos los buenos átomos para librar al hombre de lo inferior y hacerle penetrar en el Reino Interno del Intimo en donde no hay ni mal ni bien.

75º No hay cielo ni infierno, como no hay ni mal ni bien, mas, sí existen vibraciones rápidas y vibraciones lentas. El conjunto de las vibraciones rápidas forman una entidad que es llamada YO SUPERIOR y la reunión de las vibraciones lentas, se llama Yo Inferior o naturaleza inferior. Más adelante hablaremos de estos dos poderes en el Hombre.

76º Cuando un hombre transforma sus vibraciones densas y lentas en sutiles y rápidas se dice que se ha vuelto Salvador del mundo, o un Cristo; y, cuando transforma sus vibraciones rápidas en lentas se convierte en Anticristo.

77º El pensamiento es quien forma del hombre un Cristo o Anticristo o mejor dicho, el pensamiento es quien manifiesta el Cristo o el Anticristo en el Hombre.

78º El misterio del hombre consiste en el deber de emplear la Conciencia de la Realidad que está dentro de sí y no su querer que le llama después "Voluntad". Por eso dijo Cristo: Hágase tu voluntad, Padre mío "esto es, la Conciencia de la realidad llamada por Jesús: Padre" y, no la mía.

79º Cada vez que Lucifer con su ejército anticristo nos llama la atención para librar la batalla, nos aconseja la religión acudir a la oración, a los santos, etc... Pero hay otro método también eficaz que consiste en lo siguiente: elevar el pensamiento a la cabeza, cielo del Padre; con esta elevación arrebatamos al Anticristo una parte de sus ángeles atómicos, que quedaron adheridos al pensamiento y al pasar por las esferas de la Luz Central se queman y se transforman en ángeles de luz; entonces se dice: El demonio fue derrotado.

80º Los seres superiores, muchas veces, provocan estas guerras voluntariamente: dirigen el pensamiento a lo inferior y cuando comienza la lucha, ellos con el pensamiento principian a salvar los átomos o ángeles de vibración densa, que desean trabajar bajo el estandarte del bien. Esto es lo que significa la tentación de Jesús en el desierto y, dice el Evangelio: Cuando triunfó el Cristo en Jesús le abandonó el demonio. Jesús por experiencia conoció los peligros, en estos momentos, que muchos no pueden resistir estas pruebas, y enseñó después "no nos dejes caer en la tentación".

81º Nunca se debe provocar la tentación antes de llenar los centros con la fuerza Crística Solar; porque la fuerza solar en el hombre es el poder de la fe que triunfa y este triunfo se obtiene por la práctica del Yoga o del Sermón de la Montaña.

82º La fuerza anticrística nunca puede penetrar más arriba del ombligo, pero sí puede atraer pensamientos llenos de átomos destructivos a lo inferior. Todos los inventos de la guerra actual son pensamientos utilizados por el Anticristo en el mundo objetivo.

83º En el principio hubo gran batalla en el cielo (la cabeza del hombre) Miguel (EL YO superior) y sus ángeles lidiaban con el dragón (Yo Inferior); y lidiaba el dragón y sus ángeles; y fue lanzado aquel grande dragón, aquella antigua serpiente, que se llama diablo y satanás, que engaña a todo el mundo, y fue arrojado en tierra y sus ángeles fueron lanzados con él. "**Apoc.** XII, 7, 9" (Cuando el Yo inferior cuyo nombre es el diablo, desobedeció a la llamada del Absoluto y se "rebeló contra el Señor", fue arrojado por Miguel el YO superior, al infierno o inferior del cuerpo del hombre en donde arde el fuego del deseo y del instinto.

84º "Y cuando el dragón (Diablo, Yo inferior, principio de la desarmonía) vio que había sido derribado en tierra (en la parte inferior del cuerpo) persiguió a la mujer que parió el hijo varón (persiguió a la materia que engendró al hombre, hijo de Dios, y su mente) **Apoc. XII, 11, 13.**

85º Todos estos archivos se hallan en las energías atómicas del sacro en donde se puede leer, por medio de la concentración, el origen de esta guerra en el cielo, en donde también están anotadas las vidas pasadas y las consecuencias de ellas en vidas futuras.

86º Para poder penetrar hasta aquel punto, debe librarse del bien y del mal y obrar según la Conciencia Divina.

87º Nadie puede ascender a su cielo, si no desciende primero al infierno o inferior del cuerpo. Desde allí puede escalar la materia, como hizo el Cristo, para salvar a aquellos ángeles que fueron atraídos por el pensamiento del hombre hasta aquellas regiones.

88º Cada hombre debe llegar a la estatura de Cristo para poder salvar a estos ángeles en cadenas, si no, tendrá por enemigo terrible el FANTASMA DEL UMBRAL (del Yo inferior) que puede enloquecer a todo aquél que no sea Cristo. La única arma contra esa entidad, creada por el mismo hombre, cuando bajamos al infierno por la tentación, es el elevar nuestro pensamiento a la Cabeza residencia de las tres manifestaciones de lo Absoluto.

89º El Fantasma del Umbral es un ángel tenebroso formado por el acumulado mal de las vidas pasadas (Es el lugarteniente del Demonio) y tiene su residencia en el eje inferior de la espina dorsal.

90º El Yo Superior, enemigo terrible del anterior, está representado por Miguel y reside en el eje superior de la espina dorsal.

91º El campo de batalla actual de estos dos enemigos, se halla en la región del ombligo. Al principio Caín mató a Abel, el mal triunfa sobre el bien. "Y fueron dadas a la mujer dos alas de grande águila, para que volase al desierto en su lugar, en donde es guardada por un tiempo, y dos tiempos y la mitad de un tiempo de la presencia de la serpiente". (**Apoc.**, XII, 14). El alma, ánima, vida, durante tres rondas y media (durante el período de Saturno, del Sol y de la Luna y por último la mitad del terrestre) que acompañaron la involución del hombre y su descenso en la materia, cuando prevalecían en él los átomos densos y lentos; pero después del nacimiento de Cristo en la mitad del cuarto tiempo, período actual de la ascensión, el hombre se encamina hacia su unión consciente con lo Absoluto de donde procedió.

92º Lucifer puede atraer al cerebro izquierdo todos los átomos que encadenan el pensamiento a los instintos animales; mas no puede hacerlos ascender nuevamente; mientras que Nous en el corazón puede hacer bajar los átomos del cerebro derecho, llenos de luz, hasta el infierno para salvar a sus hermanos presos allí.

93º Una vez obtenido este descenso, el Hombre puede descubrir en la intuición, o memorias de la naturaleza su evolución desde el mineral, vegetal, animal y ver las fuerzas que trabajaron en su cuerpo humano.

94º El Yo inferior es lugarteniente del átomo Enemigo en el Hombre o Lucifer; el Yo Superior es el del Atomo Nous, manifestación del Cristo. Todo mal pensamiento mana del cerebro izquierdo; el bueno viene del derecho. El izquierdo ayuda a la magia negra, empleando los elementos inferiores de la naturaleza; el derecho emplea para su trabajo los elementos superiores o ángeles de luz.

95º La Magia es un poder mental que la poseen los dos principios.

96º La respiración por la ventanilla izquierda absorbe átomos lunares oscuros influidos por el enemigo interno del hombre; pero al mismo tiempo son necesarios para la vida; la respiración derecha es solar cuyos átomos son luminosos. Los que respiran siempre átomos lunares tienen miedo a la luz del sol.

97º "Si no volviéreis como niños, no podréis entrar en el Reino de Dios." Cuando el hombre por medio de su aspiración y pensamiento inicia su entrada en el mundo subjetivo, se vuelve como niño, protegido de todo mal.

98º "No resistáis al mal". El deseo de resistir al mal nos atrae en nuestra contra ángeles guerreros, fieles servidores de

Lucifer y la resistencia se convierte en guerra destructora como la que está sucediendo entre las Naciones. La resistencia contra estos ángeles malignos debe ser con el amor y la caridad y el mal se desintegra por sí mismo, como el fuego que no encuentra qué devorar, se devora a sí mismo.

99º La mente que piensa mal o que causa mal, reabsorbe lo que ha emitido por la respiración, el alimento y la bebida.

100º Los sensitivos y muchas veces los niños se encuentran molestos y acongojados al lado de estos seres.

101º Tristeza, melancolía, depresión, ira y demás defectos son heraldos del Enemigo Secreto del hombre; pensar felicidad y aspirar alegría es la escoba que barre y elimina a estos mensajeros nefastos o ángeles malignos.

102º Hay una voz en el corazón que siempre nos habla en cada eventualidad, nos pone sobre aviso contra toda mente maligna; aquél que obedece esta voz que viene de su Intimo nunca será defraudado.

103º Nunca debemos meditar en el Rey de las tinieblas que está en la base de la columna vertebral, porque con esta meditación le enviamos nuevos poderes o átomos respirados en estos momentos, que le ayudan contra nosotros. A veces este enemigo nos ofrece poderes y sabiduría con tal que le enviemos nuestro consentimiento.

Esto se llama el pacto con el demonio, que los magos negros han firmado con la propia sangre, a cambio de bienes materiales o de fines egoístas.

104º Alimentan la mente del mago negro y de sus discípulos con ciertas frases sofísticas y le obligan a aspirar, pensar y respirar átomos que le ayudan a llegar a sus propósitos. Por ejemplo: Sólo el fuerte debe subsistir y el débil debe morir; o esta otra: El fin justifica el medio, etc., una vez grabados estos sofismas en la mente de una nación, su primera aspiración será la guerra.

105º Esta filosofía luciférica y endemoniada atrae a los pueblos por la inspiración y el pensamiento, motivos de destrucción; porque pierden en sus corazones el sentido de: Igualdad, fraternidad y justicia.

106º Una vez dirigida la meditación hacia adentro, puede el hombre ver desde la puerta de su corazón, la lucha incesante en su bajo vientre, y sentir los dolores y desgracias que esperan al mundo en el futuro.

107º El objeto de la iniciación interna es convertir al hombre en salvador de sus propios átomos energéticos, convenciéndolos de ser obediente al Dios Intimo; entonces no habrá más guerra, porque no habrá guerreros, ni destrucción al no haber destructores.

108º Sólo el pensador y sus pensamientos son los llamados a librar la inteligencia de las garras de estos enemigos internos y librar al hombre y al mundo del pulpo del mal.

109º El pensamiento es como un imán pegajoso: si es malo atrae espíritus malos y los adhiere al cuerpo de deseos; una vez lleno este cuerpo de estas inteligencias malignas, debilitan lo bueno que hay en el hombre y lo arrastran a la acción; por sus frutos se conoce al árbol.

110º Estas malas entidades pululan en el bajo vientre y están esperando con ansias un pensamiento maligno para convertirse en vampiros y combatir las emanaciones que salen de la conciencia o la voz del corazón.

Una vez acallada esta voz obligan al hombre a obrar, según la voluntad del Rey de los Infiernos y las obras serán ferocidad y odio.

111º La energía sexual es un arma tremenda en manos de la magia, sea blanca o negra, y con su fuerza creadora puede el hombre unirse con su Intimo y más fácilmente con el demonio. Es el pensamiento que atrae a la espina dorsal el fluido sexual para depositarlo en su bolsa respectiva; si el deseo es animal o satánico que causa el derrame de este fluido, el cuerpo de deseos recoge de los infiernos, millones de átomos demoníacos en compensación de los derramados, pero si este fluido es contenido por un pensamiento de pureza, su luz vuelve al cuerpo de deseos y aparece más astral o brillante.

112º El mundo de los deseos o cuerpo astral, es la primera etapa en el sendero de la iniciación, en donde el hombre debe vencer en las cuatro pruebas de los elementos inferiores. El iniciado puede rememorar estas pruebas cuando medita en su centro umbilical en donde se unen las corrientes del cuerpo astral.

113º Lucifer, el Enemigo Secreto, el Enemigo Intimo, el Demonio, significan una sola entidad; ya hemos dicho que es el principio del mal y está colocado en la base de la espina dorsal; más encima, en el eje de la misma espina, se encuentra otra entidad que es lugarteniente del primero, del Enemigo Interno del hombre, un ángel de las tinieblas, llamado por los ocultistas el Terror del Umbral o el Fantasma del Umbral. Es una entidad terrible formada por los malos deseos del hombre y rige el cuerpo de deseos o astral; este ángel maligno impide con sus ejércitos la entrada del hombre a su Reino Intimo.

114º El mundo o cuerpo de los deseos es la creación del yo inferior o mente animal que ha arrastrado el hombre durante varias vidas; pero una vez purificado este cuerpo se convierte como vidrio transparente ante los ojos del hombre, tras del cual puede ver el mundo interno, aunque no puede entrar en él. Es la alegoría de Moisés: pudo ver, pero no le fue permitido entrar en ella.

115º En la base del cerebelo se encuentra, en contraposición a Lucifer que se halla en la base de la espina dorsal, el Arcángel (llamémosle MIGUEL por no encontrar otro nombre más adecuado) cuyo lugarteniente es el ángel de la espada, contraparte del Fantasma del Umbral. Este ángel intercede y ruega por nosotros, cuando ve que realmente deseamos la unión con el Intimo, que, a su vez, concede la balanza a Miguel para pesar nuestros hechos: buenos o malos. Esta alegoría la vemos pintada en todos los cuadros del Arcángel Miguel, en el momento de derribar el principio del mal. Si los hechos buenos son mayores, nuestros pecados pueden ser perdonados y entonces podemos, con la ayuda del Angel de la espada, entrar en el Reino de Dios Intimo.

116º El Arcángel Miguel es el YO Superior formado por nuestros buenos deseos; pensamientos y obras en toda nuestra existencia anterior. Su Lugarteniente es el Angel de la espada en la puerta del Edén. Volveremos a hablar de este ángel y del Terror del Umbral, más adelante.

117º Mientras vive el hombre debe pensar, y mientras piense debe absorber átomos enemigos y amigos, en sus compañías, amistades y ambiente en donde vive. Pero mientras hay enemigos hay guerras. Los enemigos del hombre son los de su casa, dice el Evangelio, estos son los átomos hermanos y parientes que viven, en su propio cuerpo, más queridos que hermanos por el mismo hombre. En el Bagavad Gita o el Canto del Señor, Krishna aconseja a Arjuna, matar a estos parientes y hermanos; pero el mejor medio de librarse de ellos no es el matarlos sino el conquistarlos. Jesús cuando dijo: "Si te escandaliza tu mano (esto, es los átomos malignos de tu mano) córtala, porque es preferible entrar en el Reino de los Cielos manco y no entrar en el Infierno con dos manos"; pues, cuando dijo esto no quiso decir que el hombre debe cortar, efectivamente, su brazo y echarlo lejos de sí; sino que el pensamiento debe descender a estas regiones con el objeto de salvación. Hay que conquistar y eliminar por la iluminación el ejército del enemigo Secreto y éste se desintegra por sí mismo. Este es el objeto de la Iniciación interna y el descenso del Cristo al Infierno, para librar a los átomos de la garra del Enemigo Secreto.

118º Actualmente estos átomos enemigos viven, como zánganos, alimentándose de nuestra fuerza; pero una vez conquistados se vuelven trabajadores obedientes en la viña del Señor.

119º Existe un adagio oriental que dice: La mente desocupada es el almacén del demonio. Para librarse de las mercaderías del demonio, es menester llenar la mente con pensamientos útiles y prósperos.

120º Un pensamiento nefasto, sobre todo en un día triste y oscuro, llena nuestro cuerpo de deseos de átomos de depresión. El pensamiento de amor está simbolizado por el incienso que cuando es inhalado por el cuerpo de deseos, le acerca mucho a Dios; así también un pensamiento concentrado pone al hombre con la realidad del ser en quien se piensa.

121º Siguiendo la Iniciación interna o el camino hacia el Reino, el aspirante o Iniciado debe sufrir varias pruebas. La misma aspiración a conquistar el Reino es la que pone al hombre en contacto con seres elementales, unidos a la madre Naturaleza, y componen en total la Naturaleza del hombre.

122º También los elementales son creaciones de la Trinidad del hombre, viven y trabajan con nosotros; son llamados espíritus o ángeles del aire, del agua, de la tierra y del fuego. Todos estos ángeles han trabajado en la formación y evolución del hombre en el pasado y seguirán trabajando en el futuro.

123º Según el Dogma, hay tres personas en Dios, y esas tres personas no son más que uno solo; tres y uno dan la idea de cuatro, así también el nombre de Dios, en casi todos los idiomas consta de cuatro letras.

124º En todas las religiones encontramos los cuatro elementales, aunque con distintos nombres; pero nuestro objeto es aplicarlos al cuerpo humano: los elementales son en alquimia la sal, el mercurio, el azufre y ázogue; en el Apocalipsis están representados en el trono del Señor (Cuerpo físico) por cuatro animales: igual a la esfinge de la pirámide de Egipto; cara de hombre, patas de león, alas de águila y cuerpo de toro; que, interpretados por cuatro verbos pueden combinarse juntos de cuatro maneras y se explican cuatro veces los unos por los otros.

125º Estos cuatro elementales son la emanación del Intimo y la plasmación del pensamiento del hombre. Todas han trabajado para la formación del hombre y siguen trabajando. Los elementales o ángeles del aire trabajaron la mente del hombre, o su cuerpo mental; los del agua trabajaron y formaron el cuerpo de deseos; los de la tierra formaron el mundo de las emociones y los instintos. Todos estos cuatro cuerpos se interpenetran en el cuerpo humano para formar el hombre completo.

El Hombre crucificado sobre estos cuatro elementos por los cuatro elementales tiene los del aire alrededor de la cabeza y de los pies; los del agua en todo el lado derecho; los del fuego en el pecho y los de la tierra en el lado izquierdo de su cuerpo, todos confundidos e interpenetrados.

126º Estos seres son muy amantes del hombre que piensa con justicia y sabe aplicarla (el Saber), Osar en practicar; hacer la voluntad del Intimo y callar por no desear recompensa y fama; entonces se convierten en servidores de los genios y artistas en general. Ellos plasman sus características en las obras del hombre según la pureza del pensamiento.

127º Domina y es servido por los ángeles del aire, aquel ser que dedica toda la fuerza del pensamiento al mundo interno; con una concentración perfecta puede llegar a los planos de la vida Espiritual, donde alcanza la iluminación. Para dominar a los elementos del cuerpo de deseos o del agua, hay que extirpar las pasiones groseras y llegar a la impersonalidad. Para dominar a los ángeles del fuego, hay que vencer los instintos animales, emociones y todo lo que puede recordarle del animal. El dominio de los elementales de la tierra consiste en un ayuno racional y limpieza interna y externa, y por la respiración y demás prácticas esotéricas.

128º Cuando el hombre se convierte en impersonal, como su madre la Naturaleza, ésta pone bajo sus órdenes, sus elementos y elementales que le descubren las leyes, filosofías y ciencias de todas las edades. Los elementales superiores respetan y obedecen a todo hombre cuya concentración es perfecta; ellos mismos le invitan a que penetre en su reino, para instruirle en la sabiduría Superior, que está escrita en las etapas internas del cuerpo físico; le muestran las divisiones y subdivsiones de su mundo interno y los habitantes de cada división. También le enseñan la manera de vencer las emanaciones de los átomos malignos, le instruyen cómo distinguir las formas del pensamiento, el cambio que sufre el cuerpo y la mente con las estaciones y con los años. Le enseñan las cuatro etapas de la vida, el movimiento interno del organismo humano, y la relación de cada parte del cuerpo con los mundos y sistemas solares; la circulación de la sangre con el movimiento universal, la respiración con los períodos del universo, etc.

(Reléase el capítulo titulado "La Iniciación egipcia y su relación con el hombre", en la primera parte de esta obra.)

129º Cuando el hombre puede atravesar y traspasar con el pensamiento el cuerpo o mundo de deseos llamado astral, triunfante sobre todos los elementales inferiores de este mundo, pasa a otro más sutil cuyas fuerzas tienen relación íntima con el Espíritu de la naturaleza. El cuerpo de deseos es elaborado en la región umbilical del hombre y se manifiesta en el HIGADO; el tercero que es más sutil tiene su puerta en el BAZO y se manifiesta en el sistema Simpático.

130º El que llega a este mundo, por el pensamiento sostenido, está en comunicación permanente con las intelgencias angelicales poseedoras de la memoria de la naturaleza, manifestada en el hombre por la intuición, y ante él no habrá pasado ni futuro.

131º Las religiones se valen de la magia ritualística y simbólica para llegar a este mundo.

132º Los sagrados símbolos como la cruz, el triángulo, el círculo y el sello de Salomón, etc., son teclados en el mundo físico cuyos sonidos repercuten en el sistema simpático, de donde el hombre recibe contestación.

133º El significado de cada símbolo es interno y no como se le explica exteriormente; por ejemplo, la cruz no significa la muerte, sino el triunfo sobre la materia; así como la fábula encierra una verdad muy honda.

134º La meditación es un símbolo sagrado, atrae a la mente átomos sagrados de luz y de sabiduría; así como la meditación en la imagen de un verdadero santo, atrae al sistema simpático las vibraciones del santo; de manera que la iglesia católica no anduvo errada al colocar en sus altares los símbolos e imágenes de verdaderos santos.

135º Para cada cualidad y virtud hay un símbolo, así como existe una palabra para cada una de ellas; pero hasta hoy, no se da a la mente más símbolos porque no ha aprendido, ni ha comprendido su lección en los actuales existentes.

136º En el sistema simpático, el hombre comprende el significado del Génesis y se da cuenta de que en él se hallan dos YO: Yo superior y Yo inferior; Arcángel Miguel y Arcángel Lucifer. El primero es la reunión de todo lo bueno hecho por el hombre y el segundo la aglomeración de todo lo malo; el primero es luz, reina sobre los ángeles de la luz y está siempre en presencia del Intimo; él reside en la parte superior de la espina dorsal; el segundo es tinieblas, reina sobre los ángeles de las sombras y reside en la parte inferior de la misma espina dorsal; ambos son arcángeles, pero de distintas vibraciones.

137º Justamente en la mitad de la espina dorsal se encuentra la puerta del Edén de donde salió el hombre; a la entrada de esta puerta se hallan dos ángeles: uno es llamado el ángel de la espada flamígera, para impedir la invasión de la mente inferior al Edén, y el otro es llamado ángel Custodio; ambos interceden por el hombre, que ansía el regreso a su morada edénica o el Reino Interno.

138º El fantasma del Umbral es el agente del principio del mal; reside encima del sacro o eje de la espina dorsal; tiene el objeto de aterrorizar al iniciado, con mil modos, para impedirle ir en el sendero de la luz. Las pruebas en el cuerpo o mundo de deseos no son nada ante esta última prueba. Quien ha meditado en la lectura de la obra "Zanoni", puede darse cuenta de lo que significa el Terror del Umbral. El ángel custodio ayuda mucho al hombre, quien sinceramente desea la unión con su íntimo y cuando triunfa y derrota al Fantasma del Umbral, llega a la puerta del Edén, en donde el ángel guardián del paraíso tiene su morada; este ángel le entrega su espada flamígera para cortar el nudo que obstaculiza la abertura de la puerta.

139º Los dos ángeles serán guías hasta que el hombre pueda abrir la puerta edénica, entonces lo abandonan, porque ya no son necesarios, así como cuando el cuerpo físico, después de la muerte, se desintegra y vuelve a la tierra de donde vino.

140º En el sistema simpático se pueden leer las memorias remotísimas de la creación, las vidas pasadas de la humanidad y de este mundo. Del sistema simpático las religiones han copiado la historia de su Génesis, dioses, demonios, cielos, infiernos, etc.

141º El pensamiento devocional, dirigido al ángel de la espada, libra a la mente de la ansiedad; la devoción al Arcángel de luz, convierte al hombre en la MISMA LEY NATURAL y podrá leer con su intuición la memoria de la Naturaleza.

142º El ángel de la espada es quien dota al hombre del poder de hacer milagros: curar enfermos, resucitar a los que aparentemente son muertos, dominar la magia de los elementales y poner al hombre en condición de escalar y llegar a la presencia de su Arcángel. El Arcángel y el ángel de la espada regularizan la respiración del hombre para poder absorber los átomos solares y lunares; con la ayuda de estos ángeles podemos cortar las cadenas que nos atan a lo animal, y abrir la puerta de la prisión del Intimo, para que pueda manifestar sus poderes hacia lo exterior.

143º Invocar al ángel de la espada, es atraer la fuerza curativa de todas las enfermedades. Con la pureza del pensamiento y la impersonalidad de este ángel, señala al hombre la causa de la enfermedad y la manera de curarla. El ordena a sus huestes para que desalojen el mal; pero a un enfermo con pensamiento de lujuria u odio, le abandona en manos de los átomos de la muerte, ejército del Terror del Umbral.

144º El que tiene el don de curar debe impregnar el pensamiento del enfermo con vibraciones positivas y puras para poder vencer, en él, las huestes de la enfermedad. Limpiando la mente del enfermo con el amor, entonces puede invocar a su ángel, con una oración mental, colocando sus manos en la mitad de la espina dorsal, en donde reside; en este estado, debe aspirar y respirar átomos curativos y colocarlos bajo la dirección del ángel, quien los forma en ejércitos contra los de la enfermedad. Todas las curaciones milagrosas son efectuadas por el Angel de la espada.

145º Una magnífica costumbre es la de invocar nuestro ángel antes de dormir, porque el hombre, durante el sueño, viaja muy lejos de su cuerpo y abandona su casa, la cual al no tener un guardián, cualquier ladrón de los elementales malignos puede asaltarla o habitar en ella.

146º La mejor sabiduría es la reeducación de sí mismo y no la enseñanza de una escuela; este ángel de luz tiene a su cargo nuestra reeducación, y una vez reeducados podemos entrar en todas las etapas de la naturaleza.

147º Con la aspiración, concentración y sobre todo la impersonalidad, el hombre puede identificarse con su ángel de espada; entonces la inteligenca recibe la respuesta de toda pregunta, aunque la mente no se da cuenta de ello, lo que nosotros enviamos a otros nos será devuelto, con creces, sea bueno o malo.

148º Cuando el iniciado llega al final de esta etapa y obtiene del ángel de la puerta edénica, la espada flamígera, su deber será abrir la puerta del Edén o del Reino que conduce a la Unión con lo REAL, el Intimo. Y cuando el Alma ha traspuesto la puerta del Intimo, ya nunca más saldrá afuera.

149º El Edén o el Paraíso de la Biblia y el Reino de Dios del Evangelio son una misma cosa; el Estado Edénico o el Reino de Dios representa el Estado del hombre cuando era Uno con su Dios Intimo.

150º Mientras moraba el hombre en el Jardín Edénico era completamente Impersonal; esto es, mientras que su pensamiento y su alma atendían, siempre, a las cosas celestiales que residen en la cabeza, vivía en el paraíso divino Impersonal; pero desde el momento en que el pensamiento y el alma quisieron probar del árbol cuyo fruto se llama conocimiento del Bien y del Mal, cedieron sus poderes al deseo y se vieron envueltos por condiciones nuevas y extrañas. Y llegó el hombre al estado incapaz de ver la realidad.

151º Desde el momento en que el hombre comenzó a materializar sus pensamientos divinos e impersonales, por la fuerza tuvo que caer y ser arrojado del Jardín del Edén; porque con la aglomeración de sus deseos creó el Intelecto y abandonó la Conciencia Impersonal Divina. Con la creación del Intelecto formó un nuevo mundo en la parte inferior de su cuerpo y lo pobló de toda clase de átomos atraídos por sus deseos e instintos. Este mundo es el Infierno.

152º En este estado de caída nunca olvidó de su estado edénico, Reino de la felicidad; muchas veces ha intentado regresar al Paraíso, pero al llegar a la puerta de entrada, encontraba que su intelecto había creado muchas barreras infranqueables, como los querubines con la espada flamígera y el fantasma del Umbral de quienes hemos hablado anteriormente. Entonces comenzó a estudiar el Bien y el Mal, el cielo y el infierno, el ángel y el demonio y todo lo que no tiene nada de real, sino en su intelecto, creyendo que con este estudio intelectual puede volver nuevamente al paraíso.

153º Al fin llegó un momento en que cansado del uso externo de su mente, replegó hacia su interior y allí encontró el verdadero camino hacia el Reino de Dios, prometido desde la formación de los siglos; pero lleno, como hemos dicho, de dificultades y trabas; entonces pensó y meditó en la manera de salvar los obstáculos y esto fue el principio de su iniciación o su camino hacia el interior.

154º Después por medio de la Iniciación Interna comprendió y sintió que el fin es igual al principio; el estado edénico fue Impersonal, el Estado del Reino de Dios Interno debe ser lo mismo, IMPERSONAL.

155º El Infierno del hombre se halla en su bajo vientre, su purgatorio en el inferior de su sistema simpático-nervioso y su cielo en su médula espinal hasta la cabeza.

156º Después de la muerte, el hombre lleva consigo su mente y sus cuerpos de deseos o astral, su mental y otros más sutiles; de manera que si la mente con el pensamiento y la aspiración, ha aglomerado en la parte inferior de su cuerpo muchos átomos malignos, quedará sujeto a estas creaciones mentales durante un tiempo más o menos largo, sufriendo y quemándose en el fuego de sus propios deseos y pensamientos, y se dice que el alma está en el infierno o purgatorio; después tiene que ascender al cielo, creado por su pensamiento, para gozar de sus buenas obras. Cielo e infierno no son más que creaciones del mismo hombre y están en el mismo hombre.

157º Durante la vida y no después de la muerte, el hombre debe explorar y penetrar todos estos misterios; porque después de la muerte no puede realizar lo que debía hacer en su cuerpo durante la vida, así como el compositor no puede ejecutar sus obras si no posee el instrumento.

158º Ya se ha dicho que el pensamiento es como imán: atrae los átomos por medio de la aspiración. La bebida y el alimento son seres vivos o ángeles que tienen afinidad con la vibración del pensamiento; de manera que el pensamiento, la respiración y el alimento son el material que elabora la sangre, vehículo del Yo. Si el vehículo es bueno y puro, nuestra aspiración atrae la atención del Yo Soy que comienza a trabajar para convertir al hombre en Salvador del Mundo.

159º Con el pensamiento puro y concentrado hemos llegado en nuestra peregrinación interna a la puerta del Edén; el ángel de la puerta nos dio su espada para alejar al Terror del Umbral, y a los ángeles malignos; ahora nos falta despertar el Cristo en el Corazón, en donde debe nacer para hacernos entrar.

160º El amor IMPERSONAL y la pureza despiertan este Impulso en el corazón y comienza a invadir la Médula espinal y todo el sistema nervioso, sintonizando todos sus centros de energía, para abrirnos el camino hacia el Reino de la Realidad.

161º Desde el centro de la médula espinal el Iniciado tiene que detenerse para contemplar lo inferior y lo superior en él; puede ascender hasta identificarse con el Intimo; pero si es verdaderamente un salvador del Mundo, tiene que descender nuevamente para salvar a aquellos seres que sirvieron de escalones para su ascenso. Cristo dijo: "Yo voy al Padre...", y después también dijo: "Estaré con vosotros hasta la consumación de los siglos, hasta que el último miembro llegase a la perfección."

162º En este estado el hombre ya es OMNISCIENTE.

163º Al convertirse en Cristo principia a escoger sus discípulos y apóstoles que deben trabajar bajo su dirección.

164º Más tarde veremos en dónde están colocados los apóstoles. Ahora podemos decir que el hombre en este plano siente la Inteligencia Cósmica en sí, y al decir YO, habla en nombre del Padre o de su Intimo, como lo hacía Jesús.

165º Puede a voluntad subir a la montaña para comunicarse con el Padre, como lo hacía Jesús, y después bajar a los mundos inferiores, en donde tiene que sentir sus sufrimientos y dolores; pero al mismo tiempo aprende el misterio de la mente humana y adquiere el poder para el dominio de las mentes sanas y enfermas.

166º En este mundo el hombre se une a la Gran Inteligencia que registra toda experiencia. Esta Inteligencia es un Sol en el centro del cerebro que dirige todo el sistema dentro de su órbita. Los ocultistas, al referirse a esta inteligencia, dicen: Cuando el discípulo está preparado viene el Maestro, o lo que significa que cuando el discípulo está iniciado en el mundo interno, viene a él el saber del átomo maestro o la experiencia de todas las edades. El Evangelio relata que cuando Jesús salió del agua, descendió sobre él el Espíritu Santo en forma de paloma; los términos son distintos, pero el significado es uno solo.

167º Bajo la dirección de este Maestro o del Espíritu Santo trabajan los señores o ángeles de la mente. Estos ángeles están simbolizados por el Maná (Mente) que bajó del cielo sobre los hebreos (los que pasaron los reinos inferiodes) en el desierto (y llegaron a tener un cuerpo humano). El objeto de estos ángeles, que formaron la mente, es el aproximarnos a la Verdad.

168º Llegando a este estado el hombre es dueño de su mente, de sus pensamientos y de su mundo interno; entonces se desellan ante él los siete sellos apocalípticos.

169º El primer trabajo del Iniciado en este mundo es salvar a los ángeles inferiores que habitan con los átomos animales, y que dictan leyes tiránicas a la humanidad, valiéndose de hombres instrumentos del demonio, para causar las guerras y la destrucción.

170º Hay un adagio que dice: Dios se vale del hombre para castigar al mundo; mas, ¡ay! de quien se vale Dios como instrumento de castigo. El Iniciado ve de antemano la mejora que sigue al castigo y se une con el Rayo que guía los destinos del mundo. Con la iluminación mental podemos ver lo que ES, y ya no hay ni pasado, ni futuro; podemos participar de la Sustancia Mental Divina y entonces ya no necesitamos de un ángel guía o protector invisible; este ángel se desintegra y vuelve a su esfera, de donde procedió.

171º El hombre, al abandonar el Estado Edénico tomó el camino del descenso; esto es, de la cabeza, le guió el deseo por la médula espinal; de ella le condujo al sistema simpático; después al mundo del deseo o cuerpo de deseos y por último al físico; hoy, para volver a su Paraíso tiene que recorrer ascendiendo el mismo camino por el cual descendió, guiado por la aspiración, la respiración y los pensamientos puros y positivos. La positividad consiste en cuerpo y mente puros, sanos y fuertes; porque un cuerpo enfermo está dominado por los ángeles malignos y nunca puede adelantar en el sendero del ascenso con semejante carga encima; una mente enferma emite vibraciones densas y lentas que no sólo estorban a su dueño sino a los demás.

172º El silencio es un factor importante para el adelanto. Saber Osar, Hacer y Callar son las cuatro leyes del Iniciado; cada palabra vana sale, del interior del hombre, como una flecha, rompe la envoltura áurea que lo protege de los ángeles malignos, quienes aprovechan esta rotura para penetrar en nuestro interior.

173º La positividad es el puente que nos conduce del sistema simpático al sistema nervioso o mundo mental. La enseñanza que nos ilustra sobre la positividad la hemos encontrado en el método Yoga y en el Sermón de la Montaña del Cristo, en la primera Parte de esta Obra. Sin la práctica de estos métodos nadie puede dar un paso en el sendero ascendente interno.

174º La ley de dar y recibir es rigurosamente aplicada en el mundo interno. A quien le fue dado la sabiduría superior está en la obligación de instruir, sanar y salvar a los ángeles inferiores que sostienen y mantienen su vida.

175º No hay que confundir la Sabiduría Divina, la Ciencia Oculta, la Teosofía, que es práctica de las leyes del íntimo, con la Teología u otras instrucciones recibidas de los elementales de los deseos. Toda alma cuyo espíritu es infantil, reside en un cuerpo sensitivo; estos seres frecuentemente reciben comunicaciones de los elementales o de seres desencarnados, que muestran una inteligencia, que aunque no carece de utilidad, no tiene nada de superioridad.

176º El Genio es aquel ser que practica en su arte la sabiduría superior.

177º Aquí debemos hablar algunas palabras sobre la respiración. Dice un sabio ocultista que el hombre muere porque inhala mucho más de lo que exhala; porque durante la respiración normal no exhalamos todos los restos de bióxido de carbono que con el tiempo, este gas mortal que resta en nuestros pulmones, causa la muerte.

178º La sangre es el vehículo del YO SOY; para que el vehículo sea apto en las manifestaciones del Yo Soy necesita tres cosas: Respiración completa y perfecta, alimento sano y pensamientos puros.

179º El hombre no sólo aspira átomos de la misma afinidad que sus pensamientos, sino que al exhalar impregna todos sus trabajos con los mismos átomos aspirados. El alimento que tomamos sigue la misma ley de la respiración. Hay un dicho oriental que dice: Fulano o Fulana tiene buen aliento para cocinar; esto es verdad, porque el mismo manjar preparado aparte, por dos personas distintas, tiene que tener un sabor distinto.

180º Cada persona, antes de comer, debe bendecir el alimento, con invocación al YO SOY, mientras que sus manos estén extendidas sobre el alimento, o formar con la derecha el símbolo de la cruz, porque la bendición emana rayos de luz que, al impregnar el alimento, ahuyentan los malignos átomos que penetraron por otros pensamientos.

181º Ya hemos dicho, en la primera parte, que el misterio de la Unidad está más allá de nuestra comprensión y está puesto al principio de todas las cosas; pero si no podemos seguir ese desconocido en su principio, podemos seguirlo en sus consecuencias. La Unidad Principio de la Creación debe abarcar los mundos: DIVINO, HUMANO Y NATURAL o DIOS, HOMBRE Y UNIVERSO.

182º El Hombre al abandonar su estado Edénico o su Unidad con el YO SOY, descendió tomando el camino de la médula espinal y de allí salió el sistema nervioso, al simpático, al cuerpo deseos, al vital hasta llegar al físico; en su descenso tuvo que dividirse en dos, manifestarse en tres, equilibrarse por cuatro, dominar por el cinco, etc., etc. Ahora para volver a su prístino estado debe tomar el camino de regreso o el ascenso interno, por medio de la aspiración, la respiración y el pensamiento.

183º Desde que el YO SOY, en el Principio, quiso manifestarse, la Unidad dividió el Círculo en Dos, formando las dos polaridades, para convertirse con ellas en trinidad.

Si formamos un círculo sobre un papel y le dividimos con una raya vertical tenemos un símbolo, aunque tosco, del YO SOY, quien al manifestar su primer atributo, de hecho se formaron al mismo tiempo la Dualidad y la Trinidad.

184º   Hay verdades opuestas unas a otras, porque el ritmo hace triunfar a cada cual a su vez. Existen dos polaridades en el hombre que toman su origen de una misma fuente, como existen el día y la noche; pero existen simultáneamente y no en el mismo hemisferio; pero como hay sombras en la luz, hay claridad en la oscuridad.

185º   Todo deseo es centrífugo y toda voluntad espiritual es centrípeta. Todo ser polarizado debe aspirar y respirar el alma del mundo, si no, deja de ser o tener existencia.

186º   El hombre, el ser más perfecto de los seres, es quien debe encerrar en sí estas dos leyes inseparables una de otra y que hacen sólo una. El poder verdadero y el Saber verdadero es el equilibrio forzoso de estos contrarios; porque el equilibrio es el poder del amor que triunfa sobre la naturaleza; lo sobrenatural no es más que el amor equilibrante.

187º   El caduceo, en la espina dorsal del hombre, representa dos serpientes. Una a la derecha y otra a la izquierda; en el medio, encima de la varilla central, brilla el globo de oro o cabeza que representa la Luz equilibrada.

188º   La serpiente Edénica que fue causa del descenso, de la muerte, es la que se apoderó de la mente humana y del pensamiento para arrastrarlos al mundo inferior, al mundo de los instintos y deseos; la serpiente de bronce, en el desierto de la Materia física o cuerpo, es la que salva de la muerte. Ambos están colocados en la espina dorsal, sobre el Tau o médula. Tal es el misterio de la Unidad en su manifestación dual.

189º   El sabio, el Iniciado, debe ser equilibrador y justo al adquirir el poder en el punto central; tiene que derramar equitativamente la energía a ambos lados. Este poder que es la Unidad se bifurca en: Saber y Osar (Sabiduría y Fe) y en Crear y transformar (Hacer y callar). Los puntos extremos se asemejan y se tocan por la Ley del Equilibrio que es el poder central, UNO, en cada ser.

190º   Este Poder CENTRAL UNO está: 1) en el hombre, y 2) en la unión del hombre a la mujer. Hablemos primero de la

Unidad en el hombre y después de la unión del hombre a la mujer.

191º Quien se coloca en este punto de unión será servido por los dioses; este punto es la inmortalidad entre la vida y la muerte; es el movimiento perpetuo entre el día y la noche; es la magia entre el saber y la fe; es el poder creador entre el hombre y la mujer; es el amor entre la voluntad y la pasión. Todo Iniciado debe saber la verdad para hacer la ley.

192º El Reino de Dios está dentro de nosotros, esto es, en la UNIDAD o punto de unión de la dualidad en el cerebro; el reino del infierno está dentro de nosotros, esto es, en lo que está fuera de este punto de unión y se manifiesta en dualidad.

193º YO SOY es la Sustancia de la cual el mundo y todo lo que en él existe está emanado o creado. Es la Fuerza creadora Universal: Espíritu es una forma de esta fuerza; alma o fuerza vital de vida es otra forma de Ella.

194º El Atomo Nous representa al YO SOY EN EL CORAZON del hombre y es esencial para la perfecta manifestación de la materia. Nous debe estar presente como Unidad, a fin de actuar. NOUS es Dual Binario: es la Ley Universal, todo cuanto existe es dual en su naturaleza y TRIUNO en su manifestación.
Según la Ley divina, todo aquello que tiene dentro de sí una potencialidad, para manifestarse debe dividirse en dos polaridades, cada una es absolutamente necesaria a la otra para manifestarse. Negativo y Positivo.

195º Entonces NOUS es a la vez Negativo y Positivo y la ley nos explica que cuando están presentes o infundidas las dos polaridades como UNIDAD, sólo entonces el hombre puede actuar o crear. NOUS no es el YO SOY. NOUS es el Sol material, el YO SOY es el SOL ESPIRITUAL mucho más allá que el Sol físico.

196º Volvemos a la Ley: Todo cuanto existe es dual en esencia y todo cuanto se manifiesta es TRIUNO en Principio.

Podemos formar un triángulo para comprender esta Ley.

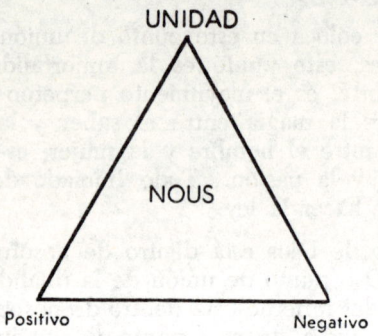

O bien:

197º En todas las manifestaciones materiales, las dos esencias en el hombre están siempre unidas por la infusión de la una en la otra y el punto de contacto es la manifestación de la combinación de las dos.

Las manifestaciones materiales son negativas y limitadas, las manifestaciones espirituales son ilimitadas y divinas. Así, en los materiales hallamos a NOUS negativo porque sus vibraciones son limitadas y finitas y en los espirituales son Ilimitadas e Infinitas. POSITIVO Y NEGATIVO, aisladamente, no tienen el menor vestigio de energía o fuerza; pero al unirlos tenemos una manifestación de la energía. Esta Energía no se debe a una de las polaridades sino a la UNION de los DOS EN UNO. Cuando se unen estas dos, una tercera condición surge, que hace factible la manifestación.

198º YO SOY, el Dios Intimo es la gran fuerza Vital en el cuerpo del hombre. El Atomo NOUS, su emanación, es Dual que se manifiesta cuando sus dos polaridades se combinan en una Unidad.
El Positivo de Nous es Electricidad y lo negativo es magnetismo, puede ser que el magnetismo es creado por la electricidad (Espíritu) y la electricidad o espíritu es una manifestación directa de NOUS. La electricidad procede del sol y el magnetismo viene de la Tierra.

199º Negativo significa algo que es menos, aunque no existe por sí mismo, ni puede tener esencia propia. Negativo es algo que falta en lo positivo; es el elemento necesario, complementario deseado por y para el positivo. No hay corriente negativa, mas sí hay una condición necesaria a la positiva. Positivo tampoco existe en sí, sino es una condición que inicia su simpatía al negativo para actuar en él. El Positivo penetra, el negativo absorbe. El negativo se aviva cuando está movido por el positivo.

200º La Unidad de ambas condiciones o elementos, positivo y negativo, es necesaria para cualquier manifestación.
La manifestación ocurre en el punto que une ambos elementos.
En este punto de unión se encuentra el equilibrio.
La Unión de ambos elementos -¦- con - causan la vida y la manifestación de la vida.
La materia es el ropaje del Espíritu; pero el Espíritu se manifiesta en formas diversas a través de sus principios: Tierra, Aire, Agua y Fuego y de sus Divinidades: sólidos, líquidos, gases y éteres.
El Espíritu sustenta todos los grados y distinciones de las formas creadas y es la unidad de la creación.
El Hombre es la más alta manifestación de Dios.
Todos los seres: hombre, animales, plantas están formados con las sustancias terrenas negativas, en las cuales las vi-

braciones positivas de NOUS entran para darles vida, y el mero hecho de respirar y vivir demuestra la Unidad de la misma Fuente.

La Unica fuente es YO SOY, lo Absoluto; el Espíritu presta a la materia su calidad negativa y Nous da al aire o atmósfera la calidad positiva.

"Dios formó al hombre de polvo de la tierra y sopló en sus narices el aliento de vida, y el hombre se hizo un alma viviente."

La Unión de ambos polos forman un tercero o la Trinidad.

201º En la dualidad hay placer y dolor, en la Unidad de la Dualidad hay LEY; el pensamiento debe atravesar el placer y dolor de la Dualidad hasta llegar a la VERDAD en la Unión. Si se dirige el pensamiento a la cabeza punto de Unión de la dualidad invade el hombre la felicidad celestial, exenta del placer y del dolor; pero si se dirige a los varios extremos de la dualidad el hombre vive sintiendo placer y dolor.

202º El Iniciado es el que manifiesta el Alma del Mundo, cuya Ley no tiene ni mal, ni bien, sino la Unidad. Para el Iniciado el bien es su mano derecha, su ojo derecho, su oído derecho, etc., y el mal es su mano izquierda, su ojo izquierdo: dualidades necesarias para la Unidad perfecta.

El lado derecho es positivo activo, el lado izquierdo es negativo pasivo. El derecho emana color rojo; el izquierdo, color azul y ambos unidos forman un tercero, color violeta: espiritualidad.

203º El equilibrio no es ni mal ni bien, es el resultado de dos fuerzas y por consiguiente la vida es el movimiento alternado.

204º La vida está compuesta de una aspiración y de un soplo: muerte y vida son la continua generación. Aquel que da recibe y el que recibe tiene que dar: todo es cambio perpetuo. Conocer este cambio, a voluntad es poseer, a sabiendas, la Divinidad Humana.

205º El cuerpo del hombre encierra una doble ley: atrae e irradia. Nuestra atmósfera es húmeda, pegajosa: cuando atraemos a ella un mal pensamiento, éste nos rodea con sus vibraciones, como enjambres de moscas que giran en torno de una suciedad. En la superficie del cuerpo se hallan muchas antenas que atraen pensamientos buenos y malos. El cuerpo es como imán andrógino, atrae laas dos potencialidades del alma del mundo. El YO SOY nos juzga por el aura que nos rodea.

206º Los rayos del sol, al llegar a la cabeza, estimulan el sistema nervioso; los de la luna obran sobre el simpático. Las personas dominadas por los pensamientos del mal tienen que evitar los rayos lunares, exponer la cabeza desnuda a la luz del sol por la mañana y huir de las ciudades en donde flotan cadáveres de pensamientos putrefactos.

207º Es necesario conocer que toda acción provoca una reacción y al atacar hay que defenderse y al destruir hay que regenerar imitando a la Naturaleza. La sabiduría completa consiste en el empleo de las fuerzas antagónicas, y en este manejo reside el secreto del movimiento perpetuo y la duración del poder.

208º Todo el Universo aspira y respira y lo que es en el Universo así es en el hombre. Toda aspiración y respiración es dual. El hombre aspira alternativamente una hora por la fosa nasal derecha, otra por la izquierda, y unos minutos por ambas a la vez. La aspiración por la derecha absorbe energía solar y por consiguiente positiva, mientras que la izquierda hace lo mismo con la energía lunar negativa. Las ramas de ambas fosas nasales se extienden por el cerebro y bajan a cada lado de la columna vertebral hasta fusionarse en el Sacro. Los Yoguis llaman Pingala por donde desciende la aspiración positiva y es un nervio al lado derecho de la columna; Ida al nervio izquierdo por donde pasa la energía lunar, y Sushumna a un tercero que se conecta con los otros dos en el ganglio Sacro y sube por el centro de la columna hasta el cerebro, después de repartir diversas energías, por las diversas ramificaciones, a los Plexos y centros vitales.

209º Justamente en la Unión de los nervios nasales reside la energía del Padre, desciende por la derecha; la energía del Hijo, en la mitad y a la izquierda, la del Espíritu Santo. Los dos que están en los dos lados transmiten la energía que las fosas nasales absorben, y el del medio la distribuye por todo el organismo, con la cual se equilibra constantemente el cuerpo y se conserva la actividad de cada órgano.

210º Hay una membrana muy sensible, más arriba del centro de la nariz, se halla bajo el dominio del Yo Soy; esta membrana hace funcionar los tres conductos; estos nervios, más arriba indicados, reciben su impulso de una Entidad inteligente, sensible a los efluvios positivos y negativos, con que cada hora, el signo ascendente del Zodíaco impregna el aire de la región en que culmina, y en obediencia a las leyes que rigen la electricidad, cierra una fosa nasal y pone en actividad la otra. Cada signo ocupa el meridiano durante dos horas y el mismo signo tiene una fase positiva y otra negativa, el flujo por las dos ventanillas es igual y el cuerpo asimila las dos energías en iguales proporciones.

211º El Universo Respira y el hombre aspira lo que el Universo respira: Oxígeno, hidrógeno, carbono, electricidad, prana, rayos de las lejanas Galaxias, soles, planetas, satélites y corrientes siderales que afectan la vida de la tierra y el pensamiento del hombre, y según la ventanilla por la que respiramos se harán positivas o negativas nuestras disposiciones físicas y mentales y seremos sensibles y aptos para ciertas clases de influencias, que van modelando lo que somos y hacen que cada persona sienta, piense y obre en relación a su manera de aspirar: positiva por la derecha y negativa por la izquierda y neutral cuando fluyen simultáneamente por los dos.

212º Esta propiedad de la aspiración es una base de la Ley de la Dualidad para disciplinar el cuerpo y la mente, para alargar la juventud y tener en sí el poder mágico de la iniciación y demás poderes ignorados por la ciencia.

213º Las escuelas Orientales y Occidentales tienen métodos diferentes. El Oriental, que es atractivo o pasivo, aconseja la respiración contenida o retenida para agrandar el campo de su aura y por consiguiente, se hace más receptivo; pero según el Oriental esta aspiración debe durar a veces hasta doce segundos, retenerla cincuenta y dos segundos y exhalarla durante veinticuatro segundos; debe comenzar por la Izquierda y terminar por la Derecha. El

Occidental que es positivo refuta este ejercicio y aconseja comenzar por la derecha. El Oriental va en pos del misticismo y el psiquismo, el Occidental corre tras de la magia y del poder.

214º El Iniciado debe llegar al completo conocimiento y uso de la Ley del binario, uniendo ambos procedimientos para el equilibrio de la Ley.

215º El pensamiento es el hombre; toda persona pasiva y mística aspira, con mayor fuerza, por la ventanilla izquierda, y toda persona activa aspira forzosamente por la derecha; pero en estos casos no entran los defectos nasales salvo que por una ley de compensación oculta se halla un defecto en la ventanilla derecha para obligar al hombre a ser místico y pasivo o viceversa.

216º El Binario o Dualidad se manifiesta en la aspiración y en la respiración; en el soplo caliente y en el frío; hasta una posición de mano puede respirar y aspirar según el pensamiento. Nunca se debe extender la derecha al colérico, al excitado, al apoplético; ni la izquierda al agotado, al afligido y al débil. La mano derecha debe acariciar al último y la izquierda tiene que calmar al primero. Ambas polaridades forman la Ley.

217º El Fluido solar proveniente del Astro Rey es el mismo que el del centro cerebral del organismo humano y el fluido lunar es igual al medular y simpático inferior; para la depresión lunar hay que fortificarse con la energía solar y para la excitación solar hay que calmarse con el fluido lunar.

218º La depresión y la cólera son dos puertas: una a la derecha y otra a la izquierda del centro medular, por donde penetran los mensajeros del enemigo que reside en el bajo vientre; estos mensajeros son los gérmenes de la enfermedad y de la destrucción del organismo; el único remedio es el equilibrio por medio del pensamiento de felicidad.

219º Cuando la depresión invade hay que cerrar la ventanilla izquierda y respirar por la derecha, y cuando la cólera domina, hay que cerrar la derecha y respirar por la izquierda. La aspiración por la derecha evita el enfriamiento, y la aspiración por la izquierda refresca en el calor y baja la fiebre.

220º La dualidad está en el cuerpo humano; el alma del mundo manifiesta la simpatía masculina en el lado derecho y la simpatía femenina en el lado izquierdo. Pero la aspiración por las ventanillas de la nariz obra en forma de cruz: el aliento por la derecha, que es solar, anima los órganos internos de la parte izquierda. Por eso encontramos el corazón, el órgano más noble del hombre, colocado al lado izquierdo, mientras que el aliento de la izquierda invade los órganos del lado derecho.

221º La sabiduría exige seres normales que tratan de equilibrar la ley, respirando alternativamente por una y otra ventanilla, o llegar al equilibrio perfecto, respirando por ambas al mismo tiempo, de una manera igual. Aquí cabe un consejo para los aspirantes: Cada cual debe estudiar su temperamento: si es muy pasivo, debe, por medio de la respiración derecha, hacerse activo; y si es muy activo, debe aspirar por la izquierda para obtener una dosis de misticismo.

222º También los pensamientos son duales: armónicos e inarmónicos, para no emplear las palabras buenos y malos. Los armónicos vienen al hombre del cerebro derecho, y los inarmónicos del izquierdo. En las escrituras cristianas, estos dos hemisferios del cerebro están simbolizados por Galilea y Cafarnaum; Edén y Tinieblas externas; Fe y Duda, etc., Estos dos hemisferios en el hombre son los dos conductores por donde se diversifica el alma del mundo, y manifiesta sus emanaciones. El amor, la dulzura, el sacrificio, la actividad y todo sentimiento armónico, son elaborados en el cerebro derecho; el odio, la crueldad, el egoísmo, etc., vienen del izquierdo.

223º En el estado inarmónico, el hombre debe dirigir su pensamiento al cerebro derecho y la armonía se restablece nuevamente. También la respiración positiva derecha influye en este estado.

224º Los médicos aconsejan que el hombre debe dormir sobre el lado derecho; este consejo tiene una parte de la verdad;

decimos una parte porque los sensitivos al dormir la mayor parte de la noche sobre el lado derecho, amanecen deprimidos, desganados y sin apetito; nuestro consejo será que el hombre debe dormir sobre el lado izquierdo y para esto hay una ley: al dormir sobre el lado derecho, se abre la ventanilla izquierda y el hombre aspira las influencias lunares negativas; mientras que al acostarse sobre el izquierdo se abre la ventanilla derecha y los átomos positivos solares llenan al hombre y amanece alegre, contento, con apetito y dispuesto a trabajar con más energía. Los sacerdotes hindúes conocen esta ley y caminan de día, sujetando bajo el brazo izquierdo un paraguas u otro objeto que al presionar sobre una arteria debajo del hombro, influye en abrir el lado positivo de la nariz, y de esta manera resisten al cansancio y a la fatiga.

225º Dijo Rama Prasad: "Feliz el que respira." Seguramente quiso decir: Feliz el que respira bien; también nosotros podemos decir: Desdichado el que respira mal; porque la felicidad consiste en pensar y aspirar positivamente, y la desgracia y la enfermedad son para aquellos que piensan y aspiran mal. Cada pensamiento crea un ejército de átomos vivos y cada aspiración absorbe lo que han creado los pensamientos. Entonces debemos comprender que el pensamiento inarmónico es la causa de todo mal y desgracia.

226º Cuando las escrituras dicen que el hombre está vigilado por dos ángeles, uno bueno y otro malo, quiso hacernos entender la verdad aunque por medio de un símbolo. Como el pensamiento influye sobre la sangre propia y ajena, se deduce que el pensamiento negativo entrega todos sus átomos malignos, como un ejército, al demonio oculto en nosotros, y éste puebla nuestro cuerpo con su poder destructor; mientras que los pensamientos buenos entregan sus átomos al ángel de la espada que está en la Puerta Edénica y producen en nosotros la regeneración y el rejuvenecimiento.

227º El hemisferio izquierdo del cerebro es el instrumento del enemigo o demonio, y este instrumento es empleado para herir por medio de la difamación, la calumnia y la crítica acerba que destruye el genio de los demás.

228º El cerebro izquierdo, llamado también por las Escrituras Babilonia, es el que absorbe los átomos de la enfermedad. El Yo Soy por medio de sus ángeles, protege al templo-cuerpo de este enemigo o contrario; el ángel de la intuición es quien más lucha contra la inarmonía del cerebro izquierdo.

229º Desde el centro del corazón, el hombre puede contemplar estos dos mundos opuestos para el equilibrio de la Ley. El izquierdo atrae, por medio de su vehículo o cuerpo de sus deseos, los pensamientos inferiores que se hallan en las bajas etapas del mundo mental y viven de la putrefacción de las fuerzas que han destruido. El derecho atrae, por medio de su vehículo cuerpo vital, los superiores para la positividad de la Ley.

230º El misterio de la Unidad por medio de la dualidad consiste en armonizar y entrefundir los dos cerebros, para que las aspiraciones y respiraciones del hombre y sus pensamientos contrarios lleguen a neutralizarse; por el momento, cada aspirante, al iniciarse internamente, debe luchar con los pensamientos putrefactos para no perder el contacto con Yo Soy; de lo contrario, tendrá que pasar muchas vidas para reanudar este contacto.

231º El mejor medio para evitar este desligamiento o separación, es el cuidar como a la niña de los ojos la energía sexual; porque la lujuria es una puerta ancha, por donde puede entrar la maldad, el odio y todo vicio que degenera al hombre y a todos los que le rodean. Esta influencia degeneradora persiste hasta durante generaciones.

232º La fama, la gloria y el poder buscados y adquiridos por medio de la energía creadora, toman la dirección hacia el sendero del mal. Pronto hablaremos de la magia sexual empleada por las fraternidades negras.

233º No hay que olvidar que en la respiración hay iluminación, la aspiración pasiva es la fuente de la recepción, como lo es método oriental; mientras que la activa es el mejor método para practicar.

234º La vida del hombre debe ser una incesante lucha para el perpetuo equilibrio. Muchos sienten y dicen que hay doble alma inteligente dentro de sí mismo, y dicen la verdad, porque sienten la ley antagónica en ellos. En el hombre hay dos naturalezas inteligentes y fuertes; estas dos naturalezas son llamadas Yo Superior y Yo Inferior. El Yo Superior tiene por ejército todas las entidades elevadas de nuestros pensamientos, palabras y obras buenas: el Yo Inferior es la aglomeración de todo lo bajo. El iniciado, para llegar a adepto, y para unirse con su Intimo, debe disolver con el pensamiento penetrante al primero y al segundo.

235º Sin la dualidad no hay manifestación, y sin la trinidad no hay equilibrio. Todos los órganos del hombre son pares opuestos equilibrados por la nariz, la lengua, el ombligo y el falo. ¿Qué es la sabiduría? Es el equilibrio o la hija de dos principios opuestos.

236º Tenemos dos ojos, dos oídos, dos distintos hemisferios cerebrales, como instrumentos de nuestra inteligencia; dos manos y dos pies, instrumentos de la voluntad. El pensamiento ordinario puede comprender solamente la dualidad, pero la intuición sabe que esta dualidad es el símbolo del árbol de la ciencia del bien y del mal, cuyos frutos hipnóticos causan la muerte o el olvido de la conciencia de la Unidad primordial, esencial y eterna.

237º No en todos está despierto el ojo interno ni el discernimiento para conocer la realidad de la Unidad; por eso este secreto fue celosísimamente guardado, porque nadie podía comprenderlo y los hombres comían, por ignorancia, el fruto mortífero.

238º Los dos principios complementarios, humanizados en todos nuestros órganos, en los dos lados derecho e izquierdo, llegan a su punto de culminación en los dos sexos que integran la raza humana y todos los reinos de la naturaleza. Los dos sexos representan los dos aspectos masculinos y femeninos de la Divinidad. El ser que quiere ingresar al templo de la sabiduría, tiene que volver a la Unidad de la vida.

239º La unidad central se halla en el centro del cerebro, por donde el alma del mundo parte, en el cuerpo físico, en dos líneas distintas; es el ángulo de los masones que representa el oriente o mundo de la realidad divina, indivisible; la parte contraria es el mundo visible, occidente, en donde la Unidad se divide. Siempre el hombre tiene que volver al punto central de la cabeza, al oriente de luz a la única realidad de donde mana todo poder.

240º Cada hombre tiene que ser su mundo y morar en el centro, como un rey que vigila a sus súbditos. Cada cuerpo es un templo y el verdadero hombre es un supremo sacerdote que mantiene la Casa del Señor en orden. Todas las religiones han delineado sus templos, esquemáticamente, de acuerdo con el cuerpo humano: el Arca de Noé, el Tabernáculo, la Pirámide de Keops, el Santuario de Karnac, el Templo de Salomón, la Basílica de San Pedro en Roma, etc., no son más que copia del cuerpo humano. La logia masónica es símbolo del organismo del hombre.

241º Los trabajos dentro del templo, de la Iglesia y de la Logia, son una serie de actividades que se desarrollan dentro del cuerpo de una manera física y espiritual. El sacerdote, para oficiar, se viste con ropa femenina, porque conserva la idea de que por medio de la dualidad se llega a la unión con el Yo Soy, y porque de esta bisexualidad nace el Verbo. El objeto de toda religión y de todo misterio era conducir al hombre al mundo interno y no al externo. El verdadero iniciado es aquel que rasgó el velo leyendo y descifrando los símbolos.

242º La antigua sabiduría enseña que el hombre debe llegar a poseer dos sistemas espinales perfectos, que trabajan juntos armónicamente en su gobierno. Para ello los antiguos simbolizaron este misterio con una figura bicefal, una cabeza masculina y otra femenina, indicando con esto que el hombre fue andrógino y lo será en lo futuro; entonces será negativo y positivo equilibrado y no se reproducirá como lo hace actualmente, y al fin será como al principio. Entonces el hombre dará nacimiento a sus nuevos cuerpos o vehículos y será su propio padre y su propia madre, completos en sí mismo.

243º Los Maestros legaron al mundo la iniciación para hacer posible este proceso en el futuro inmediato y no esperar el curso natural de la Evolución; los místicos le llamaron el Misterio del Fuego, mientras que los ocultistas le llamaron el Misterio del Sexo o la Magia Sexual. Entonces, el

Misterio del Fuego o del sexo es la segunda Llave del Reino.

244º Los antiguos han buscado esta llave del Arcano Supremo del poder del Fuego y los modernos los imitaron, aunque éstos tergiversaron las doctrinas arcaicas. El fuego era y es la Divinidad que arde en el hombre y en el Universo. Es el misterio del Espíritu Santo, que con lenguas de Fuego desciende sobre los discípulos, con lenguas de luz e inspiración en el corazón, altar del alma.

245º Prometeo robó y trajo el fuego divino a los hombres, y porque los hombres lo utilizaron para la destrucción, él fue encadenado para que un buitre le devorara el hígado, hasta que un ser humano dominara al fuego y lo librara de su encadenamiento. Esta profecía la cumplió Hércules, que es el iniciado perfecto, el hijo de la Luz. Prometeo es Lucifer; Lucifer es la estrella matutina, la Estrella matutina es la Virgen María: María es el símbolo de la mujer y la mujer es el emblema de la Naturaleza.

246º El Génesis relata: (Cap. 111-vers. 15) "Enemistad pondré entre tí y la mujer, y entre tu linaje y su linaje; ella quebrantará tu cabeza y tú pondrás acechanzas a su calcañar." El hombre es la Voluntad y el Poder, la mujer es la acción del fuego; por la unión de los dos se formó la sabiduría que modeló la tierra, el Universo, y todos los seres visibles e invisibles. El primero es la vida, la segunda es el movimiento; del cerebro derecho cruza la vida a la zona izquierda y del cerebro izquierdo cruza el movimiento a la zona de la vida, y ambos forman la luz que es mitad vida y mitad acción, y forman la esfera de la unión.

247º Todo hombre que trabaja para difundir su luz en el mundo, es el Iluminado Hércules que salva, a Prometeo encadenado, a la Naturaleza por medio de la Espiritualización.

248º En el hombre hay tres soles: el Sol Padre en la cabeza que ilumina; el Sol Madre o E. S. en el sexo, que alimenta y fortalece el cuerpo, y el Sol Hijo en el corazón, que desarrolla la inteligencia, o en otros términos, el Sol Intimo manifiesta su calor en el sexo, su vitalidad en el corazón y su luz en el cerebro.

249º Las vírgenes vestales de los Templos antiguos eran las encargadas de mantener siempre el fuego del altar; es a la mujer a quien cabe este privilegio de encender esta llama sagrada en el templo divino, en el cuerpo del hombre.

250º La mujer es el delegado Supremo de la Deidad, es ella la que debe encender el fuego del altar en el corazón del hombre; porque es ella solamente capaz de atraer o producir el fuego divino o la fuerza generadora al hombre. Pero el fuego es humo y luz y el hombre quien debe escoger entre uno y otro.

251º Los sacerdotes antiguos empleaban sustancias, hierbas, animales para atraer la luz astral o el Alma del mundo, de una manera especial; pero los iluminados modernos han suprimido toda planta y todo animal para sustituirlos con el magnetismo de la mujer en sus trabajos de alta magia.

252º Hasta el cristianismo adquirió el incensario que representa el cuerpo humano, el fuego del incesario es la chispa espiritual de la Llama Divina y el incienso es el símbolo del germen espiritual encerrado en el corazón del hombre. La llama consume el incienso y el fuego espiritual del corazón consume la naturaleza inferior del hombre.

253º La Virgen María o la mujer, es la que debe espiritualizar esa materia densa humana, y elevarla como fragante incienso, hasta el Altísimo. Uno de los significados de la cruz es la fricción de dos palos cruzados para reproducir el fuego, un significado fálico, emblema del fuego Cósmico.

254º El fuego encendido por la mujer en la gaseosa sangre del hombre, circula por el sistema, anima y mantiene el cuerpo en contacto con el Alma del mundo, por medio de sus rayos áuricos y centros magnéticos.

255º La Llama Sagrada encendida por la mujer se traduce en humo en el sexo, el hígado le transforma en calor en el corazón y la glándula pineal en luz en el cerebro. Toda esta trasmutación depende de la imaginación del hombre; si la imaginación se dirige abajo, durante la llama, atrae materias cerebrales para aumentar el humo sofocante y si se eleva al corazón y al cerebro, produce el calor del amor en el uno y la luz en el otro.

256º Se nos ha enseñado que el hígado es la fuente de la imaginación.
También el Mar Rojo cruzado por los hebreos (de Iaber), el que cruza, el que pasa y de esta palabra viene (Pascuas) significa que el hombre debe pasar o cruzar la naturaleza emocional que brota de los centros formadores de la sangre, del hígado y entra por la puerta defendida por el Querube, al Paraíso de la Luz, al Reino de los Cielos, a la Tierra de promisión.

257º El fuego atizado por la mujer debe ascender por la médula espinal hasta el cerebro de donde sale por el occipucio como luz dorada, como nimbo, que los artistas clarividentes pintaron alrededor de las cabezas de los santos, y que significa la regeneración del hombre o su iluminación.

258º Los antiguos adoraban a Dios, colocando sobre sus altares la figura o la imagen de un hombre; los mismos cristianos colocan en sus altares al hombre y a la mujer, Jesús y María, José y María.
Sabemos de una secta del Oriente que adora solamente a la Divinidad bajo la forma femenina, y colocan en sus altares a la mujer. Primitivamente esta adoración tenía por objeto el llegar a descubrir los misterios de la Divinidad en el hombre. Los antiguos comprendían y sentían perfectamente lo dicho por Hermes: "Como es arriba, así es abajo". Comprendían que cada parte del organismo humano tenía su significado secreto; las medidas de este cuerpo y sus movimientos, servían para medir todas las partes del Cosmos y conocer con exactitud sus movimientos. Ejemplos de esta sabiduría los conservan la Pirámide de Egipto, el Arca de Noé, el Templo de Salomón.

259º Cuando el tiempo echó el velo de la ignorancia sobre las mentes humanas, comenzó el hombre a adorar el símbolo en sí, olvidando la Realidad Simbolizada y dio a cada acto de sus misterios un significado objetivo. El mundo actual aprende lo que le dictan los sentidos externos y no se detiene a estudiar inteligentemente el mundo interno del hombre para llegar a descubrir el verdadero arcano de la Sabiduría.

260º Cuando el hombre vuelva al Reino Interno y Subjetivo entonces comprenderá las palabras del Divino Maestro que dice: "El Reino de los Cielos está dentro de vosotros." Comprenderá que Adán no es un hombre, sino la primera emanación positiva del Absoluto.
Que Eva no es una mujer, sino la segunda emanación pasiva.
Que el Jardín del Edén está en el cuerpo que reune estas polaridades.
Que la Tierra de promisión es el cuerpo humano.
Que el Santo Sepulcro es el corazón. Que Judas es el propio egoísmo. Que el Mar Rojo es la naturaleza emocional del hígado del hombre.
Que los Evangelios son un relato de la vida pasada del hombre, y que el Apocalipsis es el de la vida futura.
Que el espíritu del hombre es el sol Central que arde como una llama solar.
Que en el Reino Interno es halla el Absoluto, manifestado por la Dualidad y conocido por la Trinidad.
Que los siete ángeles del Señor son sus siete centros y cada uno está presidido por un espíritu planetario.
Que el Reino de los Cielos está dentro del hombre, en la cabeza; el de la Tierra en el pecho y el del infierno en el bajo vientre.
Que el fuego infernal arde eternamente en el sexo y atormenta al que lo busque y que Lucifer, la Bestia, está en esta parte del cuerpo.
Que la serpiente del Edén que engañó al hombre, está en la parte izquierda de la espina dorsal, y la serpiente del desierto en la parte derecha.
Que el Querube con la espada flamígera, está en la mitad de la espina dorsal, que impide al profano la entrada al reino de Dios, si no se ha iniciado en los misterios internos.
Que el árbol de la Vida y del Conocimiento del Bien y del Mal, en medio del Jardín del Edén, es el sexo que está en medio del cuerpo humano.
Que los centros del cuerpo humano despiden energías que se cruzan y entrecruzan por interminables corrientes:

es la contraparte del sistema solar, con sus astros y planetas (soles y lunas y cometas), que giran regular e irregularmente alrededor del Unico Centro, Yo SOY.
Que las oleadas de vida emanadas de Dios, a todo el Universo, es el mismo sistema nervioso que comunica todas las partes con el Intimo, en quien viven, se mueven y tienen el Ser. Que la crucifixión del Cristo es un suceso que se repite dentro del cuerpo; su sepultura en una tumba nueva, esto es un cuerpo nuevo, cada reencarnación; su descendimiento al infierno, al saco en donde arde el fuego eterno, para librar a los buenos átomos y resucitarlos con su resurrección y atraerlos con El en la Ascensión al Cielo o Cabeza, y sentarse a la derecha del Padre. Todos estos misterios eran revelados a aquellos que habían demostrado ser dignos de poseer el misterio del Fuego, llave de la vida y de la muerte.

261º Que el Hijo de Dios es el hijo del fuego sagrado, mientras que el Hijo del Hombre es el hijo de los deseos humanos, representados en la Biblia por Adán y Eva, Caín y Abel, aunque estos dos hermanos son enemigos acerbos y el uno mata al otro; pero en el misterio de Adán y Eva, tienen que vivir el uno con el otro, para volver a la completa Unidad, porque dentro de todo ser viviente, tienen que existir el uno y el otro.
Que cada hombre debe ser Rey y Sacerdote al mismo tiempo. Que el Espíritu unge al cuerpo de Rey de la Creación, porque el Espíritu es el Sacerdote del Altísimo.

262º Este es el Misterio de la Dualidad, del Binario, del equilibrio del hombre y de la mujer.
El espíritu no es masculino ni femenino; no es positivo ni negativo: es andrógino y neutro. Por tal motivo, crea cuerpos andróginos. Pero la mente humana tiene que pasar por muchas etapas de la evolución para poder comprender el misterio de la Unidad y las palabras de Cristo, al decir: "En aquellos tiempos no se casarán ni serán casados, ni engendrarán ni serán engendrados, sino que vivirán como ángeles ante mi Padre."

263º Cuando el hombre vuelva a ser andrógino, será un Dios completo; pero mientras tenga un sexo diferente, será la mitad de un Dios y necesita de la mujer para divinizarse.

Por el momento es la mujer la que perfecciona al hombre y el hombre a la mujer, porque los dos se complementan en la Unidad.

264º Los Iniciados, los Santos, los Maestros, pueden llegar al equilibrio sin la intervención del sexo, porque han podido desarrollar igualmente las dos polaridades por medio de la verdadera intuición. Por tanto esta insignificante obra no está escrita para ellos; tampoco está escrita para aquelos que quieren ver para creer, aunque hemos descubierto por medios naturales, ver lo que está más allá de la materia; porque el que no cree, aunque viera no creería. Solamente hemos escrito estas páginas para aquellos corazones que buscan la verdad interna.

265º Cada individuo está provisto de dos elementos de magnetismo universal, del Anima Mundi, llámesele como quiera: el elemento positivo y protector y el elemento negativo o atractivo. Los plexos o centros son los polos dispuestos en diferentes lugares del cuerpo. Ya hablaremos de ellos más adelante.

No obstante, hay ciertos temperamentos que son más proyectores que atractivos, y en otros sucede lo contrario. Quien llega al equilibrio, será un Dios y por eso hemos dicho que sólo los Santos, los Maestros y los Grandes Iniciados son los que llegan a semejante estado.

El fluido en el cuerpo nunca está estacionado sino que circula de un individuo a otro.

Por consiguiente, cuando un hombre de temperamento positivo se reune con una mujer, que es de temperamento receptivo o negativo, se produce un intercambio que activa en el organismo cierto calor de índole desconocida: este es el fluido que surge y penetra en los centros vitales del cuerpo, sobre todo si no tiene el estorbo de los vestidos.

266º Todo lo que activa la circulación de la sangre aumenta el volumen del fluido; por lo tanto los cinco sentidos son los medios de esta combustión que aceleran este movimiento.

267º El cuerpo es una pila inagotable, que expele magnetismo por los plexos positivos. Hasta en los Centros magnéticos existe esta doble polaridad. El fuego sagrado expelido por los centros positivos, comunican al hombre con las huestes superiores; mientras que los centros pasivos o atractivos reciben este fuego superior; este es el objeto de la llave del poder en la dualidad.

268º El hombre y la mujer proporcionan simultáneamente:
1. Mayor actividad y libertad de los centros magnéticos.
2. Alcanzar con éste el mayor grado de vibraciones que los capacita para comunicarse con los dioses externos, que tienen sus representantes en el mismo cuerpo, y
3. Se transforman en este estado en verdaderos creadores.

269º Aquellos que no creen en la fuerza del magnetismo pueden comprobarlo por sí mismos en la misma materia.
Suspéndase en un hilo flexible de una longitud de dos metros o más, un anillo de plata. De otro hilo igual, suspéndase otro de cobre; si no hay anillos pueden servir otros objetos de peso, pero que sean de plata y de cobre, porque el primer metal es positivo y el segundo es negativo.
Una vez colocados los dos hilos con los objetos suspendidos, el operador se coloca entre ambos, extendiendo la mano derecha abierta horizontalmente hacia el hilo que contiene el anillo de plata y a la izquierda al de cobre, que ambos están a buena distancia.
Tras algunos momentos de quietud, en este estado, una de las dos masas se moverá; luego la segunda.
La que se mueve primero indica la clase de temperamento magnético que tiene el sujeto: si es la de plata, él es positivo proyector; si el de cobre, es negativo receptor; pero durante este experimento el sujeto no debe cargar sobre sí ningún metal, y sobre todo quitarse los anillos de los dedos.

270º Por el mismo procedimiento se puede estudiar la armonía que se halla entre el hombre y la mujer, sobre todo entre los novios que piensan contraer matrimonio; porque si en la mujer predomina el mismo temperamento que en el hombre, este matrimonio no debe realizarse, porque la Ley del Binario no está equilibrada.
Mientras menos están las prendas de vestir sobre el cuerpo, será mayor el movimiento, porque cuando el hombre está desnudo mucho más serán las irradiaciones.

271º En la misma naturaleza se hallan dos ritmos: la noche y el día: la noche es atractiva y el día es activo. El hombre también, durante el día es activo y durante la noche es pasivo; es decir, que durante la noche puede atraer hacia sí el aura de las huestes superiores, mientras que durante el día puede comunicar la suya a todos los seres.

272º Ya se ha dicho en la segunda clave de la obra "PODERES o EL LIBRO QUE DIVINIZA": Hay que buscar a la esposa espiritual... Hay que amarla sin deseo y adorarla sin profanación.
El objeto de esta clave es encender en el hombre el fuego sagrado. Actualmente algunos sabios recomiendan que cuando el hombre desea entregarse a un trabajo mental o intelectual intenso, procure encender este fuego, por una excitación genésica, pero naturalmente, no debe apagarlo. Porque esta excitación facilita el trabajo, dando a la mente intuitiva cierta elasticidad para tocar ciertas fuentes de iluminación ignoradas por la mente objetiva. Nosotros no nos detenemos solamente en esto, al contrario, nos vamos mucho más lejos. Ya hemos dicho en la obra "PODERES", que este fuego sagrado creará felicidad, sabiduría, abundancia, valor y hará del hombre un Dios en la tierra.

273º Cuando la mujer enciende en el hombre, y éste en ella, el fuego sagrado o la energía llamada la fuerza solar, entonces se puede decir que el hombre está en camino de la Gran Iniciación Interna, porque esta energía, al brotar, asciende por la médula y llega a los diversos centros del cuerpo, activando en cada uno su propia luz y su propia nota. Entonces el Hombre podría distinguir al propio Cristo que nuevamente está de vuelta y leerá el nombre del Salvador, compuesto de siete vocales de la naturaleza, que están escritas en los siete centros magnéticos del cuerpo. Este mismo fuego encendido le dará sabiduría para vocalizarlos; entonces se sintoniza con la Conciencia de la Naturaleza, y recibe la contestación de su salvador.

274º Este fuego puede consumir toda traba que se halla entre hombre y su Salvador cuando está bien dirigida. Cuando invade todo el sistema nervioso, entonces transformará al hombre para engendrar en él al Salvador del Mundo. Este es el renacimiento del cual habla Jesús en el Evangelio.

En este estado, asciende a la cima de la montaña a la que iba Jesús a orar; esto es, a la parte superior del cráneo que despide el fuego sagrado.

275º Cuando esto sucede, llega el hombre a la unión perfecta con el mismo Dios Intimo o Interno.

La zarza de Horeb habrá ardido en todo el sistema nervioso, sin consumirlo, y el Iniciado penetra en el Reino de Dios Interno, en donde iniciará su dominio en el cielo y en la tierra, en el positivo y negativo, porque ya se convierte en el Uno.

Cuando el fuego sagrado asciende a la cabeza, allí se transforma en luz, y se dice que el hombre es iluminado; porque allí se halla la Gran Escuela Mental, dirigida por los Señores de la Mente abstracta y el Iluminado se coloca al unísono de la Gran Inteligencia; será el omnisciente y estará más allá, mucho más allá, de lo que los hombres llaman la ciencia del futuro. Por eso dicen que el genio viene antes de tiempo; porque en un momento dado, el genio vio la luz de la fuerza solar, mucho más allá del presente.

276º El Salvador es el que, en el hombre, enciende el fuego apagado del corazón y su llama alcanza entonces la mente, para que este fuego vuelva a descender el día de Pentecostés sobre los discípulos en forma de lenguas de llama solar, otorgándonos el don de las lenguas.

El don de las lenguas no significa el poseer y hablar muchos idiomas, sino el aprender el idioma universal de la naturaleza; este lenguaje es común y es aprendido por toda mente y todo corazón. Mientras el hombre vive en el humo de este fuego, sigue construyendo torres de Babel que causan la confusión de las lenguas.

277º Cuando la mujer atiza el fuego sagrado en el hombre, y el hombre no trata de apagarlo, él se convierte en una luz en un mundo de tinieblas y todos los seres maléficos van contra él; pero chocan contra esta armadura luminosa, como las olas contra las rocas. El Iniciado se olvida de sus propios sufrimientos, y sólo sufrirá los ajenos; pero más tarde se convierte en inmune: ni dolor, ni aflicción, ni enfermedad, ni ningún contratiempo, puede afectarle más de lo que puede afectar una nube delante del sol. No ha errado la Iglesia Católica en copiar la letanía de Isis y aplicarla a la Virgen María, en donde se traslucen tantos misterios en la mujer, cuando invoca diciendo: Refugio de los pecadores; consuelo de los afiglidos; Arca de la alianza; Puerta del Cielo, Estrella Matutina, curación de los enfermos, etc., pues esto, y mucho más, puede la mujer otorgar al hombre al mantener en él el fuego divino siempre, y sin tratar de apagarlo. Salud, Felicidad, Poder, Abundancia, Sabiduría, Santidad, etc., serán vasallos del hombre.

278º Hay que recordar siempre que el hombre es igual a la mecha, y la mujer al fuego, y el pensamiento es el que produce humo o calor o luz. Y, aquel que ve esta luz puede leer en su cerebro el mapa del sistema solar.

279º El hombre vive de tres alimentos, a saber: el alimento físico que nutre al cuerpo; la aspiración, al cuerpo anímico, y el pensamiento, al cuerpo mental. Así como el cuerpo físico recibe su nutrición de los átomos del alimento, el anímico, de los átomos atmosféricos, así también el mental recibe su alimentación de la atmósfera del pensamiento que le rodea. Aquí llegamos al punto importantísimo del ayuno. Según nuestro falible entender, el ayuno no significa solamente la abstinencia de comer, sino según la etimología de la palabra, viene de (A-sin) y (Yunar-juntar, unir), esto es, sin unión sexual; de manera que es interesante notar que cuando un hombre ayuna durante unos días, se efectúan en él dos fenómenos: el primero, al no comer se disminuye la densidad atómica del cuerpo; y el segundo, por no apagar el fuego creador, éste, al ascender a la cabeza, se siente mentalmente estimulado.

Cuando dijo Jesús: "Los padres comen el agraz y los hijos sufren la dentera", ha revelado una verdad. La energía seminal o el fuego sagrado, es una energía hereditaria; si la humanidad actual no engendra hombres fuertes, física y espiritualmente, es porque los padres no supieron conservar su energía creadora.

280º Muchos discípulos hablan del Maestro y la mayoría de ellos no comprenden todavía quién es él. El verdadero maestro es una fuerza superior que puede tener o no un cuerpo físico. Esta fuerza divina es el conjunto del fuego sagrado que al ascender a la cabeza, allí se convierte en átomos de luz, que ilumina al discípulo para poder entrar en su mundo interior.
A la luz de este átomo, aprende el iniciado los misterios de la naturaleza, que es la casa de Dios, de la cual la mujer es su santuario; se ilustra en la ley secreta del binario, aprende el misterio de la Cábala, de la Iglesia, de la Madre, etc., y toda sabiduría que se encierra en la mujer.

281º La futura salvación del hombre depende de la mujer, que algún día será verdadera santa vestal del hombre en el que enciende y conserva el fuego sagrado.
El hombre ante la mujer, debe elegir entre la libertad y la esclavitud: la libertad es la iluminación y la esclavitud es la muerte; son los dos platillos de la balanza en la mujer, con fines evolutivos; es el pensamiento quien registra la inclinación de la balanza.
La ley de la oposición es la ley de la atracción al mismo tiempo. Cuando un mal nos ataca, es porque lo ha atraído la misma fuerza del mal que está en nosotros, para atormentarnos; esta es la ley.
El hombre debe proteger a la mujer de sí mismo como protege su ojo o su mano izquierda.

282º El verdadero maestro es esa entidad de luz que se halla en el centro del cerebro; no trata de aniquilar al ángel de las tinieblas en la base de la espina dorsal; porque este último proporciona el combustible en la zarza del sistema nervioso y el Yo Soy convierte el fuego en luz. Esta entidad negra es un maestro también, cuyas enseñanzas necesitamos hasta hoy, él nos comunica siempre el poder de hacer milagros por medio del deseo ardiente; mientras que la entidad blanca es quien nos da la sabiduría desde la cabeza, para mantenerla y no tratar de apagarla.

283º Una vez que el Iniciado siente la influencia lunar y solar, sus ojos se abren para apreciar el valor de la parte pasiva en su lado izquierdo o en el cuerpo de la mujer, cuyas corrientes fluyen como fuentes de inteligencia que por el momento son de tendencia pasiva, pero fueron escalones para que el hombre ascienda hasta la Inteligencia Superior.

284º La mujer es la inmensidad de la Naturaleza, en cuyo vientre reside el Emmanuel: Dios con nosotros. En el vientre de la mujer está escondida la máxima sabiduría, pero esta sabiduría está al fondo de un abismo oscuro y peligroso; a este abismo hay que bajar ayudado por la Luz. Pero quien desciende guiado por el humo de sus ardientes deseos, se estrellará infaliblemente.
La mujer debe pisotear la luna para poder otorgar la sabiduría secreta al hombre.

285º Toda persona puede ver un ejemplo de esa luz sagrada. De noche o en la oscuridad basta presionar suavemente, con el dedo, el globo del ojo y se ve con los ojos cerrados una luz brillantísima; de día hay ciertas personas que ven, no con los ojos, chispas luminosas que salen de los ojos: estas chispas son de naturaleza de luz sagrada, y se las debe ordenar que vuelvan al cerebro, de donde salieron, y ellas obedecen dócilmente.

286º "Y los dos serán una sola carne", dice el Evangelio. La Torre de Babel y la Pirámide egipcia tienen el significado del Binario, o de la unión del hombre con la mujer: en Babel, la torre es la unión de la tierra con el cielo; en Egipto, la Pirámide es la unión del cielo con la tierra. Y en la visión de Jacob, "había una escala apoyada en la tierra, y su extremo tocaba al cielo. Y los ángeles de Dios subían y bajaban por esa escala".
"De tus caderas hizo trono, y Tu vientre más vasto que los cielos", canta la Iglesia en sus letanías a la Virgen. Benditos son los ojos que ven a Dios en las entrañas de la mujer.

287º "Y dijo Jehová Dios: He aquí al hombre: es como uno de Nosotros en saber el bien y el mal; ahora pues, impidámosle que alargue su mano y que tome también el árbol de la vida y coma, y viva para siempre."

¿Hasta cuándo sigue el hombre ciego y torpe para no ver, ni comprender el misterio de estas palabras? ¿Hasta cuándo sigue el hombre el camino de la muerte, siendo inmortal?

"El Señor puso el Paraíso en tierra del Edén", en Oriente, en la cabeza y cuando se aleja de ella hacia el Occidente, el sexo prostituido, la llora como el paraíso perdido."

Es la mujer quien había hecho al hombre uno de los Dioses. ¿Por qué el misterio de los dos, es el misterio de la Unidad?

288º Cuando los dos sean uno, una sola carne, cuando lo masculino sea femenino y no haya femenino ni masculino, vendrá el reinado de Dios. La Tercera persona de la Santísima Trinidad es una persona femenina: Pneuma=soplo, pertenece al género neutro; Spiritus, en latín, es en masculino; Ruach, en hebreo, es unas veces masculino y otras veces femenino; Ruach, en arameo, es siempre femenino. Jesús enseñaba su Evangelio en lengua aramea, y su enseñanza tocaba el misterio del Ser Femenino en Dios.

En donde hay solamente lo masculino, todavía no hay sexo, todavía no hay Divinidad. El sexo entra en Dios con el Ser Femenino.

289º "Hay que amarla sin deseo y adorarla sin profanación. Quien adora a Dios en la mujer, no necesita ir a ningún templo", se ha dicho en "PODERES", porque la Naturaleza es el templo de Dios, y la mujer es el sagrario que santifica el templo; es el Santo de los Santos.

Sancta Sanctorum era un recinto en el templo, cerrado por tres lados, por paredes en blanco, y cuya única abertura estaba cubierta por una cortina. Este era el sarcófago o tumba del Dios Solar, a quien el templo estaba consagrado.

Esta tumba es el símbolo de la resurrección cósmica, solar y humana; es el despertar a la nueva existencia.

290º El Arca de la Alianza de la Biblia, tiene el mismo significado y símbolo de la Matriz de la Naturaleza y la Resurrección. Así también, en lo humano, la Matriz de la Mujer es la Tumba del Alma y su Resurrección a la Nueva Vida.

Aquel que adora a la mujer, sin profanar su sagrario o el Santo de los Santos, forzosamente tiene que resucitar a la nueva vida espiritual.

291º El Arca de Noé, en la cual se conservan los seres vivos necesarios para volver a poblar la tierra, corresponde al ombligo de la mujer. El ombligo está unido por la placenta, con el receptáculo, en donde se halla el embrión en la matriz que contiene los gérmenes de todas las cosas vivas.

La Cámara del Rey, en la Pirámide de Egipto, es la representación de la Matriz de la mujer. El Iniciado, que representa al Dios-hombre, tenía que ser colocado en el sarcófago y representar el rayo vivificador, penetrando en la Matriz fecunda de la naturaleza, al salir en la mañana del tercer día, representaba la resurrección de la vida, después de la muerte.

292º La Tumba es el símbolo del Principio Femenino en el Cosmos, en la Naturaleza y en el hombre. El mismo Jesús el Cristo, ha cumplido este misterio pasando por las fases de la ley.

Todos los símbolos de las religiones, tales como Barco, Nave, Recipiente, Cáliz, Ballena, Mar, Luna nueva, etc., son símbolos de la mujer y el principio femenino en el hombre.

También las personificaciones de estos símbolos: Venus, Astarté, Madre de Dios, Reina de los Cielos, Reina del Abismo o de la Tierra, Reino de la Fecundidad, Madre del Salvador, Eva, Virgen María, Vestal, etc., representa la mujer o el principio femenino, o el Espíritu Santo.

Los antiguos sabían disfrazar el misterio de los arcanos con símbolos: la Nave, o media luna, el barco de la vida, era la Madre, la Mujer cuyo secreto o sabiduría a nadie se le enseña, excepto al... **Más elevado.**

293º ¿Quién es el Más elevado? Es el Yod, es el Dios Masculino... Ya se ha dicho que la Cámara del Rey en la Pirámide de Egipto es el Santo de los Santos, símbolo de la Matriz de la Naturaleza y de la Mujer. Ningún hombre podía entrar, por el pasaje de entrada, a la Cámara del Rey, con el cuerpo erguido, sino que tenía que encorvarse, y el hombre encorvado para entrar al

Santo de los Santos, es Jehová de los hebreos, o el Espíritu Santo de los cristianos, el dador de vida por la acción generadora...

294º Dice la Biblia: "Dios creó al hombre a su propia imagen, a la imagen de Dios El le creó, macho hembra los creó." Y no como se ha traducido "macho y hembra", porque siendo el hombre a imagen de Dios, no debe ser ni macho ni hembra sino Andrógino; pero cuando después se realizó la separación del sexo, fue necesario que Adán conociera a su mujer para Convertirse, nuevamente, en creador a imagen de Dios. "La suma de mi nombre es Sacr, el portador del germen", dice Jehová a Moisés. De manera que Yod— Eva o Jehová significa el matrimonio que es un **Sacramento** en la Iglesia. Todas las diferencias radican en que las regiones exotéricas han tomado el misterio de los Dos, como cosa real y es completamente metafísico y espiritual. Entonces la diferencia está en el sentimiento, pero los símbolos bíblicos son idénticos.

295º La Etica del primer símbolo, el hombre encorvado a la entrada del Santo de los Santos, significaba la concepción y el renacimiento del individuo y su regeneración por medio del Fuego Sagrado, para convertirse en el ser espiritual que es antes de su nacimiento físico. Las religiones exotéricas maldicen este oculto, sublime y grandioso significado y lo traduden en la caída del espíritu de la generación y se horrorizan al hablar del sexo y de su unión.

296º De todo lo dicho anteriormente, debemos tener la comprensión de que la unión sexual, representada por la entrada al sarcófago, en la cámara del Rey, al Santo de los Santos en el Tabernáculo o el Templo de Salomón; la adoración de Noé en el Arca o también en el Santo de los Santos, significan regeneración, mas no generación. En este Santuario de los Santuarios es donde se convierten los hombres en sacerdotes inmortales e Hijos de la carne.

El verdadero misterio de los dos era y es demasiado sagrado para poderse revelar al vulgo; pero tenemos la

seguridad de que la comprensión no penetra sino en la mente del que merece comprender las enseñanzas.
El Arca de la Alianza denuncia el misterio de los dos o de Jehová: el Yod o "falo" y Heva la abertura o matriz.

297º María dijo al ángel: "¿Cómo ha de ser, si no conozco marido?" El ángel respondió: "El Espíritu Santo descenderá sobre Ti y la fuerza del Altísimo os bendecirá."
Esta es la llave del reino en la Dualidad: el Espíritu Santo es la Madre, el Altísimo es el Padre. En el cuerpo purísimo de María, el Padre se unió a la Madre. Dios es Padre-Madre, pese al cristianismo exotérico y a toda otra religión. El Hijo del hombre es la sombra del Hijo de Dios, todavía por venir cuando se une al Altísimo, al Espíritu Santo.
"El Eterno te ha reclamado como el esposo reclama a la esposa" (Is., 1-6). Dios Hombre es el desposado de la Diosa Mujer y será una misma carne. Entonces Dios es El y Ella juntos, Hombre y Mujer, El Padre-Madre es el Dios verdadero creador. Es Adán-Eva, "a imagen y semejanza de Dios".
Los dos sexos separados en la materia forman la Unidad del Todo en el Espíritu.

298º Todo individuo de un sexo determinado guarda en sí el embrión del sexo opuesto y encierra al ser en su integridad perfecta o la personalidad futura; porque sin la unisexualidad no hay **impersonalidad** y sin la bisexualidad no hay **personalidad**.
El hombre que no tiene algo de femenino y la mujer que no tiene algo de masculino, serán como las bestias, macho y hembra, pero no seres humanos.
Este misterio se cumple en el cielo del hombre: es el misterio del sexo que conduce al hombre a la vida eterna, a la resurrección.
Así llevan los ángeles atómicos, del cielo del hombre a su tierra el polen del Arbol de la Vida. Esta simiente es traída del mundo Divino para ser sembrada en la matriz de la naturaleza-mujer y vive por el sentimiento y el amor.

299º Toda unión —dijo un sabio— es un paso de constelaciones enteras de almas humanas, Vía Láctea, Vía Celeste.

El Misterio de los Dos, es el Misterio del Espíritu Santo: quien blasfema contra este misterio no será perdonado. "Y preguntaron a Jesús: ¿Cuándo vendrá tu reino? Y dijo El: "Cuando dos sean uno, y lo masculino pase a ser femenino y no haya masculino ni femenino ya." (Clemente de Alejandría: Stromata, XIII-92.)

300º El hombre para volver a la Divinidad debe tener una mujer en sí y no una mujer para sí. Muy pocas mentes son capaces de pensar por sí mismas, porque están dominadas por los átomos de la bisexualidad.
Cuando evoca la mujer en el hombre, y éste en ella la llama Luminosa, ilumina los siete centros del cuerpo y los compenetra con su poder, teniendo en cuenta que esta llama no debe ser apagada.

301º Esta llama en el sacro, convierte al hombre en creador. Conocerá sus vidas pasadas que están escritas en la base de la espina dorsal, comprenderá y sentirá el misterio del Espíritu Santo con su fuego creador. El en centro esplénico verá el desarrollo de la vida y de la salud corporal, mental y espiritual, y este fuego será en el cuerpo el elixir de la vida. En el centro del ombligo adquirirá el poder de la intuición y el don de la profecía, lo futuro y lo pasado se convertirán en presente. En el centro cardíaco siente el hombre el nacimiento del Cristo en él y comprende el objeto de su Sacrificio y el significado verdadero de las religiones y ciencias. En el centro laríngeo adquiere la clariaudiencia y oirá los sonidos celestiales para traducirlos y vocalizarlos en palabras creadoras, constructivas. Y entonces podrá decir con Cristo: "Mi palabra es la verdad que sale de la boca de Dios", y luego obtendrá el don de las lenguas. En el centro frontal, llegará —por medio de la intuición— a ver hasta el corazón de la Tierra y el cielo estará siempre abierto delante de él. Conocerá sus vidas futuras y el desarrollo de la evolución del Universo. Y cuando ascienda esta luz al centro coronario ya puede sentir y decir al mismo tiempo:
Yo soy El; El es Yo, porque ha llegado a la última etapa de la evolución, se convierte en la misma Divinidad. Cada centro tiene siete puertas y tras cada puerta se

hallan siete atributos de lo Absoluto; pero cada atributo tiene una relación directa con cada puerta y cada puerta tiene un pasaje secreto a cada centro.

302º El Supremo Poder, lo Asoluto recibe nombre distinto en cada religión: Dios, Alá, Ormuz, Ishvara, Brahma, etc. Pero como todos estos nombres designan un ser personal, nosotros le llamamos con un nombre Impersonal: el Intimo o YO SOY.

Yo Soy, es siempre Unidad, pero como Creador y Autor del Universo se manifiesta en tres modos fundamentales: Primero Padre, Segundo el Hijo y Tercero el Espíritu Santo. Esta trinidad se halla en todas las religiones: en la egipcia tenemos a Osiris, Isis y Horus; en la escandinava a Odin, Freyre y Thor. Asirios y fenicios tenían Anu, Ea y Bel; la cábala judía: Kether, Binah y Chokmah, etc., etc.

Para nosotros, que vivimos en un ambiente cristiano, seguimos la nomenclatura cristiana: Padre, Hijo y Espíritu Santo. A estos tres aspectos del YO SOY corresponden los tres atributos: Poder, Sabiduría y Actividad.

303º Cuando el YO SOY quiso manifestarse, emanó de sí la materia primordial a la cual dirigió sus tres atributos para plasmar la creación.

El tercer aspecto llamado Espíritu Santo, como fuerza eléctrica, comenzó la realización del plan divino como fuerza material. El vacío del espacio llamado Koilón fue desalojado por su energía formando como burbujas o puntos de conciencia, sostenidos únicamente por el poder de su voluntad. Esto es lo que significa los dos primeros versículos del Génesis: "En el principio creó Dios el Cielo y la tierra. Y la tierra (materia primordial) estaba desnuda y vacía, y las tinieblas estaban sobre la haz del abismo, y el espíritu de Dios era llevado sobre las aguas."

De siete burbujas formó espirales que, a su vez, formaron otras mayores compuestas de siete de las de primer orden, y en igual forma, se construyeron las del segundo, tercero, cuarto, quinto y sexto órdenes.

Diez hilos de espirales de sexto orden se trazaron de una manera particular, semejante a un ovillo de hilo devana-

do en espirales para formar el átomo físico. La materia, pues, no es otra cosa que un conjunto de espirales, de puntos de conciencia del tercer aspecto llamado Espíritu Santo, mantenidos en esa forma por el enfocamiento determinado en su energía.
Este suceso es un misterio que pertenece a todas las regiones.
Los evangelistas que relatan la historia del hombre, simbolizaron este misterio, de una manera muy poética. San Mateo dice: "Y la generación de Jesucristo fue de esta manera: que siendo María su madre desposada con José, antes que viviesen juntos se halló haber concebido en el vientre, de Espíritu Santo." (Cap. 2, vers. 18.)
El profeta dice: "He aquí la Virgen concebirá y parirá hijo; y llamará Emmanuel, que quiere decir con nosotros Dios."
De manera que el descenso del tercer aspecto de la Divinidad, sobre la materia primordial pasiva, está simbolizado por el descenso del Espíritu Santo sobre la Virgen María.
Cuando meditamos cómo se formó el átomo ya podemos comprender varios puntos: la formación del universo, la formación del hombre y el significado del descenso del Espíritu Santo al vientre de María.
San Lucas relata en el capítulo primero y versículos 34 y 35: "Y dijo María al ángel: ¿Cómo será esto porque yo no conozco varón?".
Y respondió el ángel, le dijo: El Espíritu Santo vendrá sobre ti y te hará sombra la virtud del ALTISIMO, y por eso lo santo que nacerá de tí, será llamado hijo de Dios."

304º Cuando el tercer aspecto de lo Absoluto deja constituida la materia-fuerza, aparece el segundo aspecto en el vientre de María o materia física. Al contacto de su Energía, la materia se anima y brota en ella la vida forma.
Esta vida emanada del segundo aspecto o Hijo, agrupa la materia en formas persistentes, únicamente, mientras son objetos de enfocamiento de su energía.
Al descender el segundo aspecto hasta la materia, comunica a los elementos físicos, el poder de combinarse entre sí para formarse los distintos estados, desde el mineral hasta el animal.

305º El primer aspecto llamado Padre esperó hasta que el ser animal, esto es animado por la vida, se individualice del alma de su especie para enviar sobre él un fragmento de sí, de su espíritu, para que empiece su evolución, buscando la divinidad en todo, cuando existe en la Unidad del todo.

De manera que Dios, el Intimo, Yo Soy, considerado por sus tres aspectos es: como Padre, tiene a la naturaleza, María por hija; como hijo, tiene a la naturaleza como madre; como Espíritu Santo, que la fecunda, tiene a la naturaleza por esposa.

306º De una vez por todas debemos comprender lo siguiente: al decir aspecto o persona de la trinidad, nunca jamás debemos imaginar un ser, un hombre o una entidad; porque esta concepción nos conduce a muchos errores; pero al conceptuar las tres personas o manifestaciones de lo Absoluto como Poder, Vida y Movimiento, nuestra inteligencia puede ayudarnos a comprender el misterio de la Trinidad, o de los Tres en uno.

307º El hombre que es la miniatura del universo, y es a la imagen de Dios, tiene el asiento del poder en el átomo que se halla en el impenetrable entrecejo. La vida tiene su morada en otro átomo en la glándula pituitaria y el movimiento está en otro que yace en la glándula pineal.

308º El Primer átomo que representa al Padre, domina la cabeza y la médula, de la energía nerviosa, origen del poder pensante e inteligente.

El átomo Hijo materializa la vida en el tórax, origen del sentimiento, de la pasión y del saber.

El tercer átomo que es movimiento, fabrica la materia.

Mas, por encima de los tres, se halla el cerebro, contraparte del Yo Soy, que abarca a los tres y a todas sus creaciones.

De la unidad del cerebro, emanan todas las diversificaciones en el cuerpo, sin embargo, siguen siendo una Unidad en él.

309º Es preciso comprender que nada hablamos del Yo Soy, pues de El nada sabemos sino que existe; mas, estamos hablando de sus aspectos. El primer aspecto, llamado Padre, no puede manifestarse en un plano inferior al supremo; sólo en el hombre, mientras que el segundo aspecto desciende al plano inmediato inferior —el tórax en el hombre—, de cuya materia se reviste y se diferencia del primero: habita en todo ser vivo. Mientras que el tercero desciende hasta el vientre de María, la materia inerte, para darle movimiento. Estos tres aspectos en la cabeza están al mismo nivel y los tres son uno; pero en su descenso al tórax y al vientre, resultan muy distintos cada uno de su propio plano.

310º Cada uno de los tres aspectos tiene su especial función que cumplir en la preparación y desarrollo del hombre: hemos dicho en el párrafo 208 que los yoguis llaman Pingala al nervio por donde desciende la aspiración positiva, y está situado en el lado derecho de la médula vertebral; Ida, al nervio izquierdo por donde pasa la energía negativa o pasiva y Sushumna a un tercero que conecta con los otros dos, en el ganglio sacro, y sube por el centro de la columna hasta el cerebro, después de repartir diversas energías a todos los centros. Ahora podemos comparar las funciones de los tres aspectos: el Padre no puede manifestarse en un plano inferior al supremo, pero su energía, poder, que semeja la electricidad, afecta al nervio del lado derecho hasta el fin de la espina dorsal. El Espíritu Santo hace bajar su energía movimiento, por el lado izquierdo pasivo, y al llegar a la base de la espina dorsal esta energía unida a la del Padre, se transforma en fuego llamado Fuego Serpentino. El Hijo recibe las energías de los dos y neutralizándolas, forma de ambas la Vida Luz que asciende con ella desde el reino mineral hasta el divino, o desde el bajo vientre, vientre, corazón, hasta la cabeza.

La tríada superior así manifestada, se convierte en Unidad, sea porque Dios se hace hombre, o sea porque el hombre se convierte en Dios por medio del Poder, Vida y Movimiento; por el pensamiento, aspiración y respiración.

311º Con la pureza y la respiración equilibrada de ambas fosas nasales, el hombre equilibra los dos principios en la base de la espina dorsal, y con el pensamiento concentrado puede hacer que ascienda la energía por la médula central hasta el cerebro y formar, alrededor de su cabeza, una aureola de fuerza que despierta al átomo de la glándula pineal. Una vez despertado este átomo, el hombre encuentra a su Maestro. Esto es lo que significa el decir: Cuando el discípulo está preparado, viene el maestro; o lo que equivale a: cuando la mente del discípulo está envuelta con la aureola lumínica de la energía creadora, viene el maestro a ocupar su trono en el cerebro. El Maestro es el mismo Atomo del Espíritu Santo, que antes de la iniciación es latente en el Hombre; pero después de ella deja sentir su voluntad en la mente del Iniciado.

312º Según la aspiración y la perseverancia del hombre se agranda el área de esta aureola, porque mientras más se llena de átomos mentales puros, mayor será su resplandor.

313º Cuando el átomo del Espíritu Santo se convierte en Maestro del hombre, envía sobre él la iluminación y como dice la religión, desciende sobre el Iniciado y éste se convierte en Adepto, en Luz del Mundo; pero tiene que estar preparado para la crucifixión. Así cuando descendió sobre Jesús, éste comenzó su misión y al mismo tiempo se preparaba para la muerte.

314º El Adepto sentirá en este estado que su cerebro es un espejo que refleja los siete sistemas solares, y que tiene en él siete estaciones emisoras y receptoras para comunicarse con los siete sistemas planetarios por medio de sus siete centros magnéticos.

315º El pensamiento es como foco de luz, ilumina su interior como al mismo tiempo el exterior; es también un alimento para el aura mental, así como el alimento físico nutre al cuerpo.
El alimento del físico juega un papel importante en esta aura. Todos los Santos ayunaban para disminuir los átomos densos en el cuerpo, motivo por el cual se estimula la mente.

316º El hombre casto lega a sus hijos un átomo de Espíritu Santo muy robusto y fuerte, mientras que el lujurioso

Ruego ser un canal para el Amor, la verdad y la Curación en el nombre de Cristo y las fuerzas universales de luz

seminiza su energía cerebral y nunca puede tener un pensamiento fuerte, ni superar en su medio.

317º Al despertar el Atomo del Espíritu Santo envía su iluminación en forma de lengua de fuego sobre las doce facultades del alma que simbolizan los doce discípulos del Cristo. En este estado el Adepto puede librarse del demonio, desintegrándolo para siempre.

318º La aspiración pasiva mística puede darnos la iluminación cuando está acompañada con el pensamiento de devoción; pero si la acompaña el pensamiento de odio nos coloca en manos del demonio, y forma de nosotros adeptos satánicos o magos negros, ilustrándonos en la sabiduría de nuestro pasado involucionado inferior.

La respiración negativa es llamada lunar porque nos trae de la luna ciertos átomos que, cuando son muchos, perturban nuestra energía solar en la mente y se dice que el hombre es lunático; pero para una mente sana, estos átomos, son la inspiración de los poetas, artistas e inventores.

319º La mayoría de los enfermos mueren de noche, porque la tierra es como el cuerpo humano, pierde la energía solar positiva cuando la energía lunar domina; por eso es aconsejado dormir de noche sobre el lado izquierdo para que la ventanilla derecha se abra y aproveche del resto de la energía solar durante el sueño.

320º Mientras más aspiramos y respiramos más purificamos nuestra aura mental que es el trono del Maestro, entonces podemos dedicarnos a libertar al YO SOY de la prisión que habíamos construido mentalmente alrededor de El. Mientras más grande el área mental, más se unen y se interfunden los dos hemisferios del cerebro y llega un momento en que se convierten en Unidad; así se desvanece nuestra naturalza inferior, porque ya no recibe alimento de la mente, y ésta ya puede unirse con la envoltura que rodea a todo el cuerpo, para eliminar la cizaña o suciedades que se encuentran en la parte inferior de ella. La devoción y la concentración son los mejores depuradores de estas escorias.

321º Desde el sistema simpático puede el hombre ser iniciado en las iniciaciones pasadas, puede comprender el Génesis y los libros sagrados de todas las religiones con sus repectivos símbolos; pero desde el momento que entre por la puerta del Edén será iniciado en la Cuarta Iniciación Futura o el estado al cual llegará algún día.
El Yo Superior es el Iniciado en la Iniciación pasado. El Atomo Nous, que es la miniatura del hombre perfecto que llegó a la estatura de Cristo, como dice Pablo, será el Iniciador en la Cuarta Iniciación Futura.

322º Los símbolos de las iniciaciones pasadas los encontramos en todas las religiones. La masonería tiene una gran parte de ellos, mientras que los de la Futura se hallan en el Apocalipsis de San Juan. Aquel que concentra la mente en los símbolos pasados recibe del Yo Superior una iluminación que descifra todos los misterios menores encerrados en su sistema simpático, que son reflejos de unas Inteligencias de las esferas pasadas, porque todos estos símbolos están escritos en este sistema; en el sistema nervioso están escritos los del futuro de los cuales habla el Apocalipsis.

323º El Yo Superior inicia al hombre en las iniciaciones menores, en las etapas del mundo mental concreto, después en todas las del deseo, luego en el anímico. El Yo superior le enseña como evitar los peligros de todos ellos, porque en la parte inferior de cada mundo hay etapas terribles y espantosas.

324º Comenzando por el plano mental que es el que sigue al del deseo; éste no está separado de aquel sino por la atmósfera diferente de vibraciones, lo mismo que el cuerpo de deseos del plano físico. El átomo más sutil de la materia astral contiene una envoltura de materia mental densa. El mundo mental no funciona por medio del cerebro, sino en su propio mundo, libertado de las ligaduras del espíritu-material físico. El cerebro no es la mente, pero es el instrumento de la mente que transmite los átomos construidos por ésta al sistema nervioso. El mundo mental está dividido en dos secciones: Superior e inferior. El primero es abstracto, el segundo es concreto y objetivo. En estas dos grandes divisiones viven átomos inteligentes innúmeros, seres que guían el proceso del orden natural y dirigen las legiones que se hallan en ambas divisiones.

325º En el plano Inferior del mental residen átomos inteligentes que vibran de una manera rápida, pero siempre están alcanzados por las vibraciones del deseo; de manera que pueden servir para la armonía y para la desarmonía del Universo.
En este plano inferior reside el amor, como veremos más tarde; pero el amor puede ser egoísta, personal y puede ser altruista impersonal. Es el hombre quien debe dirigir estos átomos según la intención concebida de antemano. El mago Negro puede utilizar estas inteligencias por su amor al mal; mientras que el mago Blanco los utiliza por su amor al Bien.

326º El Mago es aquél ser que obra directamente sobre la esfera mental de sus semejantes. Si los sugiera buenos pensamientos, ideas nobles que les puede ayudar y confortar, se llama Mago blanco, porque toma de sus átomos de luz la energía y la trasmite a su prójimo. Su mayor privilegio y su más intenso goce consiste en ayudar a sus hermanos que luchan, sin que tengan conocimiento de sus servicios, ni la menor idea del poderoso brazo que les aligera la cruz. No se le ve, ni se le reconoce. Amigos y enemigos reciben por igual sus diversos beneficios que los atrae de las superiores esferas para derramarlos todos a manos llenas, sin esperar recompensa alguna. El Mago negro siente placer en hacer daño a sus semejantes, ama al mal por el mal, más que su provecho personal.

327º El iniciado tiene que bajar al mundo del deseo inferior donde domina el demonio por medio de la naturaleza o yo inferior, cuyas vibraciones son muy densas. Los átomos de este mundo son creados por los malos instintos y los bajos deseos que residen en el vientre y bajo el vientre. Cada vez que el hombre quiere concentrar en algo superior el demonio o enemigo oculto envía a estos átomos como ejército enemigo para obstruir el camino que conduce a lo superior y tratan de convencer a la mente de la inutilidad de combatir sus influencias; hacen todo esfuerzo para ganar el hombre a su causa y satisfacer sus deseos. En este estado de caos el YO SUPERIOR envía su mensajero, el ángel de la guarda, o protector secreto, le habla desde el corazón para fortificarle y ayudarle en el sendero y continuar adelante. Si el hombre escucha la voz interior, su Maestro en el cerebro le da las indicaciones para ayudar y salvar, por medio de los pensamientos, a aquellos átomos de las garras del demonio y al mismo tiempo para salvar aquellas almas recientemente desencarnadas y que están presas en las etapas inferiores del mundo de los deseos. El pensamiento es como corriente de luz que rasga las tinieblas de los mundos inferiores y alumbran a sus habitantes.

328º El Iniciado es un aspirante a Mago blanco y a Maestro de compasión, tiene que descender, por compasión, a los planos inferiores para salvar a los que están encadenados allí e ilumina a todas las inteligencias engañadas que, funcionan en este plano y en cada una de sus etapas, con el velo de la ilusión y son iguales a las almas poco evolucionadas que están allí y reciben sus impresiones a través de una atmósfera mental densa. Las tres subdivisiones superiores del plano mental son moradas del Pensador. Desde este plano Superior y sutil, el Pensador conoce de antemano las dificultades y obstáculos que le guardan al hombre en su sendero y obra conscientemente a través de sus vehículos inferiores con toda certeza y saber.

329º Un hombre inferior vive siempre acumulando átomos mentales en su bajo vientre y estos átomos le hacen sufrir la influencia de los mundos inferiores (infierno); responden con pereza a todo estímulo superior. Allí radican los placeres, la cólera, la ira, los sufrimientos, el terror y todo lo que ha traído con él de animal. Los deseos animales, en el hombre, toman mayor vigor cuando están alimentados por fuerzas mentales inferiores. Aquí forman la memoria y la imaginación que corresponden al instinto. Este instinto es modelado y creado por átomos a su propia semejanza e imagen. Estos átomos formados por los sentidos atraen a ellos fuerza mental más densa y pueden reproducirse, a voluntad, por los nacientes poderes de la conciencia.

El demonio en el hombre se apodera de estas inteligencias

creadas por la imaginación y las une a sus ejércitos para estimular la actividad, interiormente engendrada por el deseo experimentado una vez; el mismo enemigo las dirige nuevamente a los sentidos para que estos experimenten, de nuevo, el placer evitando el disgusto.

330º El mental inferior excita el deseo que duerme en él y éste estimula el cuerpo físico; por eso el hombre, poco evolucionado, busca sus placeres y cada día se vuelve un bruto más peligroso que el mismo animal, hasta que el mismo placer provoque en él el dolor y el dolor le infunde imágenes más fuertes que los del placer; entonces comienza a usar y emplear su voluntad que le atrae del mundo mental superior una ayuda para vencer la tentación, y, el hombre esclavo de sus pasiones se torna hombre de voluntad para perfeccionar su naturaleza inferior.

331º El hombre Superior, por el dominio de su voluntad sobre la naturaleza animal y por el poco uso de sus pasiones, absorbe la energía de los átomos superiores y las emplea en todas sus empresas; entonces los inferiores se desintegran, una vez abandonados por la energía mental que les daba vida y uso.
Cada tentación da a estos átomos una vida nueva; pero al quitarles esta vida, dirigiendo el pensamiento hacia arriba o encauzando la mente para efectuar una buena obra, estos átomos quedan como cadáveres, que serán expulsados con su material viejo.
El triunfo sobre ellos depende del primer esfuerzo y la repetición del acto determina el carácter; el hombre de carácter se vuelve potencialmente espiritual, porque ha eliminado del cuerpo mental todo deseo denso y grosero, y todo lo animal de sus sentidos, los que ya no pueden responder simpáticamente a las vibraciones inferiores. Este es el objeto de la iniciación, sea antigua o moderna. En este estado, el pensador se reviste con átomos diáfanos con los cuales puede descender, a voluntad y sin peligro alguno, a las regiones del infierno en su cuerpo, como desciende el buzo a las profundidades del mar.

332º El lector debe comprender aquí un punto muy esencial que cuando el hombre asciende o desciende a una etapa de los mundos mental y de deseo que se encuentran en su propio cuerpo, de hecho queda en comunicación con los seres y almas humanas que habitan estos mundos. En el mundo físico se halla en comunicación con todos los hombres y con todas las etapas sociales, así también cuando se inicia internamente tiene que comunicarse con aquellas almas desencarnadas, cuyos deseos y pensamientos las encadenan en todas las etapas del mundo mental. Esta advertencia nos enseña que los mundos internos son diferenciados por la calidad de las vibraciones y no como se imagina el intelecto que yacen arriba o abajo.

Cuando decimos que el hombre baja al mundo inferior, debemos comprender que el pensador aminora la rapidez de la vibración y cuando asciende es porque acelera la misma vibración.

333º La primera división del mundo mental inferior se comunica con la séptima superior del mundo astral o del deseo, porque hay una semejanza en las vibraciones de ambos. El Maestro Interno en el hombre no permite a éste que baje directamente a lo más inferior de este mundo y tiene que comenzar por la séptima etapa, cuyas vibraciones son más elevadas que las demás inferiores.

La séptima etapa o subdivisión superior del mundo del deseo está dentro y fuera del cuerpo humano; está ocupada por los átomos intelectuales que el hombre arrastró durante sus vidas; estamos hablando a lo que respecta al interior del cuerpo; mas en la parte que se halla fuera del cuerpo encontramos a las almas desencarnadas que han vivido esa intelectualidad cuyo objeto fue para el provecho personal.

También encontramos átomos y almas que trabajaron para la formación de los pueblos e hicieron de cada país una patria y con fines políticos instituyeron la separatividad en la humanidad, pisoteando el principio de fraternidad y de igualdad. Estos átomos y almas vivificados, por el pensamiento, forman los políticos y los hombres de estado en el mundo actual que trabajan para el provecho propio, ocultándose bajo el escudo de la palabra patria.

334º En la sexta etapa encontramos átomos y almas intelectuales y artísticos que prostituyeron el talento por el goce personal, en pro de la naturaleza sensible. También se encuentran aquellos devotos que desearon la salvación propia sin importarles nada de los demás. Es la devoción egoísta que pretende, si le es posible, monopolizar el cielo para sí.

335º También en la quinta etapa de vibración se encuentran los átomos y almas devotos que piden recompensa material por su devoción, o un cielo más material que pueda imaginarse. Aquí están los seres que prostituyeron la religión para obtener provecho y dominio sobre los demás, en vez de trabajar por la dicha humana desinteresadamente.
También hay átomos y almas filantrópicas que formaron asilos, iglesias para los sectarios de una misma religión, excluyendo a los sectarios de otras religiones. Estas almas en la parte externa influyen a los átomos internos del cuerpo, que tienen las mismas ideas, para convertir al hombre en un médium y dar explicaciones y conferencias religiosas.

336º En la cuarta se ven átomos y almas de aquellos seres que buscan siempre el adelanto material y tienen apego a los bienes de este mundo físico. Son los adoradores del oro y el provecho.

337º En la tercera residen los avaros y todos los que buscan el provecho a costa de los sufrimientos ajenos. Para ellos todo es lícito con tal que ganen la partida.

338º En la segunda yacen aquellos átomos y almas lujuriosas y libertinas que viven interesándose por las trivialidades de la vida, sujetos a satisfacer siempre cualquier deseo animal e inferior; están quemándose siempre por el fuego de sus apetitos y goces físicos. Estos átomos y almas viven siempre descontentos, ambiciosos e inquietos. Padecen de todos los sufrimientos según la intensidad de los deseos.
Aquellos que están dominados por estos átomos son charlatanes, vanos, sobre todo en el elemento femenino. Estos goces dejan al hombre con escasa inteligencia. En sus sueños están siempre molestados por visiones eróticas, porque nunca sintieron el amor verdadero impersonal. Sus átomos siempre les inspiran malestar, depresión, disgusto, etcétera.

339º La primera división es la más terrible y horrorosa. Esta es el verdadero infierno en el hombre y fuera de él. Aquí residen los átomos y almas de viles deseos e instintos que ellos formaron y crearon para que en el futuro los aprisionen en esta etapa de densísimas vibraciones. Es muy difícil eliminar estos gérmenes porque ya son partes del propio carácter y naturaleza. Estos átomos tienen la misma atmósfera del demonio que vive en medio de ellos. Todos los horrores de la vida se encuentran allí, en toda su espantosa realidad. Estos átomos están formados por los apetitos bestiales que hemos traído y alimentado desde un tiempo inmemorial; ellos dan a la fisonomía una forma semianimal. Los iniciados que bajan a esta etapa describen a estos átomos y almas de una manera espantosa que parece increíble al lector. Aquí están los átomos y almas criminales, asesinos, borrachos, ateos, suicidas que tuvieron miedo a la vida.

Ellos encienden el fuego de las pasiones brutas y los apetitos feroces de venganza y odio, modulan hasta la fisonomía, según los deseos animales, y están esperando el momento para obsesionar al hombre y llevarlo a mayor exceso.

340º El objeto de la iniciación es limpiar al cuerpo físico de todos estos átomos, enseñándole aspirar a la pureza y armonía con el Infinito; porque ya hemos repetido varias veces, que el hombre aspira y respira átomos semejantes a sus deseos y pensamientos. También se ha dicho que después de la muerte, lleva con él sus aspiraciones y sus obras; de manera que estos átomos que atormentan al hombre en vida son los mismos que le atormentan después de muerto, en el mundo inferior del deseo. El hombre dominado por sus deseos bajos vive siempre atormentado, temeroso y deprimido en esta etapa que creó y llenó de inteligencias que le hacen sufrir en vida y después de la muerte.

341º El cuerpo de deseos o mundo astral está en el vientre y bajo vientre y se comunica con el sistema simpático. Ahora hablemos del mundo mental que reside en el sistema nervioso y se comunica con la cabeza.

342º En la primera etapa del mundo mental, comenzando desde abajo hacia arriba, están los átomos y almas que radian el amor paterno, materno, fraterno y de la amistad desinteresada. También están aquellos que tienen anhelos de imitar a un ser perfecto y desean llevar una vida más elevada: sin embargo, no tienen la firme resolución de seguir sus anhelos, aunque sienten ansia de comenzar la Obra.

343º En la segunda, permanecen los de la devoción y del amor hacia Dios tal como lo concibió la mente; todos viven llenos de avidez de beatitud. Cuando el Iniciado penetra en esta parte de su mundo interno, siente la atmósfera de la piedad que creó en pasadas vidas, por su devoción y su entusiasmo de comunicarse con el Ser Adorado. Estos átomos son para fortalecer las cualidades del corazón y de la inteligencia.

344º En la tercera, se hallan los átomos y almas sinceras y nobles que consagraron sus servicios para la humanidad; estos tienen mucha sabiduría para mejorar siempre el estado del mundo. Enseñan e inspiran al hombre los proyectos filantrópicos y la concepción de un mundo de bondad. El ser desinteresado está impregnado de estos átomos, realiza las obras más gigantescas en el mundo, sin pedir recompensa.

345º En la cuarta residen las inteligencias del Arte y de la Ciencia que inspiran a la mente humana la idea del adelanto espiritual a las elevadas esferas. Son ellas las que derraman su luz y su inspiración sobre los genios en materia de arte; a los sabios les levantan el velo de la Naturaleza. Estos seres tienen la verdadera inspiración, el don de la profesía y los inventos. En esta etapa recibe el hombre la sabiduría celestial para descifrar los misterios de todas las religiones y se vuelve un instructor de los hombres. La mente puede comunicarse con los maestros y reformadores que vinieron al mundo; porque en esta división ya puede hablar con su propio maestro que reside en la pineal que se convirtió en trono del Espíritu Santo.

346º Hay hombres de una evolución más adelantada: aquellos que se emanciparon de la esclavitud de la carne y de las pasiones. Sus átomos residen en la quinta etapa del mundo mental. En esta etapa el hombre y el alma sienten la vida real y la existencia sublime del alma.

Aquí la persona obtiene una paz verdadera, porque descubre su sendero individual, puede ir adelante y retroceder a voluntad en la inmensidad de la Naturaleza, descubriendo y conociendo las operaciones inmutables, bajo los fenómenos más diversos. Sentirá la existencia del alma sin necesidad del razonamiento.

Intuitivamente revisa sus propios hechos del pasado, sus frutos en el presente y sus consecuencias en el futuro.

347º A la sexta van los átomos y las almas de los seres que experimentaron débil apego a las cosas temporales, y se dedicaron a la vida superior: intelectual y moral. Sus átomos les ayudan a trabajar por el bien, depurando de sus vehículos inferiores, restos de males incompatibles con su naturaleza íntima, que el ser siente en sí; adquiriendo ciertas virtudes que responden a las exigencias irresistibles de la voz interior. Aquí siente el hombre la Inteligencia Divina en sus actividades creadoras; estudia la evolución de todos los seres y resuelve sus problemas, porque en esta etapa cada fenómeno tiene su justo valor y todos los misterios de Dios dejan de ser misterios. Todo lo insondable será resuelto por la intuición que rasga el velo de la ley de causa y efecto.

En esta etapa el alma goza con la comunión de otras grandes almas que cumplieron con su evolución terrestre y vibra en armonía con ellos, semejándose poco a poco a ellos.

348º En la séptima y última etapa están los átomos y almas de seres completamente evolucionados, es la puerta que conduce a la vida eterna. Los átomos de esta división son la fuente del saber y de la moral que derraman su energía sublime sobre el cuerpo. De allí proviene la inspiración del genio. En esta etapa viven los Iniciados, teniendo o no cuerpos o vehículos inferiores, ellos están siempre en contacto permanente con la Conciencia Divina y están identificados con la Voluntad del Intimo; ya no pueden sentir la separatividad, aunque todavía no han llegado a ser maestros.

349º Muchos preguntan: ¿Qué objeto tiene el Iniciado con la penetración en su propio cuerpo y conseguir el camino hacia su mundo interno por medio de la Iniciación? Cuando el hombre, por medio de la Iniciación, pierde el apego a las cosas materiales por su aspiración a la superior, pierde también todo temor a la muerte y a toda desgracia ilusoria; entonces tiene que penetrar en su mundo interno para enfrentarse con los átomos animales y demoníacos que trajo con él desde centenares de vidas anteriores. Después tiene que desintegrarlos y hacerlos desaparecer de su cuerpo, para que éste sea un verdadero templo del YO SOY.

Para esto es necesario afrontar el Fantasma del Umbral, aquella entidad tenebrosa formada por los hechos pasados del hombre. Es necesario descender al infierno para sentir el sufrimiento que él ha hecho sentir a los demás y desarraigar el árbol del mal que plantó en su naturaleza desde el comienzo.

350º En el infierno podemos darnos cuenta de la Ley de causa y efecto que enseña que todo dolor infligido a los demás, tiene que sufrirlo el que lo ha causado. Cuando llega a este mundo tiene que identificarse con sus habitantes, sufriendo las consecuencias de sus hechos.
Este es el significado del enterramiento de la Iniciación Egipcia, esto es, el descenso a las profundidades de su yo inferior.
El tormento es tremendo, pero el Iniciado está siempre vigilado y ayudado por su Maestro Interno, aunque él no sepa.
Basta que el Iniciado invoque la Conciencia Divina a fin de que el Maestro aparezca para ayudarlo y elevarlo de nuevo.

351º Los magos negros utilizan los átomos de estas etapas inferiores y los proyectan sobre personas determinadas para influenciar y dominar al mundo con el arma del mal. Cuando desciende el Iniciado a ellos tratan de convencerle de la inutilidad de sus tentativas, le ofrecen el provecho personal si se une a ellos, afiliándose al ejército del Demonio; pero el Maestro Interno nunca le abandona. Una vez triunfante, sobre estas tentaciones, le invade con el sentimiento de amor impersonal y la sed de justicia, de

la cual habla Jesús en su cuarta Bienaventuranza, y se convertirá en la misma Ley que no es ni el Bien ni el Mal.
Si él no baja a estas regiones no puede nunca sentir el dolor causado por él a los demás y en consecuencia, no podrá, en el futuro, reparar el daño hecho, aunque de una manera inconsciente; pero el Iniciado tiene que hacer esto en vida y no esperar nunca la muerte para repararlo. Después de la muerte hay que esperar mucho tiempo para reparar el daño; pero después de la iniciación el hombre puede comenzar la obra en el momento.

352º En el Infierno se encuentran muchas almas y átomos desesperados de quienes fuimos nosotros la causa de su desesperación. Nosotros hemos creado este Infierno y en él hemos colocado a estas inteligencias y a estas almas; hemos influenciado sobre ellos directa o indirectamente por nuestros pensamientos y deseos.
El único medio de libertarlos consiste en desintegrar nuestra naturaleza inferior para que se desintegre este infierno. Muchas luchas tiene que trabar el Iniciado con los habitantes de esta región; sólo el amor desinteresado e impersonal es la única arma que puede triunfar en estas guerras. Cuando siente y palpa los sufrimientos que él ha causado, al crear a estos átomos que dominan a sus hermanos por la fuerza del mal, comienza en él una nueva vida cuyo objeto es reparar el daño y salvar al mundo.

353º Los Seres Superiores permiten, en esta región, al mal que se divide entre sí y la lucha se entabla entre las dos partes. Estas luchas se comunican y contagian a las naciones, en el mundo físico, que están contaminadas con la fuerza del mal para que declaren guerras entre ellas, hasta que las dos partes se debilitan y dejan el paso al surgimiento de una nueva raza, más pura que posee mejores sentimientos de fraternidad y de igualdad. Allí el iniciado aprende cómo combatir al mal por el bien, a defenderse y defender a la humanidad. Por eso vemos que cada instrumento inventado para la destrucción está combatido por otro que anula sus efectos.
En el Infierno tiene que estudiar todos los males para

saber cómo anularlos en el futuro, cuando llega a Salvador de la Humanidad, quien, al apoderarse de los conocimientos que poseen las entidades inferiores busca cómo ganarlos para el servicio del YO SOY, depurándolos y desintegrando al infierno de su cuerpo.

354º Muchos seres y almas viven en estas regiones inferiores y sufren lo indecible. Cuando un iniciado baja hasta el mundo inferior, de su cuerpo, se pone en contacto con ellos, porque ya se ha dicho que en el bajo vientre hay vibraciones muy densas y esta densidad de vibración es la que comunica al hombre con el infierno en donde residen las almas y los átomos. El Infierno está dentro y fuera del hombre y la relación que se encuentra dentro de la parte externa y la interna es la densidad.

Cuando desciende el Iniciado a estos infiernos, todos sus habitantes claman hacia él, con toda su fuerza, para que los salve de sus tormentos: él tiene que acudir a sus llamadas, venciendo todo obstáculo, y luchando contra las entidades malignas que quieren impedir la salvación de estos seres y estas almas.

355º En las etapas inferiores del mundo de los deseos, se encuentran aquellos átomos criminales que se han apoderado de la mente del hombre que vive, en vigilia y en sueño, reconstruyendo sus crímenes.

356º El Iniciado espiritualista siente, en este estado, que tiene a su rededor una aura impenetrable, que le defiende de todo mal manado de estas entidades demoníacas y por más que ellas tratan de penetrar en él, chocan contra su aura y retroceden como la piedra lanzada contra una muralla de acero.

La Iniciación Interna vuelve al ser invulnerable, física, mental y espiritualmente.

357º En la Iniciación Interna, el hombre puede recibir comunicaciones de los seres que han atravesado, antes, el mismo sendero y la manera de proceder para acelerar la evolución.

358º Las fuerzas del mal no se aquietan ni se conforman con la derrota; a su vez ellas tratan de inspirar a otros seres la ejecución de sus planes. Siempre escogen por presa a los literatos y artistas de índole baja y corrompida y estampan los átomos del mal en su obra. Estos átomos impregnan la mente humana y tratan de arrastrarla al crimen; mucho se ha oído de que después de leer la obra de un autor, el lector trató de suicidarse o se suicidó; la naturaleza inferior del lector absorbe los átomos depositados por el autor en sus obras, éstos producen en su mente ciertas vibraciones similares a las que fueron depositadas por el demonio en la mente del autor; que la hacen perder su contacto con el YO SOY y le cierran el oído interno a la voz de la conciencia.

359º Muchos son los fines del descenso en vida a los infiernos, por medio de la iniciación interna; pero el mayor es el siguiente: Quien llega durante su vida hasta esta esfera, no sufrirá daño en la Segunda Muerte que está anunciada en el Apocalipsis, que es la muerte astral; porque la mente al aprender a atravesar estas regiones una vez no puede quedarse aprisionada en ellas después de la muerte del cuerpo, el alma podrá pasar fácilmente al mundo mental y el iniciado se convierte en salvador: auxilia a los recientemente muertos en sus viajes mentales, ayudándoles a atravesar las etapas inferiores, enseñándoles cómo deben abandonarlas y despertando en ellos la aspiración para que se eleven a mundos superiores.

360º Con la práctica del método Yoga y con la observación de los preceptos del Sermón de la montaña, el Iniciado se vuelve héroe, a quien no le amedrenta nada en el cumplimiento de su deber. Su amor impersonal es la mejor armadura y defensa en su descenso al mundo infernal. Ni el terror del umbral, ni el demonio interno pueden infundirle miedo en su obra de salvación, porque por donde pasa emana amor y el mismo amor le abre el camino, colocando en su sendero centinelas o ángeles de Luz que le acompañan en su descenso y en su ascenso.
El que ama nada teme. El iniciado llega a amar la muerte y quien ama la muerte ama al mayor enemigo; con el amor y el descenso al infierno será muy fácil, porque el infierno no es más que el estado desprovisto de Amor.

361º En el sistema simpático y en el sistema nervioso hay muchísimas cosas que aprender. No se puede decir cuánto

tiempo necesita pasar el Iniciado, en el estudio y la práctica, en estos mundos; todo depende de la fervorosa aspiración y de la práctica perseverante en despertar los átomos dormidos en el propio cuerpo; pero una vez despertados por la aspiración, la respiración y la concentración, el Iniciado puede desintegrar la Bestia, la Serpiente y el demonio que se encuentran en él.
Desde estos momentos principia el trabajo arduo para llegar a Maestro. Debe explorar todas las regiones de su cuerpo, vitalizarlas con sus respectivos habitantes, para llegar a la estatura de Cristo.
Debe descubrir por sí mismo la iluminación que está oculta en él; tiene que dirigir todo lo que se encuentra en él y descubrir las grandes corrientes de inteligencias que trabajan por la construcción del cuerpo. Estas Inteligencias trabajaron en el pasado y trabajarán en el futuro hasta que el cuerpo se convierta en Jerusalén, la Ciudad Santa, simbolizada en el Apocalipsis. Tiene que penetrar en la inmensidad del pasado y estudiar la inmensidad del futuro.

362º Con la aspiración fervorosa el hombre atrae el material adecuado y necesario para la realización del objeto deseado; con la respiración armónica y regularizadora, este material entra en el cuerpo y con la concentración dirige la sangre, vehículo del YO SOY, a la parte deseada del cuerpo, llevando consigo los átomos aspirados, como un ejército triunfante, para derrotar y desintegrar los átomos del mal y abrir el sendero hacia la Unión.
Hasta aquí fue necesario enseñar al profano que está fuera del Templo, por medio de la palabra, para saber conducirse; de hoy en adelante será Iniciado y debe practicar, descubrir y sentir por sí mismo para llegar a Adepto. El profano es el hombre antiguo, el Iniciado es el hombre moderno y el Adepto es el hombre Futuro.

363º Muchos preguntan: ¿Será cierto que el hombre puede salvar su mundo y salvar a la humanidad? A esta pregunta podemos contestar: El problema individual es el problema universal.
Todo cuanto ocurre y existe en el mundo externo, es la expresión (de ex: fuera y presionar) de algún pensamiento

interno creado y generado, con anterioridad, por un individuo.

Si el individuo es desgraciado, todo el mundo que lo rodea es desgraciado; es imposible separar el individuo del mundo, porque ambos son Uno; por eso, para salvar al mundo hay que salvar primero al individuo. El Universo es el conjunto manifestado de todas las emociones, pensamientos y deseos del individuo y de los individuos, que constituyen al mundo con sus naciones, razas, castas y países.

Un solo Hombre puede dirigir los pensamientos de una nación, sus emociones y sus deseos.

El hombre de un pensamiento potencial puede contagiar con la índole de su pensamiento a todo su pueblo. Este es el origen de todas las guerras y de las miserias que acompañan las guerras.

364º El Iniciado Interno debe ser soldado en el ejército del YO SOY, debe afrontar los hechos y disolverlos en el silencio, infundiendo en los demás elevadas aspiraciones, espiritualidad, fraternidad y buena voluntad, y todas las virtudes que puede concebir; pero si él no posee estas virtudes y no los ha experimentado en sí mismo, ¿cómo puede aliviar a los demás?

La Iniciación Interna tiene por objeto la Unión con el Intimo y con todos los seres. Una vez Unido el Iniciado a su Intimo irradia compasión, misericordia, caridad, fraternidad y todos los atributos de la Divinidad; entonces puede por medio de su pensamiento encauzar los impulsos generados, de la Fuente Interna, en el silencio y la impersonalidad.

365º El Iniciado en el mundo Interior ve todos los problemas del mundo externo, surgido desde el mundo subjetivo, desde el cual puede trabajar para resolverlos, aplicando las leyes eternas e inmutables que están descritas en el método YOGA y en el SERMON DE LA MONTAÑA.

De esta manera el Iniciado genera el flujo de su aspiración y de sus pensamientos y los infunde en sí mismo y en la Humanidad. Este flujo organizará la sociedad futura en la cual, el Espíritu del Cristo, se expresará por el corazón de todos los individuos y vivirán las naciones como una sola familia, de un solo Padre.

Capítulo II

REALIZACION. LA UNIDAD

1º Saber sin practicar es como tener un tesoro enterrado, que no sirve para nada, ni para nadie. Para llegar a la unidad, el aspirante, debe practicar lo que han practicado todos los profetas y maestros:
1) En lo físico, tener un cuerpo sano.
2) En lo anímico tener una aspiración pura, y
3) En lo mental una concentración perfecta.
Estas tres condiciones se relacionan unas con otras: No hay cuerpo sano si el hombre carece de la aspiración y del pensamiento.

2º Muchos son los medios para conservar la salud y para recuperarla en caso de una enfermedad; también varios son los medios para obtener aspiración pura y pensamiento perfecto; sin embargo, podemos reducirlos a esta frase: observar el equilibrio físico, moral y espiritual.
En los siguientes párrafos, el aspirante encontrará todos los consejos necesarios para practicarlos.

3º Al levantarse por la mañana debe alzar las manos hacia el Oriente, hacia el sol y decir: Sol Espiritual Invisible, Verbo Divino que se halla fuera y dentro de mí, Os agradezco por el recobro de mi conciencia; dadme tu luz, tu fuerza de tu amor para unirme a Ti y amar a mi prójimo como a mí mismo. Permanecer en este estado hasta sentir picazón en las puntas de los dedos, entonces hay que colocar las manos sobre el corazón diciendo: Te agradezco

Padre mío, por haberme llenado de vuestro poder y te ofrezco emplearlo para el bien de mis hermanos.

4º Hacer siete inspiraciones rítmicas pensando al exhalar, en la vitalidad que circula por el cuerpo y despierta los centros psíquicos.

5º Después practicar, con la mayor pureza del pensamiento, siete ejercicios de la respiración armónica o equilibradora que consiste en: Tapar la ventanilla izquierda y aspirar por la derecha, contando mentalmente cuatro palpitaciones —Tapar la derecha y exhalar por la izquierda durante ocho pulsaciones—. Retener los pulmones vacíos durante cuatro pulsaciones. Después repetir el mismo ejercicio, pero esta vez aspirando por la izquierda tapando la derecha, durante las ocho pulsaciones, retener cuatro, exhalar tapando la izquierda, por la derecha ocho y retener cuatro y así sucesivamente, hasta siete veces.

Siempre, durante este ejercicio hay que visualizar cómo la energía positiva entra por la derecha y la pasiva por la izquierda y concentrar la mente en que cuando llegan, la primera por el nervio derecho de la espina dorsal y la segunda por el izquierdo, forman en la base de la médula el circuito para producir la vitalidad en el cuerpo.

6º A continuación practicar siete aspiraciones con ambas fosas nasales abiertas, siempre la respiración debe ser rítmica 8—4 8—4, pero esta vez debemos dirigir nuestro pensamiento al corazón en donde mora el Átomo Nous y en cada inhalación debemos visualizar que entran por la nariz átomos de amor y al exhalar, meditamos que estos átomos van a formar el ejército de este átomo Divino.

Si la nariz está obstruida hay que lavarla con agua tibia antes de cada ejercicio.

7º Terminados estos ejercicios, el aspirante debe lavar bien la boca, luego llenar un vaso de agua, bendecirlo o magnetizando el agua, extendiendo sus manos sobre el vaso y pensar que el agua está impregnándose por su energía, durante un minuto. Acto seguido hay que tomar el contenido.

8º Antes de cada comida hay que lavarse las manos y extenderlas sobre los manjares de la mesa, bendiciéndolos para alejar de ellos todos los átomos malignos que fueron introducidos, sea, por los pensamientos o por la atmósfera del ambiente. La bendición puede ser con la mano derecha formando el signo de la cruz, sobre el alimento, precedida de una pequeña oración como ésta: En nombre de EL que está en mí, yo os bendigo criaturas de Dios para que satisfagan las necesidades de toda persona que os tome por alimento. Deseo de todo corazón que todo hambriento tenga que comer. Amén. Así sea + + +

9º A salir al trabajo y cada vez que se encuentren con los demás hay que desearles mentalmente la paz, mirarlos dulcemente y repetir silenciosamente, una frase de amor: os deseo a todos paz y felicidad.

10º Nunca se debe pasar ante un necesitado sin socorrerlo, aunque con pequeña ayuda, y desearle mentalmente paz y prosperidad.

11º Diariamente hay que hacer una obra de caridad: hay que buscar a quien beneficiar.

12º Hay que conservar el equilibrio corporal al sentarse, mantenerse y andar erecto. Ninguna vértebra debe oprimir a su hermana; hay que posarse sobre la planta de los pies y no apoyarse mucho sobre los talones; siempre hay que pensar en el equilibrio. La fuerza corporal tiene su contraparte superior en el cuerpo mental.
El Maestro en la Glándula Pineal controla la energía física; el demonio es el causante del desequilibrio. Muchos han de reírse de esto porque creen que nosotros tenemos del demonio los mismos conceptos que de él ellos tienen. Ya hemos dicho que nuestro demonio representa la inarmonía y el desequilibrio y con esto basta.

13º Nadie puede iniciarse internamente si está encadenado por las enfermedades. Desde el momento que el hombre comienza estas prácticas, para conservar la salud o para recuperarla, se convierte en imán que atrae átomos de salud, átomos vitalizadores.
Todo enfermo es ignorante y débil, y atrae átomos de ignorancia y de debilidad. Hay seres que se dedican al deporte para desarrollar los músculos, pero esto no basta,

porque en la mayoría de los casos la fuerza bruta, muscular, desaloja la dulzura espiritual y la dulzura es la verdadera fuerza del Iniciado.

14º Durante los ejercicios hay que desalojar toda preocupación mental; la melancolía, la tristeza y demás emociones negativas son imanes que atraen, durante el ejercicio, átomos nocivos. El aspirante tiene que limpiar su cuerpo exterior e interiormente. El hombre equilibrado respira con más fuerza y vigor y una respiración sana y alegre extermina todos los átomos destructivos y enfermos. Cuando el hombre respira según el ritmo de la Naturaleza vive siempre sano, sintiendo la palpitación saludable de la vida.

15º El baño externo representa el bautismo de las religiones. Los elementales del agua exterminan los átomos impuros del cuerpo; pero el baño no significa el castigo del cuerpo con agua helada, ni con agua muy caliente; el agua expuesta al sol es la mejor.
El baño de sol es como el bautismo del fuego, mata los elementos inferiores del fuego, sobre todo cuando está dirigido, directamente, sobre los órganos sexuales; pero estos rayos debilitan los mentales superiores si son dirigidos a la cabeza y al cerebelo.

16º La limpieza interna consiste en respirar aire puro de los bosques y campos. El hombre no puede vivir dos minutos sin respiración.
También la limpieza interna consiste en tomar mucha agua al día, porque la falta de este elemento produce estreñimiento, causa de todas las enfermedades. El hombre que se depura diariamente, regula diariamente su mente. Sin agua, el cuerpo vive, solamente, pocos días.

17º El aspirante debe tomar alimentos sanos y masticarlos debidamente; nunca debe ocurrir al fanatismo en su dieta. Algún día obtendrá un deseo interno de tomar tal o cual alimento para reparar ciertas deficiencias de ciertos elementos.
El alimento está impregnado de átomos como el agua y el aire. Cuando, antiguamente, los cristianos se abstenían de comer carne ofrecida a los ídolos, lo hacían porque

sabían que aquella carne estaba impregnada de átomos vengativos y malignos y sabían intuitivamente que el cuerpo se convierte según los átomos de los cuales se nutre.

18º El hombre según su temperamento es triple: físico o instintivo; sensible y espiritual o de razón. Así también son tres los principales órdenes de manifestación de la vida que nos animan: vegetatividad, sensibilidad y espiritualidad.
Estos tres órdenes corresponden a las tres grandes divisiones de la fisonomía: parte inferior, de la base de la barbilla a la base de la nariz; parte media, de la base de la nariz a la línea de las cejas; parte superior de la línea de las cejas a la parte alta de la frente. Hemos de notar que la parte baja del rostro (es vegetatividad), corresponde al abdomen, lugar de la nutrición, por el tubo digestivo; que la parte media (es sensibilidad), se une directamente al pecho, centro emocional, y en fin, que la región frontal limita el órgano físico de la razón o espiritualidad.

19º La parte inferior del rostro corresponde a las sensaciones físicas y las necesidades orgánicas. Allí es donde se aprecia el grado de potencia de los instintos o vida vegetativa.
La parte media revela los sentimientos, las emociones, las pasiones del alma, la imaginación y la impresionabilidad.
La parte superior expresa lo ideal y la calidad de los pensamientos.

20º Si la parte inferior es más ancha y más alta que las otras dos, se trata de un instintivo; si la parte más alta y más ancha es la media, demuestra un emocional, y por fin si la parte superior es más alta y más ancha que las otras dos, se trata de un espiritual o idealista.

21º El hombre equilibrado debe tener tres partes iguales; pero si se observa una exageración de una de las tres, debe acudir a medios naturales para equilibrarse.
El instintivo o vegetativo se equilibra por el ayuno más o menos largo; el sensitivo se equilibra por los ejercicios respiratorios; el idealista debe escoger la clase de sus pensamientos.
De esta manera los tres tipos pueden alcanzar la misma meta.

22º Todos los centros y átomos del cuerpo responden al ayuno, a la respiración y al pensamiento. Estos ejercicios aumentan la actividad y el cuerpo físico se torna ágil, sano y fuerte.

23º Cuando se envían átomos de pureza a la energía sexual, ésta se convierte en luz deslumbradora, que se eleva hasta la mente y nos llena de felicidad; porque al ascender hace vibrar el sistema simpático y nervioso; los cuales se convierten en instrumentos dóciles del Maestro interno; éste es el objeto de la castidad.

24º Hemos hablado de los deberes del hombre, para consigo mismo y su salud. Ahora trataremos de hablar sobre los deberes para con su prójimo. La tolerancia debe ser la primera norma en su vida y sobre todo con los de su propio hogar. Si la mujer, el hijo, u otro miembro de la familia no le comprenden, debe enseñarlos suavemente, porque la mujer, los hijos y los parientes son los seres a quienes debe algo y que, en esta vida, al hombre le toca pagarles la deuda.

25º Cada vez que el iniciado recibe una injuria por referencia o directamente, debe decir en su corazón: Yo te bendigo, hermano mío, y te perdono.
El mal no está en los demás, las tinieblas están dentro de nuestro cuerpo; cuando nuestra luz ilumine a nuestra mente, el prójimo no verá en nosotros la oscuridad del mal.

26º Al tener buen éxito en el trabajo, no se debe jactar, porque personalmente nadie puede aumentar a su talla ni un codo. El orgullo y la jactancia son armas peligrosas. El iniciado debe siempre considerar que el Yo Soy, le utilizó como un canal para su obra.

27º Al hacer un servicio u obra de caridad, hay que decir mental o verbalmente: Gracias, Padre mío, por haberme deparado la ocasión de hacer un bien.

28º No se debe recibir ningún bien material por un servicio espiritual, aunque el iniciado debe encontrarse presto para ayudar a cada momento.

29º Quien da, recibe, es la ley: mientras más se sacrifique personalmente mayor impersonalidad se obtiene.

30º Hay que mirar a la mujer con el respeto que se debe a la madre; al hombre con el respeto que se debe al padre.

31º Mientras el hombre viva, tiene que cuidar de su familia, prestar su servicio al necesitado sin esperar recompensa ninguna.

32º No se debe juzgar a nadie. Dios es el único juez. No se deben repetir las calumnias, ni decir nada que dañe o condene, a menos que vaya acompañado de la disculpa. El iniciado tiene que ver el aspecto virtuoso de todos los seres.

33º Nunca la naturaleza obra a saltos. Todas las cosas se logran por la evolución y no por revolución. Antes de hablar u obrar, hay que consultar la voz interna.

34º El primer don de la sabiduría es la modestia.

35º No hay que deprimir al competidor porque él le sirve de emulación.

36º El prudente es el rey de sí mismo y de los demás; hay peligro, fracaso y desgracia es un escalón a la fortaleza.
La copa de la felicidad, sin mezcla de contratiempos, empalaga.
La salud es hija del ejercicio y de la templanza.
Temer significa desconfianza en Dios Intimo.
El gozo y la pena son dos hermanos inseparables; aquél que se inclina al uno tiene que cargar con la otra.
La cólera significa debilidad e ignorancia y los dioses no quieren ignorantes ni débiles.
La piedad es el verano del año, preñado de cosechas. El hombre sin piedad es un año sin cosechas.

37º El hombre, como esposo debe obedecer el mandato de la Ley y ser fiel miembro de la sociedad; tiene que amar a su mujer y respetarla; tiene que considerar la debilidad de su sexo y no ser severo con sus flaquezas.
Como padre debe saber que sus hijos son el suelo en donde siembra aquellas semillas que algún día debe cosechar.
Como hijo, si no es agradecido, con sus padres, no lo es ni con Dios. Si los hijos de un mismo padre no se quieren, poco provecho dan a los hermanos en la humanidad.
Si es rico debe comprender que lo superfluo de sus gastos pertenece a los hermanos pobres.

Si es empleado no debe defraudar a sus amos.
Si es amo debe considerar a sus empleados como hijos a quienes debe justicia y cariño.
Si es gobernante es el padre de su pueblo.
Si es súbdito debe obedecer las leyes, aunque fueren de un gobernante tirano, porque está escrito: Tenéis el gobernante que merecéis.
A quien modera sus deseos la justicia le tiende la mano.
La semilla de la benevolencia da por frutos la caridad.
La lengua del sincero está arraigada en su corazón.

38º Todo aspirante debe tener una religión y la mejor religión es el amor.
La vida del vanidoso es una sombra de un sueño, porque él no se fija más que en la apariencia y no advierte la realidad; los sentidos conocen, el corazón sabe.
La enfermedad es un pecado, el pecado es una enfermedad.
Ser virtuoso es más fácil que aparentarlo.
La mayor venganza contra un enemigo es desearle felicidad.
La codicia es un pozo sin fondo.
La prodigalidad es un robo al pobre.
El cobarde es vengativo; el Iniciado es un rey poderoso a quien no llega ninguna injuria.
La aflicción proviene de la debilidad del ánimo, el afligido no puede ser iniciado.
La nobleza está en el alma y no en la raza.
La adversidad es la nodriza del heroísmo y de la audacia.
Toda la vida debe ser un progreso espiritual; el Iniciado aprende todo por medio de la mente consciente y lo sabe por el corazón.
Cuando cesan los intereses personales y egoístas, comienza el crecimiento espiritual y verdadero.
No basta evitar el daño a los demás, hay que estar alerta para ayudar. El intenso deseo de servir obliga a Dios a manifestarse en el hombre.

39º La mujer debe ser fiel compañera del hombre y no la esclava de su pasión. Debe ser humilde y cariñosa. Su voz debe ser como la música de las esferas; de sus labios debe manar la dulzura. Decencia en sus palabras; blandura y verdad en sus respuestas; sumisión y obediencia deben ser las elecciones de su vida; la prudencia es su camino y la virtud es su meta. El libertino se enmudece en su presencia; el dedo del silencio descansa en sus labios. Su pecho es la mansión de bondad y no piensa mal de nadie. La elegancia, la sobriedad y el aseo adornan su casa; su cariño alivia las tribulaciones del marido. Con estas condiciones puede ser iniciada.

40º Cumpliendo con todos estos preceptos, durante algún tiempo, se convierten en segunda naturaleza. El ejercicio de estas leyes desarrolla al alma y la voluntad.

El poder de la voluntad consiste en creer que se puede obtener lo que se desea. Todos los sentidos deben trabajar y el silencio debe ser el principio y el fin de toda realización.

¿Es esto un código de moral?
No, lector. Es una llave del Reino. Es el camino hacia la Divinidad.

Ayuno, abstinencia, castidad, régimen alimenticio natural, privación de excitantes, sueño moderado, vida laboriosa, silencio, etc...., son los indicados para la renovación de la vida, para el Renacimiento.

41º "Pedid el Reino de Dios y su Justicia." El cumplimiento de estos deberes es la petición del Iniciado al reino de Dios. Una vez formulado el pedido, la donación será la respuesta a esta Ley o esta petición.

¿Ha cumplido todo? Pues coloca la llave en la puerta: Concentrado.

YO SOY EL, EL ES YO; Yo soy la Unidad con todos los seres.

Y, cuando llega a sentir, el aspirante, lo que dice siente la Unidad con el Intimo; llega a amar a todos los seres y sus acciones se dirigen solamente a ayudar a la Evolución.

Sentirá que todos los cuerpos son su cuerpo; todas las almas son su alma. Desaparece de la mente toda crítica y se llenará de tolerancia, caridad y comprensión.

De aquí nace la más alta moral que hayan conocido los hombres. El Iniciado sentirá que es el dueño de todas las existencias, por conducto de los otros seres. No habrá

más ambición, no habrá más daño a ningún ser; desaparecen las guerras, desaparecerán los límites y las fronteras, la ambición y el orgullo; desaparece todo vestigio de la diversidad, porque se llega a la comprensión de que hemos nacido dentro del Espíritu Universal y todos formamos con él, en el infinito espacio, un sólo cuerpo Cósmico.
Este es el cielo deseado y esperado por todas las religiones. ESTA ES LA UNIDAD CON EL INTIMO.

Capítulo III

LA UNIDAD POR LA DUALIDAD

1º La línea recta, dentro del Círculo, representa la Unidad; el Angulo de dos Líneas distintas, que parten de un único punto y se alejan y divergen representa la Dualidad. De esta manera vemos que la Dualidad tiene su origen en la Unidad.

El punto central en el cual se juntan las dos líneas es el mundo séptimo o de la Realidad; mientras que las dos líneas atraviesan los seis mundos, inferiores a la Realidad, llamados mundos de la manifestación o la apariencia de la Realidad; son la sustancia de la Esencia, la forma del ser y la materia en contraposición al Espíritu.

2º Desde el momento en que la Unidad se bifurca en dos se convierte en creación; pero la Conciencia de la Unidad, que es el Alma del mundo, se manifiesta en la Dualidad que desciende desde el séptimo cielo.

Por la Dualidad se formaron: Cielo y Tierra; el bien y el mal; la luz y la sombra; el espíritu y la materia; el Jakín y el Bohaz; el Yan y el Yin; el sol y la luna; la expansión y la reunión; la necesidad y la libertad; el Padre y la Madre; Adán y Eva, etcétera, etcétera.

3º En el mismo cuerpo se manifiesta la Dualidad en todo el organismo; pero esta Dualidad se concilia en el centro cerebral, la nariz, la lengua, el ombligo y el falo.

La Divinidad. Una tiene dos condiciones, como base de su manifestación: el Universo y el Hombre.

La Unidad de la Dualidad, desde el cerebro del hombre, es el principio de la creación, la unidad de la dualidad desde la base inferior de la médula, o desde el Yo cabalístico, es el retorno a la Divinidad.

4º Desde el momento en que el YO SOY junta a su rededor sus vehículos de materia, oscurece su conciencia en su propio plano, pero lo comunica a sus vehículos.
El plano físico es el inferior, en el cual se encarna el ser humano en cuerpo material.
El segundo es el del deseo inferior, es el cuerpo de los instintos y pasiones; es el cuerpo de la atracción o de la posesión.
El tercero es el de la emoción o del deseo superior que se caracteriza por el deseo de unión.
El cuarto es el mental inferior; es el de la memoria que da fijeza a los demás superiores.
El quinto es el mental superior; es la residencia de las cualidades.
El sexto es el plano espiritual; es el de la tendencia.
El séptimo y último es el plano de la Unidad con el Intimo; en él no hay diferenciación: TODO es UNO y UNO es TODO.
De esta manera el hombre está compuesto de siete distintos aspectos en su ser y cada uno posee los átomos de cada aspecto que en él habitan.

5º A manera de la electricidad, el YO SOY, desde el séptimo plano de la Unidad o cabeza, emana la fuerza vital en forma dual: positivo o proyector y pasivo o receptor; masculino y femenino.
Pero si estos dos polos no se encuentran en alguna parte se pierden en el espacio, y para limitar o utilizar sus fuerzas hay que unirlos en circuito.
La Unión de los Polos es el misterio de la creación. Mientras están separados significan emanaciones del Intimo, pero emanaciones inútiles, porque se pierden en el espacio infinito; más cuando se unen, desarrollan una creación que toma el camino del retorno a la Unidad Superior.

6º El hombre es el polo positivo de la Fuerza Vital que está fluyendo de YO SOY; pero esta fuerza en vez de perderse en el espacio infinito, después de realizar su obra en un cuerpo masculino, tiende a unirse con un ser femenino para producir el circuito y regresará, por él, hacia la Divinidad. En el punto de la unión puede el Iniciado apoderarse de esta fuerza y emplearla en todos los siete planos enumerados anteriormente.

7º Hemos dicho que el séptimo plano es la Unidad del Todo; pero desde el sexto para abajo, comienzan las polaridades o sexualidad, de donde itene que fluir hasta llegar al físico y el hombre se convierte en canal de la fuerza Vital masculina positiva, mientras que la mujer, en canal pasivo, negativo femenino, es asexual o andrógino; así fue al principio y así será al fin.

8º Mientras tanto ambas fuerzas de YO SOY son manifestaciones divinas, en el hombre y en la mujer, y tienen que unirse en los mundos de la materia para la creación, para el retorno a la Unidad. Pero esta unión de ambos polos tiene que realizarse, forzosamente, en los seis planos para que produzcan la UNIDAD en el Séptimo.

9º La Energía Vital o Creadora debe descender hasta el físico.

El Iniciado o el Adepto tiene por objeto detenerla en la base de la médula espinal para retornarla al sexto mundo y no derramarla a la tierra, porque si esto sucede no podrá seguir el sendero interno.

Nadie debe suponer que el Adepto debe ser célibe y nunca debe tener una mujer, por compañera y esposa, no, el Adepto emplea la Fuerza Creadora según las leyes divinas y su unión sexual es, para él, un Sacramento o Sacrificio.

Pero también el Adepto es conocedor de las leyes divinas que se encierran en él, puede ser célibe y utilizar las dos polaridades que descienden desde su cabeza, las une en la base de su médula, en donde forma el circuito del fuego serpentino, y lo asciende por medio de su aspiración, respiración y meditación a la Unidad.

Entonces las dos maneras, o sea el matrimonio y el celibato, ambos tienen por objeto unir las dos polaridades, que divergen desde la Unidad, para que con la Unión pueda retornar a la Unidad.

10º Cuando la Energía Creadora desciende, como positiva, por

el lado derecho de la médula espinal, y la pasiva por el lado izquierdo, ambas polaridades tienen que unirse en la base de la espina dorsal y tomar el camino de retorno hacia arriba, hasta llegar al sexto plano; este símbolo está representado por el Caduceo.
Si esta Energía se derrama, desde el punto de unión inferior, vuelve a la tierra y arrastra al hombre a la animalidad.

11º La Fuerza Vital irradia del YO SOY y es por lo tanto divina, en su sustancia que expresa por los distintos cuerpos del hombre, constituidos por los átomos, en los diferentes planos; pero también la naturaleza de esta Fuerza es muy distinta en cada plano, aunque es una en toda su manifestación. Podemos tomar al fuego por ejemplo, que es al mismo tiempo humo, calor y luz; así es también el fuego divino, en la fuerza vital: humo en el bajo vientre, esto es, instinto animal; calor o deseo en el pecho y Luz en el cerebro, de manera que está acondicionada por la naturaleza del plano en el que opera.

12º Esta Fuerza Vital es la Causa de todo lo que existe y preserva a toda forma viviente de la desintegración, hasta alcanzar la evolución, y al mismo tiempo crea. En la primera fase es Padre-Madre, positivo y negativo; en la segunda es el Hijo: para la vida es una, para la creación es dual. Ya hemos dicho que en el hombre esta Energía desciende, como positiva, por el lado derecho de la médula y la pasiva por el lado izquierdo; pero en la naturaleza externa el hombre representa el lado positivo, que se manifiesta derramándose, y la mujer representa al lado pasivo que espera el estímulo. En lo físico el hombre estimula a la mujer, pero en lo anímico la mujer es quien estimula al hombre; porque si el hombre tiene un cuerpo físico positivo, su cuerpo de deseo es pasivo; mientras que la mujer es lo contrario del hombre: su físico es pasivo, pero su cuerpo de deseos es positivo.

13º "Cuando los dos sean uno y no haya más masculino ni femenino, vendrá el Reino de Dios", dicen las escrituras.

14º El hombre y la mujer como personas tienen un sexo definido: masculino o femenino; pero como dioses cada uno tiene en sí ambas fases.

El Iniciado debe desarrollar, en su cuerpo, ambos polos para convertirse en Unidad o debe unirse a una mujer para obtener el mismo fin. Con todo existen ciertos seres que unen los dos métodos para llegar al mismo objeto. La humanidad puede determinar el sexo del individuo en el mundo físico; más la Fuerza Vital es la que lo determina en los mundos internos; por tal motivo vemos cómo hay hombres afeminados y mujeres hombrunas.

15º La sagrada Energía Creadora obedece, como todas las cosas, al pensamiento del hombre. El tipo altamente espiritual trata siempre de espiritualizar la materia y sus pensamientos buscan la unión en todas las cosas. La Energía de este Ser no puede estancar mucho tiempo en el mundo físico y vuelve a su mundo mental superior y espiritual; mientras que el ser de tendencia material arrastra, por el pensamiento, la Energía Vital al mundo físico. Puede crear en este mundo, pero a manera de los animales.

16º "Y los dos serán Uno", dijo Jesús, hablando del matrimonio. Hasta hoy, rarísima veces, nos es dado ver el matrimonio del cual habla el Nazareno.
Todas las uniones actuales son formadas en el mundo del deseo y del físico; raros son los que llegan al mental y más raros son todavía los espirituales.
La verdadera unión del hombre y de la mujer debe llegar hasta el sexto plano, si no, nunca serán un solo cuerpo. Las uniones actuales miradas desde el punto espiritual son concubinatos voluntarios o forzosos. Cuando la unión de los dos seres no llega a todos y a cada uno de los cuerpos internos, es una unión animal y apenas puede abarcar los tres cuerpos inferiores: el amor tierno y profundo que comienza desde el mental superior para arriba carece del concepto de la unión sexual, y, cuando un matrimonio no llega hasta la unión mental es un matrimonio desgraciado, porque fue elaborado sobre el deseo animal o sobre el interés personal.

17º Cuando dos seres, de sexo opuesto, encuentran la unión mental, y si ambos pueden resistir la presión de la Energía Creadora en el físico, esta Energía forma en el mundo físico un circuito y vuelve a lo Divino llevando con ella la mente de ambos seres.

18º Ya se ha dicho que el cuerpo tiene siete plexos, que son dispuestos en diferentes lugares del cuerpo, y que ciertos temperamentos son más proyectores que atractivos, mientras que en otros ocurre a la inversa; pero el que haya alcanzado el equilibrio completo será un Dios.
Observamos qué raro es el individuo que llega a semejante estado, salvo algunos genios, y, aun esto, sólo en un tiempo determinado de la existencia.
El objeto de la unión de las dos polaridades, del cuerpo, es la divinización del hombre y este método lo siguen, solamente unos pocos iniciados; pero la unión casta del hombre a la mujer, conduce al mismo fin.
También hemos visto que la Verdadera Unión, del hombre y la mujer, debe afectar a los siete plexos o mundos, como los hemos llamado anteriormente; porque, efectivamente, cada plexo es un mundo en sí mismo, y, si la unión no se produce en los siete, es una unión imperfecta porque es incompleta.

19º La unión de dos seres de diferentes sexos debe alcanzar todos los siete plexos, porque las polaridades de los plexos masculinos son distintos de las del femenino, y al unirse producen el equilibrio. Sin embargo, tenemos que distinguir entre la unión sexual, que es muy distinta de la unión de dos almas, con o sin matrimonio.

20º Si se unen dos seres instintivos de ambos sexos, la unión será animal, como ocurre en los burdeles, y el equilibrio se traduce en la satisfacción de un instinto, que reside en el plexo prostático, que es positivo en el hombre, mientras que su correspondiente en el útero de la mujer es atractivo. En este plano son los opuestos los que se unen por la diferencia corporal y vibratoria que hay entre los dos. Este plexo ejerce su influencia sobre el olfato y la sexualidad. Esta unión permanece, solamente, mientras dure el acto.

21º Cuando dos sensitivos despiertan o desarrollan una pasión similar, lo semejante atrae a lo semejante; el hombre y la mujer no van directamente al acto, sino que él tiene que "conocerla" primero y este conocimiento dura mientras esté mantenido el deseo. En esta unión trabajan solamente los dos plexos inferiores prostáticos y sacro; este último ejerce su influencia en el estado psíquico del hombre y despierta en él la clarividencia.

22º La unión en el tercer plano pertenece al plexo inferior umbilical y depende de la simpatía emocional y de las ideas concretas, porque este plexo es el centro de la emotividad; es también desemejante entre el hombre y la mujer. Aquí yace la ternura física: una mujer que necesita la protección de un hombre, un hombre que busca el amor de una mujer. Estos seres permanecen unidos mientras dure la necesidad. El Plexo umbilical afecta al oído y a la voz, otorga la clariaudiencia.

23º La cuarta etapa de la unión pertenece al corazón o al plexo cardíaco que influye sobre la vista. Otra vez aquí los semejantes se atraen y ambos seres sienten, en la unión, un contento grande y una satisfacción mutua; porque la simpatía los une por el mismo interés objetivo y esta unión puede durar hasta la muerte.

24º Desde la quinta etapa para arriba los seres pueden tener su unión sexual aunque ellos nunca la buscan; la unión será puramente intelectual. Los dos seres serán desemejantes en sus plexos faríngeos, pero ambos serán buenos compañeros a pesar de su diversidad de opiniones sobre puntos de vista. Estos seres pueden encontrase en varias vidas.

25º El sexto plano de la unión pertenece al plexo frontal; la unión será puramente espiritual, porque ambos tienden al mismo ideal, y por consecuencia sus polaridades serán semejantes y se atraen. Este plexo influye sobre el tacto. Sólo se unen en este mundo, aquellos que pertenecen a un mismo rayo espiritual.

26º En el Séptimo, los dos serán uno y ya no hay ni masculino, ni femenino; ni positivo, ni atractivo. Ambos serán andróginos y neutros esto es, que poseen los dos elementos en equilibrio.

27º De lo dicho se desprende que el sagrado misterio de la unión sexual tiene por objeto el equilibrio, entre los dos seres para que ambos al sentirse uno, aprendan el misterio de la Unión y el retorno hacia la Divinidad. Para llegar a este grado de perfección se debe buscar el matrimonio perfecto o la unión perfecta.

28º La unión perfecta debe abarcar las siete fases o los siete plexos, o mundos.
En la unión física debe existir un deseo mutuo.
El amor une los deseos.
La unión de los deseos conduce a los maridos a adquirir un conocimiento común.
El conocimiento común de los dos los vuelve como amigos.
La amistad en el mundo intelectual les otorga una espiritualidad o creencia espiritual similar.
La espiritualidad similar en dos seres de opuesto sexo abre la puerta hacia la Unidad que es equilibrio.

29º Antes de la venida de Cristo las religiones prohibían el matrimonio entre dos seres de diferentes castas o religión, porque comprendían que estos seres nunca pueden llegar a la unión completa por la diferencia de costumbres, creencias y religiones; pero después de la venida de Cristo, que estableció la Fraternidad Universal, estos matrimonios ya son frecuentes y hasta necesarios.

30º Los antiguos nos dejaron varios símbolos gráficos y escritos sobre la dualidad:
Miguel y Satanás; la lucha de Jacob con el ángel; los dos querubines en el Arca; Caín y Abel, el Arbol de la Ciencia del bien y del mal, etcétera.
Estos símbolos están en el cuerpo humano y están sujetos a la doble ley.

31º Vemos, en primer lugar, que los plexos son conductores de esta energía. Cuando ésta llega a cierto grado de abundancia produce una presión que trae consigo el movimiento.
Cada plexo pertenece a una de las dos polaridades magnéticas: unos son positivos proyectores y otros negativos atractivos. Cuando se unen dos seres, de diferentes sexos, el fluido proyector del primero irá a los plexos atractivos del segundo y viceversa.
Cuando los proyectores realizan mayor movimiento, el ser, por medio del pensamiento, puede dominar desde el plano físico los otros seres que habitan en otros planos y servirse de ellos.
Cuando el fluido atractivo es mayor puede el hombre recibir la sabiduría del más allá.

El Iniciado debe desarrollar en sí ambas polaridades para aprender y proyectar su saber sobre los demás.

32º Este desarrollo puede efectuarse de dos modos:
1) Por el método Yoga y la obediencia al Sermón de la Montaña;
2) Por el matrimonio perfecto.
El primer método fue desarrollado anteriormente y el segundo tiene que ser practicado a base de pureza. No todos los temperamentos pueden seguir un sólo método; pero no es difícil unir los dos y llegar a un mismo fin.

33º Para alcanzar la fortuna material, riqueza, gloria, fama, amores, etc., etc.) hay que desarrollar los plexos atractivos que son el prostático, el sacro y el coronario o Pineal; pero si en el hombre domina la naturaleza inferior, el desarrollo de estos plexos hace de él un neurótico banquero o un estafador, atrae la idea, pero nunca la proyecta para el bien de los demás.

En cambio si es un espiritualista verdadero, en vez de atraer dinero recibe un poder psíquico formidable, y como los otros plexos, en él, están desarrollados, proyecta sentimientos y pensamientos que son capaces de evolucionar el mundo.

34º Cuando un hombre desarrolla los plexos se pone en la relación con la atmósfera de los elementales. Estos le ayudan y le enseñan sus mundos, le hacen más atractivo para el éxito material y al mismo tiempo proyector potente espiritual. Por medio de ellos lleva a cabo las grandes obras, le enseñan los descubrimientos y los inventos destinados a la mayor felicidad de la humanidad; pero los que son solamente atractivos y cuyos fines son el provecho personal, están abandonados a los elementales inferiores.

35º Desarrollar un plexo es aumentar su elasticidad. Los medios de aumentar esta elasticidad ya los hemos indicado:
1) Aspiración, respiración y meditación, y 2) Magia sexual. Ambos métodos producen el equilibrio, aunque el segundo es más violento y por consecuencia es más peligroso. Este es el misterio de la serpiente.

36º La magia sexual o la Unidad del Binario: hombre y mujer, aviva los plexos atractivos en los seres inferiores y por consiguiente el olfato, los órganos sexuales, el paladar, el éxtasis y la atracción; mientras que la espiritualidad desarrolla los proyectores. Hay que tener siempre en cuenta que estamos hablando de la magia sexual y no del libertinaje sexual.

Con la castidad, en la unión del Binario, el hombre o la mujer es mucho más poderoso, porque aumenta o expande la elasticidad de todos sus plexos y en este estado será servido por los elementales.

37º La conjunción del hombre con la mujer fue la primera causa del desequilibrio, sin embargo, el equilibrio es y será siempre en esta unión.

Toda unión sexual, impura, produce una disminución del equilibrio nervioso; este desequilibrio pasajero es el que provoca las luchas y las guerras entre los individuos y entre las naciones, porque este desequilibrio dota, a ciertas personas neuróticas, de atracción y con ella ejercen sobre los demás sus influencias y serán conductores y dictadores de las naciones. Estos seres están influenciados por el desequilibrio de lo demás; son la creación del desequilibrio en la unidad sexual.

Mientras tanto el Iniciado aspira siempre a restablecer, por medio del binario, el equilibrio entre los hombres y la lucha será eterna y ardua.

38º La llave de la Dualidad que conduce a la Unidad, en el Reino Interno, está en la mujer. Aquellos que dudan de sus conocimientos, en este estudio, pueden estudiar y meditar en la Letanía de la Virgen María. La meditación debe ser mística; entonces puede el aspirante comprender el papel del elemento femenino en el mundo y dentro de sí mismo.

Capítulo IV

LA UNIDAD EN LA TRINIDAD

1º La Unidad Superior, desde la cual parten dos líneas divergentes, ha hecho su reproducción por el Binario o la Dualidad; pero estas líneas divergentes serían inútiles si no se uniesen en alguna parte. La Unión de estas dos líneas nos conduce forzosamente al Ternario o la Trinidad.
Ya se ha dicho que el hombre es una Unidad completa, por la Derecha y la Izquierda, porque primitivamente era andrógino; pero desde la separación del sexo, tuvo que unirse a la mujer para volver al intermediario equilibrio o Principio de Armonía.

2º El Padre y la Madre engendran al hijo; el Azufre y la sal producen el Mercurio. El Cielo y la tierra engendran al hombre, la criatura más perfecta que realiza la unión de lo superior con lo inferior.
Toda Trinidad resulta de una Dualidad.
Un Triángulo dentro de un círculo es el símbolo más adecuado para presentar la Trinidad dentro de lo Absoluto. Los principios son dioses, mas no son lo Absoluto. Los tres Principios los encontramos en todas las religiones y de aquí se deduce que la Trinidad es un dogma Universal.

3º El Hombre Dios es trinidad manifestada en cuerpo. La primera dificultad, con que la mente tropieza, es la de comprender completamente, no lo que es el hombre, por lo contrario, lo que **no es él.**

En este capítulo no pretendemos hablar sobre la Trinidad, ni explicar lo que es; pero sí deseamos comprender cómo se produce, por la unión de la dualidad, en el hombre, ya que hemos tratado, en capítulo anterior, cómo se efectúa la Unidad por la unión del hombre con la mujer.

4º Las dos corrientes que preceden del YO SOY vitalizan, al descender, el sistema simpático y nervioso; pero cuando estas dos corrientes se unen en alguna parte inferior de la médula, forman el circuito de la fuerza, o el Tercer Elemento, que tiene que ascender nuevamente a la cabeza, Este misterio está simbolizado por la ascensión del Cristo al Cielo.

El YO SOY trata siempre de absorber todos nuestros pensamientos y devolverlos a su fuente primitiva.

5º Ya se ha dicho que la Energía Creadora se forma por el contacto de las polaridades en el cuerpo humano, y sabemos que la positiva o proyectora desciende por el lado derecho, mientras que la pasiva o atractiva por el lado izquierdo. La primera es fuerza solar y la segunda es fuerza lunar.

Conforme va uniéndose el flujo de esta energía dual comienza a operar, en el cuerpo, la tercera y obrar en la salud y el bienestar del organismo físico.

6º En lenguaje místico, estas tres fuerzas son denominadas por Electricidad una, otra por Fuego Serpentino y aún otra por la Energía de la Vida, totalmente distinta de la vida.

7º Por todos los centros magnéticos del hombre fluyen estas tres energías. La energía descendente por la derecha es la electricidad positiva y forma parte de la acción del Primer Principio de la Divinidad Interna.

La energía que desciende por la Izquierda es el tercer principio, que como la primera, se diferenció de sí misma y se manifestó en todos los planos; como vida vivifica las diversas capas de la materia de los cuerpos mental y astral; de modo que en la parte superior del cuerpo de deseos o astral se manifiesta en forma de nobles emociones y en la parte inferior en un impulso de vida. Esta fuerza se manifiesta desde el cuerpo de deseos, por medio de los centros magnéticos, en el cuerpo físico, en donde se expresa la tercera Energía llamada Fuego Serpentino, que es el resultado de la unión de los dos Principios.

8º La tercera es fuego y Luz; es la manifestación, en el plano físico, de las dos polaridades opuestas. Las tres existen en todos los planos y en toda forma.
La energía del fuego que se encuentra en el corazón o centro de la tierra tiene mucha relación simpática con el fuego en el cuerpo humano.
Esta tercera energía desciende desde los planos superiores a la materia y cuando llega al inferior plano asciende por el mismo camino por donde descendió.

9º La Energía Triuna en el séptimo mundo superior desciende por varias ramificaciones o conductos y cuando se junta, nuevamente, en el primero inferior asciende nuevamente; de modo que absorbemos la latente Energía de Dios tanto por abajo de la tierra, como por arriba del séptimo cielo; pero cuando desciende el hombre está inconsciente de ella, mas cuando asciende siente su manifestación en él.

10º La tercera, que precede de la dualidad, es el fuego creador que desempeña, en la vida del hombre, la manifestación consciente; no sólo es inofensiva sino es benéfica y que actúa siempre llevando a cabo su obra, aunque el hombre esté inconsciente de su presencia.
Este Fuego al descender manifiesta su energía en todos los seis planos, distintamente uno de otro. Desde el sexto plano hacia abajo comienza su creación hasta llegar al último que es el físico; aquí su manifestación es más perceptible que en los demás superiores.

11º La Trinidad se manifiesta en cada plano por medio de un centro magnético en el cuerpo. Las dos corrientes polarizadas fluyen por el interior y en torno de la columna vertebral de todo ser humano, son como el bemol y el sostenido de la nota "fa" de la naturaleza humana.
Estos tres aires vitales están regidos por la voluntad. El deseo y la voluntad son el aspecto inferior y superior de una misma potencia.
La pureza en los tres conductos o canales es tan necesaria, que sin ella no habrá buena circulación, la que desde el conducto central se distribuye por todo el cuerpo.

Los canales positivo y negativo funcionan a lo largo de la curva del cordón central y ponen en acción la libre y espiritual corriente central. Tienen distintos conductos para unirse entre sí, pues de lo contrario sus radiaciones serían inútiles, como los dos polos de la electricidad cuando se encuentran sueltos.

12º Las religiones y la masonería dividen en grados sus misterios.

El primer grado en la masonería y el bautismo en la religión tienen por objeto afectar el aspecto femenino de la Divinidad en el hombre, con lo que facilita al candidato el dominio de las pasiones y las emociones.

El segundo grado y la confirmación afecta el aspecto masculino a fin de dominar la mente.

El tercer grado o la comunión despierta la energía central para que el hombre pueda comulgar con su Dios Intimo.

En la mujer están invertidas estas posiciones: el positivo está a la izquierda y el negativo a la derecha.

Cuando se unen los dos conductos medulares, de la columna vertebral, se parecen a dos serpientes que simbolizan la serpiente ígnea o el fuego Creador que se mueve a lo largo del canal medular hasta formar un cetro que se eleva a los planos superiores, y, así se tiene la figura del caduceo de Mercurio.

13º El Fuego Creador que fluye al descender y al ascender, por los tres canales, se especializa de dos maneras durante su flujo. Este Fuego es al mismo tiempo masculino y femenino, cuando su energía sigue al lado derecho o izquierdo. El femenino pasivo es la Madre del Mundo y su hogar es cierta cámara del corazón; pero cuando el fuego se dirige por la derecha y llega al centro básico es casi todo ello masculino activo.

En el conducto central arriba y abajo conserva su Neutralidad u originarias proporciones.

14º Cuando asciende por la columna vertebral impregna, intensamente, la personalidad del hombre y cuando llega a la cima se ha transmutado en el particular fluido nervioso, con el sello de las especiales cualidades.

15º Cuando los dos Principios se unen en el Mundo Divino del hombre forman la Trinidad de lo Absoluto en el Centro

Coronario. En este Centro Dios Triuno es la Unidad del Todo.
Unidos los dos en el sexto mundo, en el centro frontal forman la Trinidad de la Mónada o el Espíritu Virginal, diferenciado en Dios, antes de bajar a la materia. Este mundo se llama Monádico.
Juntos en el quinto mundo, que corresponde al centro faríngeo, forman la Trinidad del Espíritu Divino. Este centro es la cuna de la más elevada influencia espiritual en el hombre; es el mundo del Verbo.
Cuando se unen en el cuarto mundo o el Corazón tenemos la Trinidad del Espíritu de la Vida llamado el mundo Intuicional.
Unidos en el tercero o umbilical o plexo solar forman el Espíritu humano mental.
Cuando se unen en el segundo o sacro espinal producen como tercer elemento el deseo en el mundo de los deseos.
Y por fin cuando se unen en el pélvico, el tercer elemento es el físico o mundo físico.

16º La energía Triuna, al conectarse en los tallos de todos los centros vertebrales, brota como fuego y luz por los centros magnéticos hacia dentro y hacia fuera. Los dos aspectos combinados o unidos en un centro se traducen en poder magnético personal en el hombre. Este poder vivifica todos los ganglios y plexos cuando fluye por los demás nervios y mantiene la salud por la temperatura del cuerpo. Este fluido nervioso, que es el resultado de la combinación de ambas energías, es lanzado hacia arriba y hacia abajo; hacia dentro y hacia afuera; desde el punto de su unión vibra en el sistema simpático, y manifiesta su calor y su luz, el sistema nervioso.

17º El sistema simpático consiste en dos cordones tendidos por casi toda la longitud de la columna vertebral, a uno y a otro lado de ella y algo hacia adelante de su eje. De estos dos cordones arrancan los nervios simpáticos, que forman los plexos, de los cuales derivan otros nervios que forman ganglios menores con las arborizaciones terminales.
Sin embargo, ambos sistemas simpático y nervioso están relacionados por diversos medios y gran número de nervios conectores.

En los ganglios menores se halla un diminuto grupo de células nerviosas enlazadas por tenues ramificaciones. Este grupo se forma por una agregación de materia astral o deseos para recibir impulsos del exterior y responder a ellos.

Las vibraciones pasan desde estos centros u otros centros etéricos, de pequeñas vórtices que entrañan partículas de materia física densa y acaban de formar una célula nerviosa y grupos de ellas.

18º Los centros físicos reciben vibraciones del mundo físico y devuelven impulsos a los centros de deseos y por otra parte repercuten en el sistema nervioso cerebro-espinal que tiene íntima relación, en sus operaciones inferiores, con el simpático.

19º El sistema cerebro-espinal se forma por impulsos originados en el plano mental, mientras que el simpático tiene su formación del plano astral o de deseos.

De estas indicaciones podemos deducir dos importantes puntos:

1) La Energía Dual al descender, baja por los dos cordones simpáticos para después ascender por la columna vertebral, con más fuerza, que por el simpático.

2) Que para volver al mundo interno espiritual hay que atravesar primero el sistema simpático hasta llegar al espinal, como fue aclarado en el capítulo "Generalidades".

20º Cuando la Energía Triuna toma el camino de ascender, y si es equilibrada, crea en el centro sacro o básico la Piedad, el Cariño, la compasión, la fecundidad, la castidad; pero si sale al mundo físico, sin control, es causa de la lujuria, de la indiferencia, de la esterilidad y del egoísmo.

Este centro es el que otorga a la mente el conocimiento del bien y del mal, esto es, de las leyes armónicas y divinas.

21º Antes de seguir adelante tenemos que dirigir toda nuestra atención a la joya cabalística que es el Apocalipsis de San Juan. En esta revelación están encerrados todos los misterios del hombre. Tomemos los versículos que nos interesan, por el momento.

22º En el capítulo primero, vers. 1, dice:

"La Revelación de Jesucristo, que Dios le dio, para maninifestar a sus siervos las cosas que convienen sean hechas luego: y declaró, enviándolas por su Angel a Juan su siervo."
Este versículo nos relata que el Intimo, otorga al Cristo en el hombre esta sabiduría del futuro o "las cosas que convienen sean hechas luego" dentro del hombre, y, que el Cristo se vale de su Angel que reside en la mitad del sistema nervioso, para hacer llegar al iniciado, en el mundo interno, esta sabiduría.

Vers. 3: "Bienaventurado el que lee y oye las palabras de esta profecía: y guarda las cosas que en ella están escritas dentro del mismo hombre porque el tiempo (de la iniciación interna) está cerca."

Vers. 4: "Juan a las siete Iglesias que hay en Asia (a los siete centros que se hallan en el cuerpo humano; porque en el tiempo de Juan no existía ninguna iglesia de las siete mencionadas en aquel continente). Gracias a vosotros, y paz de aquél que es, y que era, y que ha de venir; y de los siete Espíritus que están adelante de su trono." (Ya sabemos que el Trono del Intimo es el cuerpo y los siete espíritus son las siete entidades angelicales que rigen los siete centros de poder en el cuerpo.

Los versículos 5, 9, 7, refieren al Cristo que murió en el hombre y los demás versículos describen alegóricamente a este mismo Hombre Cristo, Hombre Dios cuando llega a identificarse con el Intimo, quien le otorga la Sabiduría, y explicándola en el versículo 20 que dice: "El misterio de las siete estrellas que he visto en mi diestra, y los siete candelabros de oro: Las siete estrellas, son los ángeles de las siete Iglesias: y los siete candelabros, son las siete Iglesias."

23º En el capítulo segundo trata de los cuatro centros inferiores y son: el Fundamental o Básico, el Espléndido, el Umbilical y el Cardíaco; mientras que en el tercer capítulo habla de los tres superiores: el Laríngeo, el Frontal y el Coronario.

Desde el versículo primero hasta el séptimo trata sobre el plexo Pélvico o coxígeo espinal y su ángel; el Apocalíptico le da el nombre de Iglesia de Efeso.

En esta Iglesia o centro, el Intimo se manifiesta en su

aspecto de Poder Creador. El hombre en este plexo es tan creador como Dios; pero ante todo y sobre todo debe crear guiado por la caridad y el Amor como Dios y no por la animalidad y el instinto "por que si no vengo a ti, y moveré tu candelabro de su lugar, si no te corrigieres", es decir, la conciencia del dolor, de las enfermedades y de las tribulaciones que son las consecuencias de la lujuria y de la concupiscencia, vienen sobre el hombre; y lo castigan por la desobediencia cometida contra la Ley del YO SOY, y moverán el candelabro de su lugar, esto es, deja de ser creador.

Pero "Al vencedor daré a comer del árbol de la vida, que está en medio del paraíso de mi Dios".

Esto quiere decir que cuando el Iniciado equilibra en sí las dos fuerzas, para que nazca en él el tercer elemento, puede probar y sentir el fruto del árbol de la ciencia del bien y del mal y no morirá y se cumple en él lo dicho por el Señor Dios: "He aquí Adán, como se ha hecho uno de nos, sabiendo el mal y el bien."

Porque, ahora, los querubines mismos le entregan la espada, que arrojaba llamas, para que pueda cortar el nudo que impedía su entrada al jardín del Edén, al contrario ellos mismos le ayudan y le indican el camino que conduce al árbol del bien y del mal, porque el hombre por su iniciación Interna se convierte, conscientemente, en Dios.

24º Cuando la energía Triuna sigue su ascenso al plexo y centro esplénico produce en el hombre el consejo y la justicia.

Esta estrella está situada en el bazo y su función es difundir la vitalidad dimanante del sol; es como prisma que divide el blanco en seis colores, necesarios para la vida del hombre, o en otras palabras, reparte en el cuerpo las seis modalidades de la Energía vital; sus colores son rojo, anaranjado, amarillo, verde, azul y violado, los mismos colores del espectro.

El Apocalíptico le llama Angel de la Iglesia de Esmirna, a quien le dedica cuatro versículos: 8, 9, 10, 11. Es otro centro creativo, y es el conducto por el cual pasa la vida a la materia inerte.

Este ángel, en esta estrella, es el conductor de un éter

que tiene por objeto el mantenimiento de la forma individual.

La energía de la Vida penetra y sale de este centro, es el conductor de las fuerzas que mantienen en la especie el poder de propagación.

El polo positivo de este centro actúa en la hembra durante la gestación, capacitándola para crear un nuevo ser; mientras que la fuerza negativa produce el semen en el macho. El demonio o el enemigo oculto en el hombre, como dice el versículo 10º, se apodera de los átomos de propagación en el hombre y la mujer y los echa en su cárcel para emplearlos en el cumplimiento de sus fines; esto es, empleando los átomos de la energía creadora para la destrucción. Para el que es fiel hasta la muerte, el Intimo le dará la corona de la Vida y el Iniciado que venciere no recibirá daño de la segunda muerte o la muerte del cuerpo de deseos, después del físico, que es muy horrorosa para aquellos que buscaron el placer en el acto sexual.

25º Cuando la energía asciende, por la aspiración voluntaria y pura, al centro umbilical o el plexo solar, ahí se verifican los sentimientos y emociones de diversa índole. En este centro se adquieren el conocimiento y la prudencia. San Juan le llama ángel de la Iglesia de Pérgamo "y en donde mora está la silla de satanás". Efectivamente en esta región se libra la guerra entre los ángeles de los buenos y malos deseos. En este centro, el cuerpo de deseos manifiesta su poder y enseñaba a "los hijos de Israel que comiesen y fornicasen". El cuerpo de deseos es quien obliga al hombre a tergiversar las leyes superiores; pero cuando el Iniciado, en el mundo interno, recibe del Intimo el poder del Verbo Divino, como espada de dos filos, viene contra él (el cuerpo de deseos inferiores) y peleará contra ellos con la espada de su boca. Al vencedor le será dado maná (mente superior para comprender todas las cosas, cuando se desprende todo deseo) y una piedrecita Blanca y en la piedrecita un nombre nuevo escrito, que no sabe ninguno, sino aquel que lo recibe. (San Juan repite la palabra piedra en varios capítulos del Apocalipsis. La piedra tiene el significado de un signo zodiacal, como veremos en el capítulo cuarto de este trabajo. Esta piedrecita aquí representa la garganta del hombre y el nombre es la palabra Perdida, buscada por los Iniciados, símbolo de la palabra del poder que obtiene el verdadero Iniciado).

26º La Energía en el Centro Cardíaco se subdivide en doce radios, concede la Sabiduría Divina, la humildad, la modestia y la intuición, etcétera.

Este centro es la residencia del "ángel de la Iglesia de Thyatira" y el Señor conoce sus obras de fe, de caridad, de servicio y de paciencia; pero este centro es, también como los anteriores, positivo y negativo.

Cuando el profano materializa, con sus pensamientos concretos, los deseos inferiores "permite a Jezabel, mujer que se dice profetisa (a la naturaleza inferior), predicar y engañar a los átomos siervos del hijo de Dios, fornicar y comer las cosas sacrificadas a los ídolos". Y que si el hombre no pone freno a los deseos y pensamientos destructivos de su naturaleza inferior, "He aquí la reduciré a una cama del dolor y los átomos que adulteran con ella se verán en grande tribulación... y castigaré de muerte sus hijos —es decir sus frutos— ...y sabrán todas las iglesias que Yo Soy el que escudriñó las entrañas y los corazones, etcétera".

Mas al Iniciado que vence y guarda las obras del Señor, los pensamientos constructivos, hasta el fin, "le dará potestad sobre las gentes... y le dará la estrella de la mañana", que alumbra y guía a todos los seres, o en otro término, la Sabiduría Divina.

27º El segundo capítulo termina aquí con la descripción apocalíptica de los cuatro centros inferiores y en el tercero continúa el estudio de los tres centros o mundos superiores. Cuando la energía Divina asciende por medio del pensamiento al Centro Laríngeo, a la Iglesia de Sardis, el Intimo manifiesta en ella su amor Divino, y esta Energía será una Deidad creativa por medio de la palabra.

El CRISTO que tiene los siete Espíritus creativos ante su trono, le amonesta. "Sé vigilante y fortifica a las otras cosas que estaban para morir... porque si no velares, vendré a ti (por medio de mi conciencia que hablará muy alto) y la tristeza oprimirá el corazón".

Pero el premio de quien venciere será la pureza perfecta

"será vestido con vestidos blancos (el color de su aura que fue contaminada), y no borraré su nombre del libro de la vida, y confesaré su nombre delante de mi Padre, y delante de sus ángeles".

En este aspecto el Iniciado será Dios en la tierra y crea por medio del Verbo Creativo, porque por medio de la invocación materializa lo invisible en él.

28º En el sexto Centro Frontal llamado por San Juan Iglesia de Filadelfia, la energía del Intimo crea por la imaginación o visualización.

En este Centro se manifiesta el estado espiritual de cada persona, si es hijo de Dios y si está escrito en su frente el nombre de Dios o la marca de la Bestia.

La Luz que sale de esta flor, rueda o centro revela sus pensamientos.

El desarrollo de esta Iglesia consiste en el Respeto, la Abstinencia y la Templanza. Como premio, "al que venciere será columna en el Templo de mi Dios y no saldrá jamás fuera (porque ya se identifica con El), y escribiré sobre él el nombre de mi Dios, y el nombre de la Ciudad de mi Dios, la nueva Jerusalén" (el futuro cuerpo humano que escaló hacia la perfección), el que descendió del cielo de mi Dios, y mi nombre nuevo.

29º Por último, cuando el Intimo obra por sus tres aspectos en la séptima Iglesia que se llama Laodicea, que es el Centro Coronario, en la Glándula Pineal, produce en el hombre el Poder, la Fortaleza y la Sabiduría Divina origen de todas las cosas desde lo más sutil hasta la materia física densa. El yo inferior de los sentidos físicos es orgulloso de su intelecto, es a veces caliente por sus pasiones y otras frío por su pereza mientras que el YO superior permanece en el hombre, durante muchas vidas, latente, ni frío ni caliente. Este es rico en poderes, pero por su indiferencia y su ceguera está desnudo y miserable, al no saber emplear su poder: Se le aconseja que se compre oro puro, refinado en fuego de la espiritualidad, único factor que puede despertarle de su letargo y puede activarle; y, que unge su ojo interno, glándula Pineal, con colirio de la impersonalidad y el servicio para que vea.

"He aquí, yo estoy a la puerta y llamo: si alguno oyere

mi voz y abriere la puerta, entraré a él y cenaré con él, y él conmigo."

Esta energía entra cada mes por este Centro Coronario: es la fuerza Triuna que penetra a esta glándula cuando la Luna pasa por el signo del nativo de cada individuo. Cuando el Iniciado en el mundo Interno compra el oro puro de impersonalidad y se viste con el aura blanca de la pureza, y unge su ojo con el colirio del servicio, deja penetrar y después emana de su Centro Coronario de mil pétalos, la fuerza del Cristo como semilla de todo amor y de todo bien.

Entonces el YO SOY que llama a la puerta del plexo solar ilumina a los centros inferiores y asciende nuevamente a la cabeza, cielo en donde "Yo cenaré con él, y él conmigo" es decir quedarán, permanentemente, manifestado el Padre en el entrecejo; el hijo, en la Pituitaria y el Espíritu Santo en la Pineal, y el hombre se despierta en el mundo de la cuarta dimensión.

El premio "al que venciere, le haré sentar conmigo en el trono; así como yo también he vencido, y me he sentado con mi Padre en su trono, o sea, sentirse uno con El en el Reino Interno; porque ya no existe la ilusión de la separatividad.

30º De lo dicho se debe comprender que el YO SOY, en el hombre, crea en los siete mundos o siete cuerpos, por medio de sus siete centros llamados por el Apocalíptico siete Iglesias y siete ángeles.

Pero la Creación puede ser armónica e inarmónica según la aspiración, la inspiración y el pensamiento.

En el plexo Básico el hombre crea, por los instintos, un cuerpo físico.

En el Esplénico, crea el cuerpo anímico o vida.

En el Solar crea el deseo que da el movimiento a la vida.

En el Cardíaco, crea por medio del conocimiento y la intuición.

En el Laríngeo, por medio de la Palabra o Verbo.

En el Frontal, por el pensamiento y la visualización.

Y en el Coronario es la Misma Unidad que manifiesta la diversidad.

Para que la creación sea útil, armónica y Divina el hombre debe emplear la aspiración pura, la respiración perfecta y el pensamiento puro y sostenido.
Para el desarrollo de cualquier Centro de poder en el hombre basta emplear las tres condiciones susodichas y el desarrollo será perfecto.

31º La palabra Sagrada AUM de los Orientales tiene las iniciales sagradas de la Trinidad. La Palabra AMEN de los Occidentales encierra la misma Trinidad.

Capítulo V

EL CUATERNARIO Y LA UNIDAD

1º El Círculo representa lo Absoluto Inmanifestado; el uno simboliza el Espacio potencial sin dimensión, es el Padre que abarca en sí el todo; el número dos o Dualidad es la Madre que determina la primera dimensión. Unido el Uno al Dos suman Tres o la Trinidad, manifestación perfecta en el hombre y en el Universo.

2º Pero, para que los tres Primeros Principios puedan manifestar la Creación del Intimo Absoluto, desde lo interior a lo exterior o toda manifestación objetiva, fue necesario que la Trinidad emanara de sí cuatro elementos o divinidades que componían la estructura material del mundo.

3º Estas cuatro divinidades emanadas de la Trinidad se llaman: Fuego, Aire, Agua y Tierra. Las vibraciones de la Trinidad en los cuatro elementos o divinidades, llamadas por la Biblia (Elohim) forman o constituyen los electrones; las combinaciones de estos electrones según número, peso y medida, forman la materia.
El Espíritu es la Fuerza que penetra la materia y causa en ella las vibraciones. El Espíritu es UNA parte de la Energía UNA.
La Fuerza de la Vida es la otra parte de la misma energia que entra en el cuerpo en el instante de su nacimiento al mundo físico.

4º Fuego, Aire, Agua y Tierra no son primarias divinidades, sino más bien principios por los cuales se manifiesta la

materia. Las Divinidades son solamente Tres, pero los principios son cuatro.
De modo que podemos resumirlos en los siguientes términos:
1) Creación Material, Unidad completa.
2) Nous Un doble: Binario.
3) UNA Trinidad o Divinidades.
4) Principios en una manifestación.

5º El número cuatro representa la separación aparente del hombre de su Dios, o el paso de un mundo a otro; así como la célula, por el estímulo y el movimiento, produce otra célula de su propia clase, así también todo cuanto existe debe ser dual en su naturaleza, triuno en su manifestación y cuatro para su realización.
El Amor que une al Padre y a la Madre engendrando al Hijo.
$1 + 2 = 3$ son manifestaciones invisibles; el 4 ó los cuatro elementos cristaliza la manifestación invisible en visible.

6º El número 4 es la $+$ Cruz de los elementos sobre la cual el hombre está colocado. Aquí debemos notar que el símbolo de la Cruz no significa la muerte; más bien, al contrario es el símbolo de la vida.
Los cuatro elementos representan simbólicamente los cuatro brazos de la Cruz.

7º En el cuerpo del hombre, en forma de Cruz, encontramos el elemento, que corresponde al fuego en el pecho y el corazón que produce el calor vital; el aire en los pies que mueven el organismo; el agua al lado derecho y en la función asimilativa del hígado; y la tierra en el lado izquierdo y en los intestinos, que corresponden a dicha parte.
En la mano derecha está el Fuego que disuelve y en la izquierda está el poder que coagula.
De manera que el reino del cuaternario es del Reino de la Naturaleza, constituido por los cuatro elementos.

8º Las estaciones del año corresponden: la Primavera al aire; el Verano al fuego; el Otoño al agua y el Invierno a la tierra. Toda materia se manifiesta en estos cuatro, llamados principios; pero las divinidades que los componen son tres en número, y son llamadas Divinidades Primarias.

9º Toda materia es reductible a Tres Divinidades Primarias que se expresan en y a través de los cuatro. Este es el Génesis de la Biblia y de los ocultistas; naciendo el fuego o respiración como calor vital del Aire, condensándose los dos en agua y produciéndose en ésta, por efecto del fuego, la Tierra.

10º En el mundo moral se traduce así. El fuego es la voluntad del ser, unida al aire, que es el pensamiento; producen el Agua, emoción o deseo, y produciéndose por el deseo la acción.

NUNCA JAMAS se debe confundir el elemento con el espíritu, así como no se debe confundir el cuerpo del hombre con el Espíritu del hombre; los elementos son cuerpos físicos de las entidades internas del aire, del fuego, del agua y de la tierra.

Cuando los elementos del fuego dominan al hombre hacen de él violento y le dan el temperamento bilioso; los del aire, le hacen reflexivo e inteligente y le dotan del temperamento sanguíneo; los del agua le hacen sensitivo e impresionable, tornándole un temperamento linfático; los de la tierra lo hacen activo, constante y le dan el temperamento nervioso.

11º Los elementos corresponden a las cualidades morales del hombre y están representados por los cuatro animales de la esfinge y los cuatro animales del Apocalipsis y la cuadratura del círculo de los sabios.

Cuando el hombre, en el futuro, llegue a la Unión con su Intimo, podrá comprender el significado de los versículos 6, 7, 8 del cuarto capítulo del Apocalipsis de San Juan que dice:

Vers. 6: "Y a la vista del Trono (cuerpo) había como un mar transparente, como el vidrio semejante al cristal: (es la materia espiritualizada que se vuelve transparente) y en medio del trono (cuerpo) y alrededor del trono, cuatro animales (los cuatro elementos) llenos de ojos delante y detrás."

Vers. 7: "Y el primer animal semejante a un león (el Espíritu del Fuego, el discernimiento espiritual, el poder de la voluntad; y el segundo animal, semejante a un becerro (el espíritu de la Tierra, la acción, la expresión de la voluntad), y el tercer animal, que tiene cara como de hombre, (el Espíritu del agua, el sentimiento consciente de lo que hace) y el cuarto animal, semejante a una águila volando (el Espíritu del Aire, el pensamiento que está inteligentemente callado y silencioso)."

Vers. 8: "Y los cuatro animales, cada uno de ellos tenía seis alas (los seis sentidos desarrollados completamente por la regeneración) y alrededor y dentro están llenos de ojos (completamente transparentes por el desarrollo), y no cesaban, día y noche, de decir: Santo, Santo el Señor, Dios omnipotente, el que era, y el que es, y el que ha de venir."

12º Esta es la cuadratura del Círculo. Cuando el hombre domina los cuatro elementos interiores, que reinan actualmente en su cuerpo físico, manifiesta los cuatro principios superiores, cuyas vibraciones le hacen volver al Círculo, a la Unidad con el YO SOY.

El Círculo o Ciclo de la Vida es como la eclíptica y el año. Las cuatro estaciones y los cuatro elementos en la naturaleza tienen la correlación para demostrar la cuadratura del círculo o la expresión y adaptación de los cuatro en el ciclo de la vida.

13º Del Círculo mana un radio determinado, como elemento creador, de este radio se manifiesta el segundo: el primero es sonido, y el segundo es Luz. El primero es la línea vertical y el segundo es la trasversal u horizontal. Ambos forman la perfecta expresión de la cuadratura que viene a ser la Cruz del Círculo.

Los cuatro ángulos rectos o los cuatro brazos de la Cruz, como expresión tetrágona del hombre, deben encontrarse en el centro de la Cruz, en donde reside el ser inteligente que puede medir la expresión circular en sus cuatro elementos. El hombre debe triunfar sobre los cuatro elementos. Ya hemos dicho, que para dominar los elementos inferiores del agua, hay que extirpar las pasiones groseras y llegar a la impersonalidad; para dominar los elementos del fuego hay que vencer los instintos animales. El dominio de los elementos del aire consiste en la concentración perfecta, y el triunfo sobre los de la tierra consiste en el ayuno racional, en la limpieza interna y externa y finalmente en la respiración adecuada.

El iniciado que triunfa sobre los cuatro elementos inferiores encuentra la Ley interna de la Cruz, que es la Ley de la vida y del triunfo, que, expresándose hacia fuera, puede manifestar los cuatro puntos del ciclo de la existencia.

14º Místicamente, la relación de "PI" $22/7 = 3,14159$ con la que se mide la circunferencia por el diámetro, demuestra la creación y la realización. La trinidad (3) a la que hay que adjuntar una nueva unidad, de otro origen, llegan a ser cuaternario $[3 + 1 = 4]$, después este cuaternario o la cruz debe unirse a otra unidad para formar la estrella de cinco puntas: el Hombre. $[3 + 1 = 4$. $4 + 1 = 5]$; pero el hombre por su evolución tiene que llegar al 9 número perfecto de la humanidad y así tenemos $[3,14159]$.

15º La Cruz dentro del Círculo es la perfección individual, realizada por la obediencia a la ley Interior, y que debe expresarse exteriormente en pensamientos, palabras y obras. El Triángulo representa al mundo Divino, la Cruz representa la Naturaleza.

El Cuaternario, la Cruz y el cuadrado representan el Templo de Dios en el hombre.

16º Aquellos que están familiarizados con la astrología pueden tomar cualquier hoja de horóscopo, cuyo diagrama es cuadrado. En este diagrama pueden ver el mismo Zodíaco, síntesis de las Influencias Cósmicas; pueden representarse subdividiendo en triángulos el espacio comprendido entre dos cuadrados, formando el conjunto "la descripción de la celestial Jerusalén o la nueva Jerusalén" que es el cuerpo del hombre, objeto del Capítulo XXI del Apocalipsis de San Juan. Este capítulo nos describe el futuro del Iniciado, quien triunfa en todas sus pruebas y llega a dominar su naturaleza inferior; su cuerpo se transforma en la ciudad apocalíptica, llamada alegóricamente Jerusalén: la ciudad de paz.

Una vez convertido el cuerpo en instrumento del YO SOY ya es llamado Jerusalén, la ciudad del Señor.

Ahora veremos cómo lo interpreta el Apocalíptico en el Capítulo XXI.

17º Vers. 9: "Y vino uno de los siete ángeles que tiene las siete copas llenas de las siete plagas postreras, y habló conmigo, diciendo: "Ven acá, y te mostraré la esposa (alma humana) que tiene el cordero (Cristo) por esposo."
Vers. 10: "Y me llevó en espíritu a un monte alto tope de la cabeza) y me mostró la ciudad Santa (cuerpo) de Jerusalén, que descendía del cielo de la presencia de Dios."
Vers. 11: "Que tenía la claridad de Dios (porque no la oscurecían los instintos, ni los deseos) y la lumbre de ella era semejante a una piedra de jaspe (esto es, transparente), a manera de cristal."
Vers. 12: "Y tenía un muro grande y alto con doce puertas, y en las puertas doce ángeles; y los nombres escritos son los nombres de las doce tribus de los hijos de Israel."

(Este versículo nos demuestra claramente que el hombre es la perfecta imagen del Gran Arquitecto. Los signos zodiacales, según las mitologías y según todas las escuelas herméticas, están ligados íntimamente a los misterios del alma humana.)

Los signos son las doce grandes jerarquías creadoras que trabajan hasta hoy, por medio de los doce ángeles, en las doce puertas del cuerpo humano, llamadas por el Apocalíptico las doce tribus de los hijos de Israel. Las doces grandes jerarquías son las que han activado el trabajo de la evolución en todos los períodos pasados y seguirán activando en lo futuro.

Cada uno de los Angeles jerárquicos tienen su influencia sobre una parte o puerta del cuerpo físico, como veremos después.

Con el cuadro siguiente podemos dar una idea algo clara de las doce jerarquías creadoras y de sus estados.

Las doce Jerarquías son las emanaciones de los Siete Espíritus ante el Trono del Intimo; así como en la octava musical hay doce semitonos que corresponden a los doce signos zodiacales, así también los siete son la manifestación de la Trinidad; y la Trinidad se manifiesta y yace en la Unidad con lo Absoluto.

El hombre debe sus vehículos más elevados y el más inferior —desde el Espíritu Divino hasta el cuerpo denso—

a las doce jerarquías, porque ellas, en cada período, han desarrollado algún rasgo nuevo del cuerpo denso, durante los períodos cósmicos llamados:
Saturnino, solar, lunar y terrestre y seguirán ese desarrollo durante los venideros: de Júpiter, Venus y Vulcano, hasta que el hombre complete las 777 encarnaciones.

Las doce grandes jerarquías creadoras o doce signos zodiacales

1 **Aries:** Representa el sacrificio. Emanó de sí los átomos cerebrales del Hombre Cósmico. Es el Padre, motor pensante; instinto e inteligencia.

2 **Tauro:** Representa la fecundidad del sacrificio; es la fuerza procreativa de la Naturaleza, es la Madre. Es la garganta del Gran Anciano de los Días; es la fecundidad y la fuerza del pensamiento silencioso y todo lo que es amable y bueno.
Las diez restantes expresan la década, que es el llamado Arbol de los Sephiroth (Emanaciones o Arbol de la Vida).

3 **Géminis:** Serafines: En el período lunar despertaron en en el hombre el Ego.

4 **Cáncer:** Querubines: En el período Solar despertaron en el hombre el espíritu de la vida.

5 **Leo:** Tronos: Señores de la llama: en el período de Saturno despertaron el germen del cuerpo denso.

6 **Virgo:** Dominaciones, Señores de la Sabiduría. En el período solar dieron el cuerpo de vida o vital.

7 **Libra:** Potestades, Señores de la individualidad en el período Lunar dieron el cuerpo de deseos.

8 **Escorpio:** Virtudes, Señores de la forma. En el período terrestre se encargaron de la evolución del hombre.

9 **Sagitario:** Principados, Señores de la Mente. Trabajaron los átomos mentales superiores.

10 **Capricornio:** Arcángeles. Modelan actualmente el cuerpo del deseo superior.

11 **Acuario:** Angeles. Los del Instinto y del deseo para la nutrición, la propagación, etcétera.

12 **Piscis:** Espíritus Virginales: Es el hombre actual que encierra en sí todos los anteriores y el camino de la evolución o del ascenso.

Estas doce jerarquías tuvieron que abrir en el cuerpo humano doce puertas para poder obrar en él y son los siguientes:

Dos orejas
Dos ojos
Dos ventanillas de la nariz
Una boca
Dos mamarias
Un ombligo
Un órgano sexual
Un ano

Según la Astrología Aries domina la cabeza; Tauro, la Garganta y el cuello; Géminis, los pulmones y los brazos; Cáncer, el estómago; Leo, el corazón; Virgo, los intestinos; Libra, los riñones; Escorpio, los órganos sexuales; Sagitario, la cadera y los muslos; Capricornio, las rodillas; Acuario, los tobillos, y Piscis domina los pies.

Estas doce jerarquías están encerradas en el Hombre Celestial o la ciudad santa y corresponden a las doce facultades, lóbulos o centros cerebrales y se comparan a los hijos de Jacob, que son los siguientes:

Rubén	Percepción	Acuario
Simeón	Conocimiento	Piscis
Leví	Asociación	Géminis
Judah	Oración y fe	Leo
Dan	Juicio	Libra
Nephtalí	Egoísmo	Capricornio
Gad	Memoria	Escorpio
Asher	Voluntad	Virgo
Issachar	Amor y odio	Tauro
Zebulón	Fecundidad	Cáncer
José	Simpatía	Sagitario
Benjamín	Poder en la aflicción	Aries."

Vers. 13: "Por el Oriente tenía tres puertas, por el septentrión tres puertas, por el mediodía tres puertas y tres puertas por el Occidente."

Vers. 14: "Y el muro de la ciudad tenía doce fundamentos y en estos doce nombres de los doce Apóstoles del Cordero. (También estos símbolos están representados en los doce discípulos de Jesús.)"

El Espíritu dispone de doce facultades o centros de acción, con doce ángeles o entidades atómicas que presiden en estos centros.

Cuando el Iniciado (ejemplo: Jesús) adquiere la perfección espiritual, de hecho comienza a desarrollar poderes de mayor amplitud, enviando su pensamiento, aspiración y respiración a los centros ocultos de su organismo, para despertarlos y saturarlos de energía.

Estos centros comienzan, al comando del pensamientos y de la voluntad manifestada por la palabra, a exteriorizar y plasmar la Voluntad del YO SOY.

La segunda venida simbólica del Cristo significa que: cuando el espíritu Crístico resucita en el hombre, entonces puede despertar sus doce centros, regenera la subconsciencia y la convierte en Superconsciencia, que es la segunda venida del Cristo.

En la Revelación de San Juan vemos a Jerusalén Celestial, que es el cuerpo físico del hombre, cuya alma perfecta, esposa o luz de Dios que ilumina la Ciudad Cuadrangular, que tiene doce cimientos y cuatro murallas con tres puertas en cada muralla.

Doce ángeles son los obreros del Espíritu, dentro del hombre, y cada ángel preside una función y trabaja por medio de agregados de células llamados centros ganglionares o glándulas endocrinas.

El Gran Centro de todo este sistema está en el tope de la cabeza en donde se manifiesta y reina el YO SOY. Es la montaña de todos los profetas, a donde iban a adorar, en retiro, para llegar a la Unión con Dios Intimo.

Por manera que los doce Apóstoles simbolizan las doce Jerarquías que gobiernan los doce centros del sistema Simpático para la manifestación del Cristo en la Segunda Venida, y son los siguientes:

Pedro	Fe	Centro del Cerebro	Pineal
Andrés	Fortaleza	Los riñones	Suprarrenales
Santiago	Acierto	El estómago	Páncreas
Juan	Amor	Detrás del Corazón	Timo
Felipe	Poder	Raíz de la Lengua	Tiroides
Bartolomé	Imaginación	Entrecejo	Pituitaria
Tomás	Sabiduría	Centro Frontal derecho	
Mateo	Voluntad	Centro Frontal izquierdo	
Santiago (Alfeo)	Orden	Ombligo	Apéndice
Judas Tadeo	Eliminación	Base del espinazo	Sacro
Simón Canaanita	Celo	Parte posterior del Cerebro	Cerebro
Judas Iscariote	Vida	Glándulas Sexuales	

La Fe produce Fuerza y la fuerza reacciona en Fe. El Amor sin Acierto es desastroso y ambos juntos producen la adquisición de Riqueza. La Imaginación crea y el poder se expresa imaginativamente. La Sabiduría y la Voluntad marchan siempre unidas. El Orden, y el Celo caminan con la Reproducción Humana y la Reproducción Maternal lleva consigo el Celo.

Ni la colocación ni los nombres de estas facultades son arbitrarios. A su vez, estas facultades se dividen y se subdividen a medida que se desarrollan. Así el Orden, colocado a la raíz de la lengua, gobierna el gusto, controla la acción del hombre. El Orden se subdivide en Armonía, Paz y Goce. La Fe comprende la Confianza. La Fortaleza abarca el Vigor, la Resistencia y la Energía. La Imaginación y la Visualización se complementan. El acierto significa también Justicia, Justa apreciación de los hechos y de los hombres. Justo uso, Juzgamiento acertado. El Celo lleva consigo el Entusiasmo y en su extremo se vuelve Fanatismo: Religioso o Político. La Vida cubre la Reproducción y la Salud. La eliminación se refiere a las toxinas: la digestión y la purificación de todo pensamiento o emociones negativas.

Cada uno de estos Centros puede y debe desarrollarse por medio de afirmaciones y negaciones, por la aspiración, la respiración y la meditación o (si se ha llegado a una comprensión completa de la Individualidad y de la Unidad Cósmica) por medio de la Comunión con el Infinito. Cuando el Bautismo de la palabra baña un Centro, éste desarrolla a voluntad el Acierto, la Imaginación, la Salud, la Prosperidad, el Poder, el Vigor, la Armonía, la Fe, la Paz y las células se electrifican, se vitalizan y se renuevan si se concentra en ellas el pensamiento, si se las habla, especialmente, mientras están en reposo absoluto la mente consciente y el cuerpo.

La medicina dice que sólo la mitad de nuestras células está constantemente en actividad, despierta, vibrante, electrificada, y que la otra mitad duerme. He aquí el poder que puede despertar, hacer vibrar, comunicar nuestra vida a las células todas de nuestro organismo. Los que ignoran estos métodos llaman milagros a los resultados que se obtienen.

Ahora bien, el hito está en mantener el equilibrio de todas nuestras facultades, desarrollando aquellas que encontramos débiles y moderando aquellas que tengan en exceso un dañino crecimiento. Todas aquellas deben ser presididas armónicamente por el El Cristo, el YO SOY, cuya manifestación está situada en el tope de la cabeza, desde donde la personalidad del Hombre comulga serena, confiada, y tranquilamente con el Infinito.

Vers. 15: "Y el que hablaba conmigo tenía una medida de una caña de oro (espina dorsal) para medir la Ciudad, y sus puertas y el muro."

Vers. 16: "Y la Ciudad es cuadrada, tan larga como ancha, y la altura, y la anchura de ella son iguales. (Vuelve San Juan al cuerpo del hombre, que estando extendidos los brazos en forma de cruz, el cuerpo mide, tanto de largo de ancho, igual).' "

Vers. 17: "Y midió su muro, y tenía ciento cuarenta y cuatro codos ($1+4+4=9$ que es el número de la humanidad) de medida de hombre, que era la del ángel."

Vers. 18: "Y el material de este muro era de piedra Jaspe (Todo armonía), más la Ciudad era oro puro (todo espiritualizado) semejante a un vidrio limpio (todo transparente y sin mancha.)"

Vers. 19: "Y los fundamentos del muro de la Ciudad estaban adornados de toda piedra preciosa (Aquí, nombra las piedras preciosas que corresponden a los doce signos zodiacales, tema tan discutido hoy."

Según la filosofía hermética, la Mónada o espíritu dima-

nante de Dios, antes de llegar al reino humano, ha de pasar por los tres reinos elementales: mineral, vegetal y animal, durante una cadena planetaria, en cada uno de estos reinos, de modo que la Mónada hoy residente en el reino mineral de la actual cadena planetaria, no llegará al reino humano hasta la séptima y última cadena planetria del universo regido por nuestros Logos.
Pues bien, estas Mónadas residen en las piedras preciosas, que por su aspecto y constitución, considera la fisolofía esotérica que son los seres superiores del reino mineral, así como el hombre es el ser superior en el reino Animal. Por lo tanto, toda Mónada evolucionada reside en una piedra preciosa, y como el hombre es el ser más perfecto, que ha pasado por este reino, forzosamente tiene de todo el reino mineral o la semilla espiritual de este reino. San Juan aplica a cada signo una piedra preciosa, es decir, lo que cada ángel ha podido obrar en la materia. Cuando el hombre llega a la perfección deseada hace que uno de sus centros indicados brille e irradie un color muy semejante a una piedra preciosa, que están enumeradas de esta manera: El primer fundamento era jaspe; el segundo, zafiro; el tercero, calcedonia; el cuarto, esmeralda.
Vers. 20: "El quinto, sardónica; el sexto, serdio; el séptimo, crisolito; el octavo, beril; el nono, topacio; el décimo, crisopraso; el undécimo, jacinto; el duodécimo, amatista."
(Todas estas piedras, según la Kábala poseen sus virtudes, por ejemplo: Esmeralda es custodia de la castidad; amatista, preserva de embriaguez y de vanidad, etc.... Creemos que con estas explicaciones ya podemos comprender el significado de los centros y su relación con las piedras preciosas que corresponden a las virtudes y poderes del Espíritu, en el cuerpo del hombre.)
Vers. 21. Y las doce puertas son doce margaritas (así como las margaritas tienen varias hojas o pétalos, así también cada centro irradia varios rayos y cada rayo representa una virtud) una en cada una; y cada puerta era de una margarita; y la plaza de la ciudad, oro puro, como vidrio transparente.
Vers. 22. Y no vi templo en ella porque el Señor Dios Todopoderoso es el templo de ella y el cordero (porque el hombre futuro estará identificado con el Yo Universal).

Vers. 23. Y la ciudad no ha menester sol, ni luna que alumbren en ella, porque la claridad de Dios la alumbró; y la lámpara de ella es el Cordero.

Vers. 24. Y andarán las gentes en su lumbre, y los reyes de la tierra llevarán a ella su gloria y honra.

Vers. 25. Y sus puertas no serán cerradas de día, porque no habrá allí noche.

Vers. 26. Y a ella llevarán la gloria y la honra de las naciones.

Vers. 27. No entrará en ella ninguna cosa contaminada, ni ninguna que cometa abominación y mentira, sino solamente los que están escritos en el libro de la vida del Cordero (Porque el hombre, entonces, será puro en pensamientos, palabras y obras).

18º Este es el futuro del hombre evolucionado, el hombre que, por medio de la aspiración, la respiración y la meditación puras y perfectas llega a la unión con el YO SOY Intimo.

El estudio del cuadrado nos condujo al estudio de la ciudad Santa. El cuadro ha sido siempre la imagen perfecta del templo perfecto y de la Cruz.

Hemos estudiado la cuadratura del Círculo, y cuando la cruz comienza a girar, es decir, cuando el reino de la Naturaleza llega a la evolución completa, el cuadrado y la cruz giran alrededor del Centro y forman nuevamente el Círculo, o lo que equivale a decir, vuelven a la perfecta Unión con lo Absoluto.

19º Antes de finalizar este capítulo desearíamos refrescar la memoria del aspirante respecto a la práctica y desarrollo de los centros, que consisten en lo siguiente:

Concentrar y visualizar la virtud o el poder del centro que se desea desarrollar. Supongamos que el centro deseado es el del cerebro, fuente de la fe. Al concentrar en la glándula Pineal y al visualizar el poder y el efecto de la fe, la sangre fluye a este centro y comienza a desarrollarse. Después de la concentración tenemos que despertar el deseo ardiente de poseer este poder y evitar matarlo con la duda; pero en caso de que la duda nos invada, podemos rechazarla con una frase: YO Y EL SOMOS UNO.

Después hay que inhalar con la ventanilla izquierda (recordando siempre que la inhalación por la izquierda es receptiva) los átomos de la fe durante ocho palpitaciones del corazón; retener el aliento durante cuatro pulsaciones; exhalar durante ocho y con el pensamiento enviar los átomos aspirados a aquel centro; y durante la retención que debe durar cuatro pulsaciones se puede formular una pequeña oración como por ejemplo: Gracias, Padre mío; o esta otra: Padre, confío en ti, etcétera.

Terminada esta respiración ya se puede comenzarla de nuevo, pero esta vez principiando por la derecha, como fue indicado en el método Yoguístico en la primera parte. Después hay que practicar las siete inspiraciones por ambas ventanillas.

20º Después del ejercicio podemos seguir formulando nuestras afirmaciones positivas, creyendo en lo que hemos visualizado, negando con énfasis la duda y el miedo.

Día llegará en que el hombre alejándose de todo templo y entrándose dentro de sí mismo, entonces se hallará allí con el Padre, y el padre le oirá en el silencio.

Capítulo VI

EL QUINARIO Y LA UNIDAD

1º   El cuaternario o los cuatro elementos son, como hemos dicho anteriormente, los principios por los cuales se manifiesta la materia.

También se ha dicho: todo cuanto existe debe ser dual en su naturaleza, triuno en su manifestación y cuatro para la realización. Pero si el cuaternario no se une al quinto, que es la vida, toda materialización sería muerta, de modo que es necesario unir una quinta esencia a los cuatro elementos para darles vida y movimiento.

2º   Esta Quinta esencia o el quinario representa la aspiración, el aliento que mantiene la vida en lo creado; de aquí es la idea de que todo lo animado se mantiene por efecto del aliento.

El mismo ser se manifiesta por el aliento que da la acción a la vida.

De modo que el aliento o respiración es el medio que une el Espíritu Divino al cuerpo material, así como el hombre une a Dios con la Naturaleza.

3º   El hombre es quinario: Cuatro elementos y un Espíritu que vivifica por su aliento a los cuatro.

El aliento expresa:

1) La idea de la vida, de la animación.
2) La idea del Ser.
3) La idea de la unión del Espíritu al cuerpo.

El aliento respiración representa la penetración del poder Creador a través del mundo divino, del mundo intelectual y del mundo material.

La respiración es dual: la derecha es la ley y la izquierda es la libertad.

4º El año, respiración del sol, tiene cuatro estaciones; la respiración del hombre tiene cuatro pulsaciones que corresponden a las estaciones del año:

1ª pulsación - Inhalación - Otoño.
2ª pulsación - Descanso - Invierno.
3ª pulsación - Expiración - Primavera.
4ª pulsación - Descanso - Verano.

5º El hombre, igual al Universo, tiene dos medidas dentro de su cuerpo: 72 pulsaciones del corazón por minuto, y, 18 respiraciones por minuto.

En un día de 24 horas hay 1440 minutos ($24 \times 60 = 1440$).

Las respiraciones del hombre en un día, o en 1440 minutos a razón de 18 respiraciones por minuto son igualmente: $1440 \times 18 = 25.920$.

Día cósmico del Sol.

Si dividimos el número 25.920 sobre 72 ($25.920 : 72 = 360$) tendremos el valor de la circunferencia en grados.

Poniendo a prueba ambos números los 72 y los 18 en diversas direcciones tendremos las siguientes:

1) 360×72 respiraciones $= 25.920$ respiraciones igual 1 día.
2) $360 \times 360 \times 72$ respiraciones igual 360 días grados de 1 año.
3) $360 \times 360 \times 72 \times 72$ respiraciones igual 72 años.
4) $360 \times 72 \times 72$ igual 1 precesión.

Pero los 360 son el valor de los grados de la circunferencia y no los días del año, de manera que nos faltan 5 días para el año. Mas, al calcular los 5 días restantes tendremos:

5 días igual $5 \times 72 \times 360 = 360 \times 360$ respiraciones.

Los verdaderos valores del cuádruplo anterior son:

1) 360×72 respiraciones igual 1 día.

2) $360 \times 360 \times 72$ pulsaciones.
   $360 \times 360 \times 1$ respiración igual 1 año.
3) $360 \times 360 \times 72 \times 72$ pulsaciones.
   $360 \times 360 \times 72$ respiraciones igual 72 años.
4) $360 \times 360 \times 72 \times 72 \times 350$ igual 72 pulsaciones.
   $360 \times 360 \times 72 \times 360 \times 72$ respiraciones igual 1 precesión.

6º El cuarto de día restante, para el año completo, daría los mismos valores como veremos después.

Para representar el carácter de los valores cíclicos bastan las respiraciones de los 5 días restantes:

1) 1 día igual 360×72 respiraciones.
2) 1 año igual $360_2 \times (72 \times 1)$ respiraciones.
3) 72 años $360_2 \times (72_2 \times 72)$ respiraciones.
4) 1 precesión 36 $(3 \times (72$ igual 72) respiraciones.

7º En cada 72 años estos 5 días restantes forman exactamente un año 360 días y tenemos en 72 años de 365 días igual 73 años de 360 días.

Entonces tenemos: en 72 años, o la 360 ava parte del círculo de precesión, se traslada el punto (primaveral del sol) equinoccial (0° de Aries) un grado en el zodíaco: y precisamente este grado es el caracterizado por 72 años de 360 días, que cae siempre sobre cada 72 años de 365 días.

El número 72 años es el símbolo de la vida vida humana: el grado de la precesión o los 72 años es el símbolo del hombre, según los hindúes.

De manera que:

1 día igual 25.920 respiraciones.

1 año igual 25.920 por 10 minutos dobles o 360 respiraciones.

72 años igual 25.920 días.

1 Precesión igual 25.920 años.

8º El hombre normal siente latir su corazón 72 veces por minuto, mientras respira 18 veces en el mismo tiempo.

Pulso y respiración están en proporción de 1:4. Y un minuto se halla en la misma relación con respecto a los valores de la rotación diaria de la tierra: 360 grados necesitan 1440 minutos; 1 grado, por consiguiente, es igual a 4 minutos.

Los valores de grado están en proporción con los minutos como 1:4 como la proporción del pulso a la respiración.
De aquí podemos comprobar la relación íntima y misteriosa entre los ritmos del hombre y los ciclos cósmicos que se complementan mutuamente.
Cuando un hombre desobedece los valores rítmicos, forzosamente, tiene que sufrir las consecuencias de su desobediencia.

9º Ahora podemos seguir adelante:
72 pulsaciones igual a un minuto.
72×360 pulsaciones igual a 360 minutos, igual a la cuarta parte de un día que nos faltó para completar el año.
1 cuarto de día (360) minutos × 72 igual a 18 días, análogo a la cantidad de respiración.

1) 1 grado (4 minutos) corresponde a 72 respiraciones, y tenemos:
2) 72 respiraciones (valor del grado) = a símbolo de la Vida.
3) 72 años = a símbolo de la Vida.

10º Los antiguos contaban con horas y minutos de doble duración, por lo que el día sólo contaba 12 horas, ó 720 minutos.
1 minuto doble, igual a 144 pulsaciones: el día 1440 minutos.
1 minuto doble, igual a 360 respiraciones; 1 día 360 grados.
1 grado, igual a 72 respiraciones; 1 día 720 minutos dobles.
1 minuto, igual a 72 pulsaciones; 1 día 720 minutos dobles.
La filosofía hindú medía el tiempo por "Tatvas".
1 Tatva, igual a 432 respiraciones; 1 hora, 4320 pulsaciones: el sagrado número de Blavatsky.
1 Tatva igual a 6 grados, 1 día, 60 Tatvas.
1 Tatva, igual a doce minutos dobles.
1 grado, 120 segundos dobles.

11º Los antiguos filósofos hindúes han formado sus cronologías con los dos factores: 72 pulsaciones y 18 respiraciones del hombre por minuto. No nos es posible entrar aquí en detalles, pero podemos resumir lo siguiente:
Krita—Yuga 4 veces 72, igual a 288 grados.

Treta—Yuga 3 veces 72, igual a 216 grados.
Dvapara—Yuga 2 veces 72, igual a 144 grados.
Kali—Yuga   72 grados.
288 es la pulsación en cuatro minutos.
216 es la 120 ava parte (10×20) de la precesión.
144 pulsaciones de un minuto doble.
72 es el número clave para todos los ciclos.

Ahora resumiremos:

1) 1 día, igual a 360×72 respiraciones
1 año, igual a $360 \times 360 \times 72$ respiraciones
72 años, igual a $360 \times 360 \times 72 \times 72$ respiraciones
Precesión, igual a $360 \times 360 \times 360 \times 72 \times 72 \times 72$
                                                 respiraciones

2) 1 día, igual a 360   grados
1 año, igual a 360×360 grados
72 años, igual a $360 \times 360 \times 72$ grados
Precesión, igual a $360 \times 360 \times 360 \times 72 \times 72$ grados

3) 1 día, igual a 360×4 minutos
1 año, igual a $360 \times 360 \times 4$ minutos
72 años, igual a $360 \times 360 \times 72 \times 4$ minutos
Precesión, igual a $360 \times 360 \times 360 \times 72 \times 72 \times 4$ minutos

4) 1 día, igual a $360 \times 72 \times 4$ pulsaciones
1 año, igual a $360 \times 360 \times 72 \times 4$ pulsaciones
72 años, igual a $360 \times 360 \times 72 \times 72 \times 4$ pulsaciones
Precesión, igual a $360 \times 360 \times 360 \times 72 \times 72 \times 72 \times 4$
                                                 pulsaciones

El grado es la unidad; el minuto, lo cuádruple. Respiración es la 72 ava de la unidad; pulsación lo cuádruple del 72 avo.

12º El aliento de la vida, llamado por los yoguis Prana, se manifiesta en cinco elementos llamados TATVAS, cada uno de los cuales actúa sobre una parte del cuerpo humano, y son:

1º Prithvi—La tierra que influye desde los pies hasta las rodillas.

2º Apas—El agua que influye desde las rodillas hasta el ano.

3º Tejas—El fuego que influye desde el ano hasta el corazón.

4º Vayu—El aire que influye desde el corazón hasta el entrecejo.

5º Akash—El éter que influye desde el entrecejo hasta lo alto de la cabeza.

13º Estos cinco elementos se relacionan con los cinco sentidos.

1º El Olfato se relaciona con lo sólido (Tierra).

2º El Gusto se relaciona con lo líquido (Agua).

3º La Vista se relaciona con lo gaseoso (Fuego).

4º El Tacto se relaciona con lo aéreo (Aire).

5º El Oído se relaciona con lo etérico (Eter).

14º Cada hora de respiración está integrada por cinco ciclos, durante los cuales ejerce su influencia uno de esos elementos.

1º La tierra durante 20 minutos.

2º El agua durante 16 minutos.

3º El fuego durante 12 minutos.

4º El aire durante   8 minutos.

5º El éter durante   4 minutos.

15º Durante cada ciclo respiratorio nuestras correspondencias orgánicas y mentales vibran según el impulso de la clase de energía que prevalece en ese tiempo y determinan un estado de ánimo correspondiente:

1º El éter nos hace emotivos (inspirados).

2º El fuego nos hace ardientes y fogosos (apasionados).

3º El aire nos hace inquietos (impetuosos).

4º El agua nos hace dóciles (tiernos).

5º La tierra nos hace egoístas (ambiciosos).

16º Cada hora la respiración fluye por una fosa nasal, formando 12 ciclos de dos horas (una positiva y otra negativa) que corresponden al paso de cada signo del zodíaco por el meridiano que habitamos. Cuando conocemos el instante en que ocupa cada signo, nuestro meridiano, también podemos saber el elemento que rige respiración y la parte del cuerpo que afecta.

Una tabla de hora sideral y signo que ocupa el meridiano, a cualquier hora, permite al aspirante hacer los ejercicios respiratorios para activar las funciones que le interesan.

El sol durante 12 horas del día actúa positivamente en la respiración, dándonos lo positivo; la luna durante las 12 horas de la noche emana efluvios negativos del signo en que está.

17º El Iniciado no es un ser desocupado y perezoso y no puede dedicar todos sus días estudiando las tablas de los signos y horas siderales para practicar sus ejercicios. El Iniciado es un ser que domina las estrellas por medio de sus pensamientos positivos y absorbe, a voluntad, las energías atómicas que necesita a cada instante y en cualquier lugar.

Formó pues, el Señor Dios, al hombre del barro de la tierra y sopló en su nariz el soplo de la vida, y fue hecho el hombre en ánima viviente. El soplo de vida que animó a Adán le fue dado por la nariz, o sea, en el acto de respirar. El hombre aspira el soplo de Dios.

El aire que respiramos está lleno de átomos negativos y positivos creados por nuestros pensamientos desde la formación del mundo, y al ser desprovistos, por la clase de nuestros pensamientos, de una clase de ellos, la otra llega a nuestros pulmones con exceso de potencial en una de las fases.

El exceso será negativo o positivo según el pensamiento y según la ventanilla por donde penetra. La sangre se impregna de este potencial y lo distribuye por todo el organismo, ocasionando las consiguientes reacciones.

Cada respiración purifica 2 litros de sangre u 800 litros por hora y más de 20.000 litros por día.

Según el pensamiento, este caudaloso riego de sangre impregna las células, glándulas, neuronas, hormonas, centros psíquicos, etc. Modela nuestro ser físico, mental y espiritual y nos hace sentir, pensar y obrar, según la voluntad de los átomos atraídos, por la clase de los pensamientos concebidos durante la respiración.

18º La respiración simultánea es la que fluye por ambas fosas nasales a la vez. En el hombre normal, tiene lugar en los períodos en que se cambia el flujo, que abarca unos cinco minutos.

Durante este período trabajan los dos nervios y están activos simultáneamente el Pingala y la Ida (el derecho y izquierdo) lo que ocasiona el trabajo del Sushumna (el del medio o central).

Durante la respiración simultánea se equilibra el poder del hombre, pero también tiene lugar el desplazamiento del mayor esfuerzo. Así los arrebatos de pasión, los actos impulsivos, los grandes hechos, etc., son ejecutados durante la respiración simultánea, pero inmediatamente después de haber estado activa la fosa nasal derecha. Por el contrario, los actos de rencor, el desenfreno de la envidia y de las bajas pasiones también ocurren durante esa respiración, pero después de haber estado activa la fosa nasal izquierda.

19º "Velad y orad para que no entréis en tentación", dijo Jesús. En todos los casos el flujo simultáneo intensifica la emoción predominante y hace que la persona pierda el dominio de sus facultades, y sienta, piense y obre de manera más violenta que lo que hace durante el flujo de una de las fosas nasales. Cuando el hombre vela y ora, mantiene sus pensamientos siempre puros, regula la distribución de Prana o aliento de vida, en los órganos de la procreación física e intelectual, haciendo que unas veces descienda al centro sexual y otras suba al Plexo Solar y cerebro, de acuerdo con la idea que predomina en cada instante.

En la respiración simultánea, la Serpiente de Fuego vibra con mayor fuerza y dirige su poder en la dirección en donde tiene el pensamiento su concentración. Esta dirección de energía puede determinar:

1º La inspiración mental, si sube al cerebro.
2º La furia sexual, si baja a los órganos sexuales.
3º La potencia física, si se acumula en el Plexo Solar.

20º Esta respiración, en el hombre ordinario, ocasiona el exceso que le conduce a extremos peligrosos; pero en el Iniciado, en el mundo interno, produce el equilibrio de la Ley.

El Iniciado que siempre busca el equilibrio, por el amor impersonal, por el sacrificio, respira, durante el mayor tiempo de su vida, la respiración simultánea para la mayor eficacia y el mejor cumplimiento de la Ley.

21º El Aliento, origen de la vida, se manifiesta en cinco principios elementales, conocidos, por la filosofía Yoguística, con el nombre de Tatvas. Esos Tatvas son fuerzas naturales, sutiles, que podemos considerarlas como modificaciones en la vibración del éter.

Cada una de estas modificaciones actúa en uno de los cinco sentidos del hombre. Así el Sol corresponde al "Tatva Tejas" o fuego, influye sobre los ojos y la visión; la Luna influye en "Apas" el agua, que se aplica al gusto y así cada planeta tiene su influencia en cada Tatva. "Prithvi" tierra, rige sobre el Olfato; "Akash", éter, el oído; "Vayu", aire, el tacto y el lenguaje.

Los Upanishads dicen: "El universo es originado por los Tatvas, sostenido por los Tatvas y se disuelve en los Tatvas". Nosotros podemos decir que: el hombre es hijo de sus sentidos: por los sentidos vive; por los sentidos se sostiene y por ellos muere.

Estos Tatvas son como principios cósmicos energéticos y vitales; en cuanto producen la materia, la animan con sus energías.

Ellos reflejan, en los sentidos, con las diferentes funciones orgánicas y regulan las manifestaciones en todos sus aspectos.

22º El Tacto pertenece al cuerpo físico, el gusto a los instintos, el olfato al cuerpo de deseos, el oído al mental y la vista a la voluntad.

Los cinco sentidos son las expresiones del quinario con las cinco funciones vegetativas (respiración, digestión, circulación, excreción y reproducción). El quinario es el número que preside todas las manifestaciones de la vida animal del hombre bajo el dominio de YO SOY.

23º Los sentidos son las ventanas del Templo-cuerpo; ellos conducen a la luz del mundo externo, pero también, el hombre recibe la Luz interna, y por medio de ellos puede actuar sobre el mundo externo.

El Iniciado transforma estas cinco cadenas, que lo atan al poder de la ilusión, en útiles instrumentos del YO. Los cinco sentidos y nuestra mente están construidos por el material recibido del exterior, así como de las reacciones internas.

24º Los Cinco Sentidos son los cinco talentos de los cuales habló Jesús en el capítulo 25 del Evangelio de San Mateo y en el Capítulo 19 de San Lucas.
Cada hombre que posee los cinco sentidos está obligado a trabajar y duplicarlos. Un sentido bien educado da un talento interno y de esta manera los cinco talentos se duplican con el justo uso, para dar cuenta al Señor a su regreso en la segunda venida.

25º Ya hemos dicho que el Aliento es el creador de los cinco sentidos. Una de sus vibraciones desarrolla la vista.
La vista es el primer sentido al cual se debe dar la mayor importancia. El Iniciado debe practicar y aspirar a ver la Luz Interna de la Verdad, emanada del YO SOY, para dirigir, según esta luz, todos los pensamientos y construcciones mentales, y, según se modifica la visión interior de las cosas, también se modifica en correspondencia la vista eterna.

Jesús dice: "La lámpara del cuerpo es el ojo (interno, la glándula Pineal); así que, si tu ojo fuese sincero, todo tu cuerpo sería luminoso; mas, si tu ojo fuere malo, todo tu cuerpo sería tenebroso. Así si la lumbre que en ti hay son tinieblas, ¿cuántas serán las mismas tinieblas?

Esta es una verdad. La visión interna es aquella facultad imaginativa del hombre, que es su fe que obra milagros. Lo que vemos influye en nuestra mente, y nuestra imaginación contribuye a hacernos lo que somos. Tal como el hombre piensa en su corazón así será él.

A su vez, lo que somos, sentimos y pensamos, de nosotros mismos, modifica nuestra visión interna y externa. Felicidad, desgracia, belleza y fealdad, etc., están dentro de nuestro sentir interno; por esta razón, dos personas distintas ante las mismas cosas o circunstancias, las verán de una manera distinta.

El Iniciado debe adquirir la visión, exterior e interiormente, en todos sus hechos. En el mundo exterior debe mirar y contemplar todo lo que puede elevar su espíritu a los mundos superiores; motivos no faltan, como por ejemplo, cuadros pictóricos, praderas, flores y todo lo que nos ofrece la madre naturaleza de bello; en el mundo interno debe visualizar todo lo positivo, todo lo constructivo, para tener el ojo interno siempre luminoso, para iluminar el sendero de sí mismo y de los demás.

Una visualización baja y densa oscurece el ojo interno o la glándula Pineal; nunca debemos interpretar mal lo que vemos en el prójimo.

Toda actividad externa es la expresión de la visión interna. Toda realización fue revelada por la íntima visión. Las trabas externas son para el hombre en la medida en que su visualidad interna se halla limitada por los errores que posee de las cosas.

La visualización positiva es el centro del Poder en manos del Iniciado; todo límite exterior desaparece ante la visión perfecta que nos conduce al progreso.

La vista interna positiva se desarrolla por la aspiración a lo bello, aquella aspiración que nos da el dominio absoluto de las emociones que produce la vista de las cosas raras e inesperadas.

Esta práctica desarrolla de una manera sorprendente la voluntad.

La vista positiva nos depara la ocasión para recibir el primer talento de la conciencia interna y perfecta de las cosas.

Con ella el hombre recibe un aumento de energías, que le impulsará a ser más activo y le dará mayor grado de fuerza productiva.

Esta fuerza pone en juego sus facultades intelectuales y una confianza absoluta en sí mismo, y hasta los ojos físicos funcionarán mejor.

Esta es la ciencia de la contemplación, pero hay que contemplar siempre lo bello hasta en lo feo, mas nunca se debe contemplar lo que es feo. Según la belleza interior de nuestra mente podemos encontrar el grado de belleza en las cosas. Una mente maligna no puede hallar nada bueno, ni en las cosas, ni en los hombres.

26º El segundo talento es el oído. El hombre determina lo que piensa y cree por lo que oye. El oído es la base de la fe y confianza en todas sus manifestaciones.

Según lo que el hombre ve, sabe y según lo que oye, conoce; pero el mejor conocimiento es el que nos viene de la voz interior, que siempre nos habla, y según escuchamos, dirige el curso de nuestros pensamientos, determinaciones, palabras y obras.

La Voz interior, análoga a la visión interior nos grita a cada momento para librarnos de la caída.

El Angel de la espada, que se halla en la puerta del Edén, examina por medio del oído, la calidad de las vibraciones de la palabra que quieren entrar en nuestra conciencia y sólo admite las palabras positivas y constructoras que vibran con armonía con el Verbo Divino.

El Iniciado debe siempre tratar de oír lo sublime, lo bello de todas las artes, hasta llegar a poseer el sentido estético en el ser psicológico y en el centro intelectual. Todo habla a los sentidos para formar y embellecer al intelecto que es considerado como el segundo talento.

Nunca se debe oír la injuria, la calumnia, la vituperación, la crítica y todo lo que puede herir a la naturaleza humana.

Siempre hay que aspirar y concentrar en la Voz interna o Voz del silencio, llamada así porque silencia a los sentidos y nos comunica el saber del Intimo, en este estado.

27º La vista da a conciencia de la verdad que desarrolla nuestra voluntad; el oído nos otorga la Fe; el tacto nos revela el Amor. Las manos son los mensajeros de la mente, deben tener un acto refinado, tanto moral como material para no herir.

Dice el refrán: hay que obrar con tacto. Obrar con tacto es cosa muy importante, pues de nuestro tacto depende el éxito o el fracaso; porque el obrar con tacto es obrar con prudencia, con talento y por consecuencia con amor que es el tercer talento dado por el Intimo al hombre.

Pero el amor debe ser impersonal, por eso dijo Jesús: que su mano izquierda no sepa lo que ha hecho la derecha; es decir, amor puro, desinteresado y sin esperanza de recompensa.

28º El cuarto talento pertenece al gusto. El gusto es el Guardatemplo o el sentido que representa al Angel de la guarda. Así como el hombre, por medio de la inteligencia, debe escoger los alimentos sanos para mantener el cuerpo sano, así el Iniciado debe buscar el gusto espiritual de la individualidad.

Un hombre de gusto es un hombre que ha trascendido lo vulgar para adquirir la exquisitez de lo superior, de lo elevado, para domar los instintos, que de no ser domados a tiempo, serán un obstáculo a los esfuerzos del aspirante.

No se debe olvidar que el gusto es el único sentido que tiene relación directa con el centro instintivo.

29º El quinto talento es el Olfato que representa al segundo ángel, porque tiene mucha relación con el gusto; es el guardián exterior del templo cuerpo.

Sobre el olfato está basada la ciencia de la respiración, cuya influencia está comprobada sobre la parte más sutil y delicada de nuestro ser: sobre el sistema nervioso, simpático e inteligencia.

El Iniciado debe purificar su ambiente mental para poder respirar los átomos puros que tienen relación íntima con el pensamiento.

De esta manera puede introducirse en su cuerpo el aire más puro de los Tatvas indicados anteriormente.

El hombre debe despedir el olor de la santidad. Esta frase no es alegórica ni poética, es una verdad, porque el hombre santo emana realmente un olor agradable, que aunque no es percibido por el sentido del olfato físico, es muy penetrante en el sentido psíquico.

Una vez dominados los sentidos, según estas prácticas, el hombre puede devolver a su Intimo los cinco talentos duplicados y el Intimo Señor y Dueño le dice: "Buen siervo; sobre poco has sido fiel, sobre mucho te pondré, entra en el gozo de tu Señor", esto es, sé uno conmigo.

Capítulo VII

EL SENARIO Y LA UNIDAD

1º La estrella Microcósmica, símbolo del hombre, es el camino del Microcosmos que conduce a la estrella Macrocósmica, compuesta de dos triángulos entrelazados, formados por la acción de los cinco puntos de la primera.
Un senario es la encrucijada del camino: una rama va por la derecha y otra por la izquierda.
Los cinco sentidos del hombre bien empleados y bien educados conducen al Centro morada de la inteligencia, a la intuición del corazón.

2º Los cinco sentidos son las cinco gradas que nos conducen a la Unión, por medio de la inteligencia, con el Intimo.
La primera grada corresponde a la tierra, mundo de los instintos, en cuyo seno se halla oculta la Realidad de las cosas, que se esconde con la forma exterior y corresponde a la reflexión perseverante.
La segunda es el aire que representa el mundo mental con sus errores y corrientes contrarias, en donde el Iniciado debe permanecer, firme en su fe espiritual, como la roca contra la playa del mar; esta grada corresponde a la firme equilibradora, se obtiene por el dominio del tacto.
La tercera grada es el agua, o mundo de deseos, o mundo astral en donde el Iniciado debe dominar y calmar el mar de sus pasiones, que siempre está enfurecido en su vientre e hígado.
Siempre debe mantenerse sereno, como el valiente guerrero, en medio de la lucha.

Con el dominio del gusto adquiere la serenidad.
La cuarta es el fuego de las aspiraciones que se traduce por el entusiasmo que libra al hombre de la fría indiferencia y del ardor de la fiebre. Con el dominio de la la vista se llega a este estado.
La quinta es el éter conductor de las vibraciones del Verbo que es LUZ. Cuando entra por el oído interno provoca en nosotros la facultad del discernimiento.

3⁹ Con la Iniciación interna el hombre se vuelve una estrella brillante, verdadero hijo de Dios hecho carne, porque ha dominado sus cinco sentidos. Tiene cinco puntas y representa el Poder soberano del Mago ante quien se inclinan los elementos de la naturaleza.

4⁹ Pero dentro de la estrella de cinco puntas, en el corazón, debe brotar un nuevo elemento, una nueva entidad atómica y divina, que es el centro de la Inteligencia que quiere crear por medio de los cinco sentidos: es la Fuerza Creadora.

5⁹ Cuando el hombre dirige, por medio de sus pensamientos, a la cabeza a la Fuerza Creadora, a manera de la figura del número (6), imagen del arco evolutivo, une el punto superior (símbolo de la esencia Divina) con el círculo de su manifestación hacia arriba. Pero cuando el hombre desciende con sus pensamientos a la inferioridad de su ser, a los instintos y pasiones, para vivir y deleitarse allí, la Fuerza Creadora le convierte en monstruo, en macho cabrío, emblema de la magia negra.

6⁹ La estrella microcósmica de cinco puntas tiene en su centro la Fuerza Creadora que completa el número 6. Esta fuerza produce la involución, como lo demuestra la Biblia en la caída del hombre, y produce también la evolución, cuando es debidamente usada, convirtiéndose en el Arbol de la Vida.
Según la voluntad del hombre y sus pensamientos esta fuerza conduce a la degeneración o a la regeneración.

7⁹ El Iniciado, por medio de la voluntad o la aspiración continua y por el pensamiento canaliza la fuerza creadora para la nutrición de sus cinco sentidos y de esta manera llega a ser Uno con Dios el Intimo. Esta Energía le conduce a la liberación de la esclavitud de sus propios sentidos y pasiones; es ella la simbólica escala de Jacob que asciende de la tierra al cielo.

8⁰ El senario o el número seis está simbolizado por los dos triángulos entrelazados o la Estrella Macrocósmica. Este símbolo representa el bien y el mal. Según la voluntad del hombre, la Fuerza Divina puede ser empleada para el bien y para el mal.

Cuando esta fuerza es utilizada para la armonía, el triángulo es blanco y luminoso, y cuando es aprovechada para la desarmonía el triángulo es negro.

9⁰ El senario, entonces, significa la generación que es el resultado de los dos triángulos o dos trinidades entrelazados. En la Cábala el arcano seis está simbolizado por un joven entre dos mujeres, una a la derecha y otra a la izquierda (El hombre entre la naturaleza divina y terrestre) que debe escoger entre el camino de la una que es virtud o de la otra que es vicio. Es el libre albedrío que obra en este estado. En la derecha, es el mundo divino, el equilibrio de la voluntad y la inteligencia que conduce a la belleza. En lo humano, es el equilibrio del poder y de la autoridad que es el amor y la caridad, y en lo natural es el equilibrio del Alma Universal, que conduce al Amor Universal. En la izquierda es confusión, desarmonía y egoísmo.

10⁰ En el triángulo cuyas puntas están dirigidas hacia arriba, tenemos en el cuerpo: Dios Padre, Dios Hijo y Dios Espíritu Santo; en el triángulo con sus puntas dirigidas para abajo tenemos: Inteligencia, Belleza y Voluntad.

Con respecto a lo humano tenemos en el primero: Adán, Eva y Humanidad; y en el segundo: Autoridad, Amor y Poder.

11⁰ De aquí podemos deducir que la Fuerza Creadora es la madre Generadora de la Naturaleza o la generación universal de las cosas. De la fuerza genital viene la palabra genio o superhombre, génesis, generación, etc. El hombre debe ser un Genio o Superhombre para aspirar, saber y poder encauzar la Energía Creadora hacia el cerebro, en donde puede sentir la Unión con el Intimo.

12º Así como Jesús, en el desierto de la materia física, fue tentado, lo que interpreta el símbolo sexto de la Cábala, así el Iniciado debe sufrir la tentación de la Fuerza Creadora en sus cinco sentidos. La mujer de la izquierda le invita a gratificarlos por el placer y la molicie, mientras que la de la derecha le llama al cumplimiento del deber y de la virtud. En la elección entre los dos senderos estriba la evolución o la caída; el poder o la debilidad.

13º La Energía creadora es el puente entre el hombre y el Intimo.
Cuando por medio de la aspiración, la respiración y la meditación voluntaria se canaliza esta energía, hacia el tacto, el hombre llega a derramar de su cuerpo un poder salutífero capaz de curar, instantáneamente, cualquier dolor físico y sufrimiento moral. Su cuerpo se convierte en fuente de salud, de bienestar, de tranquilidad y de paz para los necesitados, y entonces se dice con razón, este hombre tiene tacto.
Pero nunca debemos confundir la palabra tacto que es juicio recto, con diplomacia o hipocresía símbolo del engaño y del fraude.

14º Dirigida esta energía al gusto convierte al hombre en árbitro de belleza y de armonía; su aliento será el aroma que perfuma la vida; su soplo frío calma la ansiedad y el dolor; su aliento caliente anima, vivifica y muchas veces resucita; su palabra contiene las vibraciones de la ley: armonía y positividad.

15º Dirigida al olfato, el hombre aspira con mayor fuerza y absorbe los átomos de luz y de pureza; estos átomos forman alrededor de su cuerpo una armadura etérea, cuya influencia actúa en todo ser que se pone dentro de su área. El aura del Iniciado emana un olor imperceptible, por el sentido físico, pero es absorbido por el psíquico, que obra en los seres mágicamente: cura sus enfermedades, ilumina su mente y hasta resuelve sus problemas y dificultades.

16º Encauzada hacia la vista, esta energía relaciona al hombre con el mundo divino, desarrolla en él la vista interna o el ojo interno y podrá ver el pasado, escrito en la parte inferior de su cuerpo, el presente en su pecho y el futuro en su cabeza, con toda claridad y precisión; entonces ya no cometerá errores, ignorantemente, como aquellos seres cuya visión es enferma. En este estado el hombre se convierte en LEY y su voluntad será el ejecutor de la Ley. Sus ojos irradiarán amor, armonía y poder.

17º Dirigida al oído, el hombre oirá, a cada instante, la voz del Intimo, aquella voz silenciosa del pensador que proviene de la parte más elevada de nuestro ser, que nos libra de toda esclavitud exterior.

18º Cuando asciende la energía creadora por la columna vertebral hasta llegar a los cinco sentidos, abre en ella un hueco convirtiéndola en una especie de tubo; en este hueco manifiesta su expresión el YO SOY Intimo, y por su medio llega a tener una perfecta comunicación con todo el cuerpo, desde arriba abajo y de abajo arriba. Esta perforación ayuda a la evolución del hombre y en ella circula savia del Arbol de la Vida.

Es la Iniciación interna la que facilita el ascenso de la Energía Creadora por la columna del Iniciado, perforando en él este hueco, para dejar paso libre al fuego, a la luz y a las vibraciones cósmicas, principios divinos que relacionan al hombre con el Intimo.

19º En este estado llega el hombre al equilibrio perfecto: el primer principio que es la voluntad de Dios, obra en su cerebro; el segundo que es libertad, mora en su corazón, y el tercero que es equilibrio matemático, en su órgano genital. Cada uno de estos órganos es único y doble; cada uno atrae por un lado la fuerza y la repele por el otro, en bien de los demás. Por medio del sistema nervioso nos ponemos en contacto con el mundo divino. Y por medio de nuestro órganos y sentidos comunicamos la triple operación del Poder a nuestros hermanos.

Capítulo VIII

EL SEPTENARIO Y LA UNIDAD

1º El Septenario es el número más sagrado porque contiene la Trinidad y el cuaternario y porque representa el poder divino en toda su plenitud. En el septenario, encontramos al YO SOY obrando y ayudado por todos los elementos.

Cuando el Iniciado llega a desarrollar sus siete centros magnéticos y obrar en los siete mundos, el Querube le entrega la espada flamígera para abrir la puerta del Edén, como hemos visto en otra parte, y obtendrá el signo de la victoria mencionado en el Apocalipsis de San Juan.

2º La edad del Maestro en la masonería, es siete años o lo que equivale al desarrollo de los siete centros magnéticos, llamadas siete iglesias, regidas por siete ángeles del Señor. Este número nace del seis, por la unidad central de los dos triángulos entrelazados, conocidos por el sello de Salomón o la Estrella Macrocósmica.

3º En la Cábala, el número siete es representado por el carro del Triunfo, porque el Iniciado que ocupa el centro de los elementos, está armado de una espada en una mano y tiene en la otra un cetro cuya punta concluye en un triángulo y en una bola, signos del poder y del dominio.

El iniciado domina, por el siete, las dos fuerzas del alma del mundo, se afirma en su trinidad, reina sobre los cuatro elementos, se corona con el Pentagrama, se equilibra por los dos triángulos, el número seis y por último hace la función de Dios Creador por el número siete.

4º El número siete entra en todas las circunstancias de la la vida, rige el desarrollo del hombre y los acontecimientos del mundo, material y espiritualmente.

1) La mujer tiene cada mes un período de 14 días (doble siete) en que puede ser fecunda, y otro, estéril.
2) Hasta después de 7 horas de nacido no se sabe si el nuevo ser es apto para vivir.
3) A los siete días de nacido se desprende el cordón umbilical.
4) A los 14 días (2 veces 7) los ojos de la criatura pueden seguir la luz.
5) A los 21 (3 veces 7) vuelve la cabeza impulsado por la curiosidad.
6) A los siete meses le salen los primeros dientes.
7) A los 14 meses (2 veces 7) anda.
8) A los 21 (3 veces 7, expresa su pensamiento por medio de la voz y gesto.
9) A los siete años le salen los segundos dientes.
10) A los 14 años se despierta en él la energía sexual.
11) A los 21 años llega a la pubertad y está formado físicamente.
12) A los 28 años (4 veces 7) cesa el desarrollo físico y comienza el espiritual.
13) A los 35 años (5 veces 7) llega al máximo de fuerza y actividad.
14) A los 42 años (6 veces 7) se llega al máximo de la aspiración ambiciosa.
15) A los 49 (7 veces 7) se llega al máximo de discreción y se comienza la decadencia física.
16) A los 56 (8 veces 7), se alcanza la plenitud del intelecto.
17) A los 63 (9 veces 7) prevalece la espiritualidad sobre la materia.
18) A los 70 (10 veces 7) se inicia la inversión mental y y sexual y el hombre se vuelve, como se dice vulgarmente, niño.

Se pueden añadir muchas concordancias más que explican la afinidad que parece existir en el número 7 como por ejemplo las enfermedades epidémicas que están regidas por este número.

Sarampión, viruela, varicela, etc., necesitan 7 días ó 14 para su curación; la fiebre tifoidea 21 días, etc., pero consideramos suficiente las indicadas.

5º El objeto de la Iniciación interna es el desarrollo de los siete centros magnéticos llamados siete Iglesias o siete ángeles.

El Iniciado, por medio de la aspiración, respiración y concentración puede producir el hueco en su columna vertebral para que la energía creadora vaya desellando los siete sellos de la Revelación de San Juan, hasta que su cuerpo llegue a convertirse en la Ciudad Santa que descendió del cielo.

6º Los siete planetas fueron desprendidos del Sol y se colocaron a distancias diversas según la rapidez de sus vibraciones.

Cada uno de los siete planetas recibe la luz del sol en diferente medida con arreglo a su proximidad a la órbita central y a la continuación de su atmósfera, y los seres de ellos; en armonía con el estado de su desarrollo tiene afinidad por uno u otro de los rayos solares. Los planetas llamados "Siete Espíritus ante el Trono" absorben el color o colores, dan un sonido en congruencia con ellos y reflejan el resto sobre los otros planetas. Estos rayos reflejados llevan con ellos impulsos de la naturaleza del ser con los cuales han estado en contacto.

7º Como es arriba es abajo, así pues, el YO SOY, Dios Intimo e Invisible, El envuelve dentro de su Ser todo lo que es, al igual que la luz blanca del sol envuelve todos los colores. Se manifiesta en forma de Trinidad, como la luz blanca se refracta en los tres colores primarios: Azul, Amarillo y Rojo: Padre, Hijo y Espíritu Santo; Vida, Conciencia y Forma sobre cada uno de los siete centros magnéticos del hombre que son "Los Siete Angeles ante el Trono del Intimo". Estos también tienen color y sonido como los de arriba.

8º Así como cada planeta puede absorber del Sol, solamente, una determinada cantidad de uno o más colores, en armonía con el estado general de la evolución en él, así también cada centro magnético recibe y absorbe del Sol Espiritual, del Intimo cierta cantidad de los diferentes rayos proyectados que producen una iluminación espiritual, según el grado del desarrollo del mismo centro, que da al hombre la conciencia y el desarrollo moral como los rayos de la Luna dan crecimiento físico.

9º Cada Centro magnético del hombre vibra en color y sonido como vibra un planeta en el firmamento; esta vibración da al ser humano la energía necesaria para que la evolución pudiera seguir su paso.
Cada centro, igual a un planeta, absorbe diversos colores y refracta otros para los demás; cada color indica un poder o una virtud. La debilidad de un color, en un centro, representa el predominio de su contacto y por consiguiente un vicio.

10º Desarrollar un centro es avivar su color propio para responder a la llamada del Intimo. Pero antes de entrar en detalles debemos explicar los valores de los siete colores primarios.
ROJO: indica pensamiento potente, sentimientos apasionados y virilidad física. La debilidad de este color representa el color violeta.
NARANJA: indica gozo, sentimientos alegres y salud robusta, la debilidad de este color indica el predominio del azul celeste.
AMARILLO: indica lógica, intuición, anhelo de saber, sabiduría, sensibilidad; su debilidad indica el predominio del índigo.
VERDE: indica optimismo, confianza y sistema nervioso equilibrado; en la debilidad se manifiesta en naranja.
INDIGO: indica pensamientos concentrados, tranquilidad; en la debilidad de este color predomina el amarillo.
VIOLETA: indica misticismo, devoción, buena digestión y asimilación; en la debilidad predomina el rojo.
Es claro que cuando un centro es débil de color tiene que predominar en él su contrario, el cual en sí es muy necesario, pero en otro lugar y no en el centro debilitado.

11º Todo, en la vida, tiene relación entre sí y no nos cansamos de repetir la frase hermética: "Como es arriba es abajo" y "como es abajo es arriba". Antes de dedicarnos a estudiar cómo desarrollar los centros del cuerpo humano, o levantar los sellos que es la iniciación apocalíptica, debemos estudiar la relación que se halla entre las Iglesias del Hombre, sus siete ángeles con los planetas, colores, sonidos, virtudes, vicios, etcétera.

12º Tomando por centro al Sol, el astro que verdaderamente está en él y según nuestra observación, desde la tierra tenemos:

7 Planetas

| Luna | Mercurio | Venus | SOL | Marte | Júpiter | Saturno |

7 Días de la Semana

| Lunes | Miércoles | Viernes | Domingo | Martes | Jueves | Sábado |

7 Angeles Superiores de los Planetas

| Gabriel | Rafael | Hanel | Michael | Samael | Zadkiel | Zafkiel |

7 Espíritus de los Planetas

| Phul | Ophiel | Haegit | Och | Phaleg | Belor | Aratrom |

7 Espíritus Inferiores de los Planetas

| Gabriel | Rafael | Anael | Michael | Samael | Tachel | Cassiel |

7 Virtudes

| Esperanza | Templanza | Amor | Fe | Fortaleza | Justicia | Prudencia |

7 Metales

| Plata | Mercurio | Cobre | Oro | Hierro | Estaño | Plomo |

7 Vicios

| Avaricia | Envidia | Lujuria | Vanidad | Violencia | Gula | Egoísmo |

7 Colores

| Verde | Amarillo | Violeta | Naranja | Rojo | Azul | Indigo |

7 Notas Musicales

| Fa | Mi | La | Re | Do | Sol | Si |

7 Iglesias del Apocalipsis

| Efeso | Pérgamo | Filadelfia | Thyatira | Smirna | Sardis | Loadicea |

7 Centros Magnéticos o Estrellas o Flores

| Fundamental | Umbilical | Frontal | Cardíaco | Esplénico | Laríngeo | Coronario |

7 Sacramentos

| Bautismo | Confirmación | Matrimonio | Sacerdocio | Penitencia | Eucaristía |
| | | | Extremaunción | | |

7 Perfumes

| Ambar | Benjuí | Almizcle | Laurel | Ajenjo | Azafrán | Mirra |

7 Vocales

| O | A | u | E | I | U | o |

7 Consonantes

| L | K | F | C | T | P | N |

Así podemos seguir enumerando muchos septenarios, pero con esto basta.

13º Todos estos septenarios son emblemas de las virtudes y de las cualidades espirituales del alma, cuyo desarrollo tiene siete escalones que corresponden a los siete planetas y a los siete centros magnéticos del cuerpo humano, que indican el progreso desde la materia hasta el mundo Divino.

14º La aspiración, la respiración y la concentración son condiciones del alma y de la conciencia; se manifiestan como ángeles que suben y bajan por la escalera de Jacob, de la casa de Dios tierra a la puerta del cielo. Con la pureza de la aspiración y la concentración, el aspirante puede abrir el canal de la columna vertebral, convirtiéndose en Iniciado y encontrado la escalera de siete gradas, o lo que quiere significar el símbolo de los metales inferiores, que deben ser transmutados en oro espiritual puro. Los metales son: plomo, cobre, hierro, estaño, mercurio, plata y oro y se transforman por las siete virtudes que son: prudencia, templanza, fortaleza, justicia, fe, esperanza y caridad.

15º San Juan en su revelación dice: "Juan a las siete Iglesias que están en Asia. Gracias sean con vosotros y paz de Aquel que es, y era, y ha de venir y de los siete espíritus que están delante de su trono. "Esto significa que desde el corazón, morada del Cristo, el YO SOY envía sus emanaciones enérgicas y Divinas a los siete centros de la columna vertebral, que deben obedecer su voluntad y que por otra parte son la expresión de los siete planetas y de las inteligencias espirituales que los animan.

El cuerpo del hombre es el verdadero libro del cual habla San Juan, aunque no tenga hojas de papel, ni líneas escritas con tinta. Dentro de este libro humano están escritas las cosas pasadas, presentes y futuras. El libro de Siete sellos es el cuerpo humano y es el iniciado quien debe abrirlos en la columna espinal.

16º La apertura sucesiva de los sellos se efectúa por medio de la Energía Creadora, la que al presionar desde el sacro para arriba, forma el hueco o canal en la columna vertebral de nuestro templo Individual, que posee las puertas de los mundos desde el físico hasta el Divino.

Las cinco primeras puertas corresponden, respectivamente, con los cinco Tatvas o vibraciones del Alma del Mundo siendo centros de los mismos en su expresión individual orgánica. Con el dominio interior de estos centros, el iniciado adquiere un poder exterior sobre los elementos y llega a manejar, a voluntad, todos los poderes.

Los dos superiores están relacionados con los mundos espiritual y Divino.

17º Cuando comienza a presionar la Energía Creadora, en el hombre, irradia varios rayos que descargan en su organismo; cada uno de estos rayos es un atributo del YO SOY.

Cuando presiona sobre el primer sello o centro, lo primero que afecta es al sistema simpático que nos da la determinación de realizar lo que pensamos en el mundo objetivo.

En nuestra conciencia íntima tenemos dos fuerzas que elevan o destruyen el pensamiento. El YO SOY nos envía las corrientes de energía en forma de color, sonido y luz, mientras que el demonio interno trata de llenar esas corrientes de confusión, inarmonía y humo.
El Iniciado muchas veces se llena de energía excepcional y no se da cuenta de la fuente de sus inspiraciones; esta energía inspiradora se la debe al primer Rayo del Intimo que forma el Alma de la Naturaleza.
De esta manera, el Iniciado acumula, con la castidad, la energía en el centro fundamental que destapa su sello y logra por tal motivo el poder de la voluntad del Alma del mundo, entonces puede ver las cosas antes de su manifestación en el mundo físico.
El vapor que se levanta del semen es el que destapa los sellos apocalípticos y da al hombre el poder de la realización; pero si este vapor está dirigido hacia la tierra encadenará al hombre a la naturaleza infernal o inferior.

18º Esta Energía ascendente infunde en el hombre los ideales del Alma del Mundo y abre en él los canales de la Divinidad, limpiando de su mundo interno los átomos creadores de la ilusión que moran en los sentidos, y así solamente podrá conocer a su YO SOY.
La Iniciación interna dota al verdadero Iniciado, cuando abre el primer sello, de un cerebro poderoso y sensible para captar las enseñanzas escritas en el sistema simpático; entonces ya puede reconstruir su pasado y recibir la actividad del YO SOY para salvar a sus átomos y a los demás.
Esta Energía otorga salud y bienestar porque limpia el cuerpo de los residuos de la naturaleza muerta que tratan de penetrar en el canal del semen y evaporar el contenido, hacia el exterior, en nubes de depresión y de malestar.

19º Cuando llega el hombre a santificar y venerar a los átomos sexuales construye el trono del Intimo en su sistema nervioso de la médula espinal, y llega a sentir veneración a toda persona que posee en abundancia a dichos átomos, quienes convierten al hombre en santo. El joven que gasta locamente su energía podrá algún día ser padre, pero nunca será respetado ni por sus hijos, ni por su mujer. El casto que comprenda estos misterios, absorbe la conciencia del Alma del mundo y se vuelve sencillo, poderoso y amado de todo ser.

20º Cuando asciende esta Energía por los centros del hombre, éstos se convierten en libros abiertos; en unos está escrito el pasado, en otros el presente y en otros el futuro; en aquéllos el saber y en éstos el poder, porque cada centro posee siete puertas y de cada una recibimos un atributo del YO SOY, entonces estaremos llenos de vida y de vigor y seremos las antorchas de la Divinidad que ilumina a los hombres. Cuando llega el hombre a estas etapas podrá pensar por sí mismo y no seguirá más pensamientos y costumbres de los demás.

Cuando una Energía Creadora asciende por el canal espinal a nuestros centros, éstos quedarán bajo nuestro dominio.

21º En el semen se encuentran los ángeles de la luz y los de las tinieblas al mismo tiempo. La Energía Creadora luminosa posee la alta Sabiduría Divina, mientras que la tenebrosa tiene la sabiduría más nociva que creó la mente humana. El objeto de la Iniciación es rasgar las tinieblas internas por la aspiración a la luz, la respiración solar y la concentración poderosa.

Cuando esta Energía invade la sangre forma una aura pura alrededor del cuerpo, que le defiende de toda invasión externa, entonces la entidad angelical que reside en el semen forma el canal o hueco para que la energía invada cada centro y ponga en libertad sus poderes latentes. Y cuando pasa por un centro a otro, nos une en el séptimo, con la Conciencia del Intimo y seremos los Grandes Iniciados.

22º Ya se ha dicho que el dominio o bestia interna, trata de atraer la mente hacia lo inferior, por eso hay que vencer la oposición de la bestia y poner una barrera entre el pensamiento y sus átomos pegajosos y malignos, sólo entonces podemos dedicar la concentración hacia la Energía seminal y hacerla subir hasta la Conciencia del Intimo.

En el centro fundamental se encuentra el Angel de la Estrella que atrae los pensamientos de pureza y los registra allí: después trata de abrir el canal de la espina dorsal y él es quien conserva al hombre del demonio que está en el interior.

23º Las glándulas sexuales tienen secreciones que son tónicos por excelencia del sistema nervioso y muscular, favorecen el vigor físico, dan la energía al carácter y penetración a la inteligencia. El valor y la tenacidad, el atrevimiento y el espíritu iniciativo no puede subsistir si no los mueve el vapor enérgico del semen. Este vapor del semen aviva la imaginación, tonifica el sistema nervioso, estimula las funciones mentales y da al hombre el triunfo sobre los átomos enemigos en la lucha por la vida material y espiritual. Sin él se vuelve el hombre tímido, apocado, indeciso y se abandona ante cualquier contingencia.

Con el desarrollo de este centro, se desarrolla el vigor, la intrepidez y la constancia. Puede limpiarnos de todas las enfermedades del cerebro, porque el fuego serpentino que penetra todos los elementos quema todas las escorias y mantiene la sangre pura y limpia.

24º Con el desarrollo de los siete centros internos el Iniciado puede adquirir toda la sabiduría porque ya la había logrado anteriormente y ya no hay necesidad de reencarnarse; por eso dijo San Juan en su revelación: "A quien vencieres, lo haré columna en el templo de mi Dios y no saldrá jamás fuera."

25º Para obtener esto tenemos que elevar esta llama que está dentro de nosotros; hay que encender los varios soles y cuando todos brillan en nuestro cuerpo ya podremos sentir al Sol Invisible que nos libra de la ilusión del mundo.

26º Por medio de la pureza, del ayuno y de la aspiración, la Energía asciende a las narices y provee el hombre, por la respiración, de un alimento muy diferente del que nutre; por eso muchos santos y el mismo Cristo pudieron ayunar 40 días, porque esta energía abre los conductos nasales para que absorban una nueva nutrición.

27º Así como el sol en su sistema manifiesta su energía, que es al mismo tiempo luz, calor y magnetismo, así también el Intimo manifiesta su Energía Creadora en nosotros, en fuego, luz y magnetismo, por medio del semen, en el sistema nervioso central.

Los átomos seminales encierran todas las sabidurías del mundo y nos acompañan desde los primeros días de la creación. En ellos se encuentra toda la historia y son ellos los que inician al hombre en su mundo interno. Puede el hombre ser iniciado físicamente varias veces, pero si no queda aprobado por la Inteligencia Solar interna y si no adquiere la Gran Conciencia para siempre, sus iniciaciones serán inútiles.

28º Mientras el YO SOY no puede manifestarse, por medio de la energía sexual, dentro de su sistema central compuesto de los centros, nunca podemos llegar a la suprema Verdad.
Con la práctica del método yoguístico y del Sermón de la Montaña nuestros centros abren sus puertas o sus sellos a dicha Energía, en todos los planos, y reaccionan conforme aumenta su voltaje, entonces y sólo entonces podremos dominar la Naturaleza con sus elementos.
Cada Iniciado, en este estado, debe ser un receptor potente de esta Energía y sobre todo debe cuidarse del poder terrible de sus pensamientos; porque esta práctica general es en sí misma un poder del que antes no tenía la menor noticia; sus mundos internos comienzan a manifestarse a través del cuerpo físico y el poder del Intimo se convierte en una bendición sobre la humanidad.

29º Estos centros, o flores o sellos deben girar en el hombre. Cuanto más progresa el alma en su evolución con más movimiento giran. En ellos se manifiesta el alma porque son los órganos de sus sentidos y su rotación, indica que percibe las cosas suprasensibles.
Cada centro tiene un número de pétalos o rayos diferentes del otro: así el Básico tiene cuatro rayos, seis el Esplénico, diez el Umbilical, doce el Cardíaco, dieciséis el Laríngeo, noventa y seis el Frontal y novecientos setenta ondulaciones el Coronario. Pero en cada uno de los centros magnéticos trabajan u ondulan, solamente, la mitad de sus rayos que nos fueron obsequiados, desde un pasado lejano, como un presente de la Naturaleza y sin la intervención directa del hombre.
El hombre por medio de la Iniciación interna, debe y puede hacer girar la otra mitad inerte y de esta manera

concluirá el centro de todo por hacerse luminoso como un sol.

30º Existen miles de ejercicios, en los libros de ocultismo, que tienen el objeto de despertar estos centros y que pueden ser útiles para tales fines; pero también existe el peligro que convierte al hombre en la bestia de San Juan, con sus siete cabezas, cuando el aspirante no ha elevado su moral y su espiritualidad a niveles muy superiores. Pero existe un método seguro y exento de todo peligro que consiste en la aspiración desinteresada a la perfección, en la respiración y en la meditación perfectas.

31º Por medio de las tres prácticas anteriores sacadas del método Yoguístico y del Sermón del Cristo, la Energía Creadora abre el canal en la espina dorsal y eleva al hombre hasta la liberación y la Unión con el Intimo, entonces su cuerpo se convierte en la Ciudad Santa que bajó del cielo.
Suponiendo que el aspirante ha practicado todos los preceptos y consejos anteriores, entonces puede proceder y trabajar, sin peligro alguno en abrir sus sellos. Siempre debe tener en cuenta esta frase de la revelación de San Juan: "Sólo el Cordero es digno de tomar el Libro y abrir sus sellos."

32º Comenzando por el Centro Fundamental o Básico que es el sostén raíz en la parte más baja de la espina dorsal y es el centro de la gravedad del organismo. Esta flor tiene cuatro pétalos o rayos: dos solamente vibran en el hombre profano y los otros dos esperan la Iniciación interna para iniciar el movimiento. El Iniciado por medio de la abstinencia y la castidad mental, verbal y física obliga a estos dos pétalos a girar y brillar como el sol.
Es el asiento del Fuego Serpentino o la Energía Creadora o sea la expresión de la Divinidad individual que se encuentra aquí enroscada o en estado latente.
Abrir el primer sello es despertar a la serpiente dormida. El color que refleja este centro, es rojo sucio en el libertino; rojo amarillo en el Iniciado; rojo y azul púrpura en el místico devoto.
Si soy o no clarividente, eso poco importa; lo importante es saber que el hombre, por medio de sus aspiraciones y

pensamientos, colorea sus centros magnéticos y cuando los pensamientos son puros, los colores de sus flores serán nítidos y puros; mas si sus pensamientos son negativos e impuros sus centros tendrán colores sucios e informes. Cierto es que la ley de causa y efecto guía al ser humano y hace influencia por los efectos de los planetas; pero esta influencia le acompaña, solamente, hasta que él llegue a pensar por sí mismo y comience a dominar sus estrellas. Desde entonces el hombre traza, por medio de sus pensamientos, un sendero individual y los colores se afirman en sus centros según el sendero trazado.

El centro fundamental influye sobre todo el organismo; da la fortaleza, vigoriza el ánimo, anima el entusiasmo, estimula el sistema nervioso y torga la resistencia, el esfuerzo y la constancia. Su debilidad determina el abatimiento físico y moral. Los yoguis representan la fuerza que mora en él por un elefante blanco. El desarrollo de este centro proporciona el dominio sobre los elementos de la tierra.

33º El centro Esplénico se halla más arriba que el anterior en la región del brazo: los yoguis lo llaman morada propia. Tiene seis rayos, tres activos y tres inertes; el ascenso de la Energía Creadora a él activa la ondulación de los tres pétalos y otorga al Iniciado el dominio sobre los elementales del agua. Su fuerza está representada por un pez. Su actividad manifiesta seis colores del espectro; da la salud y el crecimiento, tiene relación con la glándula pituitaria, ejerce influencia equilibradora en el sistema nervioso y en la temperatura normal del organismo. Sus atributos son el consejo, la justicia y la caridad, cualidades, otorgadas por la Energía Creadora y que son necesarias para poner en movimiento los tres pétalos inactivos. Regula el proceso vital y elabora en la mente ideas sanas. El despertar de este centro produce abundancia, salud, y bienestar físico y moral. El desenvolvimiento del centro de seis radios exige una perfecta armonía en el cuerpo, alma y espíritu: enfermedad, pasión y malos pensamientos son las trabas del desarrollo. El cuerpo debe ser sano para que sus órganos obedezcan a las aspiraciones que favorecen la evolución del alma y del espíritu; el alma debe ser pura de pasiones que pugnan contra el pensamiento del espíritu, y el espíritu tampoco debe esclavizar, como amo, al alma con leyes y deberes, porque el alma debe conformarse con agrado a las leyes y a los deberes por inclinación natural. En fin no debe existir necesidad de dominar las pasiones porque éstos, por sí mismos, se orientan hacia el bien.

La expansión de este centro permite la comunicación con seres que pertenecen a mundos superiores y construye una garantía contra el error y la inestabilidad, porque el hombre ha realizado la armonía del cuerpo, del alma y del espíritu.

34º El tercer centro se llama el Solar, Gema Luminosa, se encuentra en el lumbar, tiene diez rayos: 5 activos y 5 inactivos. Corresponde y otorga el dominio de los elementales del fuego; tiene el símbolo de un cordero; preside a los instintos en general y las funciones digestivas.

Cuando la Energía vital llega hasta él y enciende este candelabro, como lo llama el apocalíptico, despierta en el Iniciado la Prudencia, enciende las facultades y el talento del hombre; descubre los fenómenos de la naturaleza, influye en los intestinos, hígado y subconsciente. Ilumina la mente y da la cordura. Su color es amarillo con verde en el hombre normal física y moralmente. El desarrollo de los cinco rayos consiste en controlar y dominar las impresiones de los cinco sentidos y así el Iniciado puede penetrar en los hombres y percibir sus cualidades. Este dominio de la ilusión de las impresiones se obtiene con la vida interior.

Después hay que evitar el rencor, la envidia, el recelo, la vanidad y la ociosidad.

La concentración en esta flor del loto umbilical la despierta y entonces el hombre comienza a ver las formas del pensamiento de los seres y podrá leer los pensamientos.

35º Ascendida la Energía al cuarto centro, despierta la flor del corazón, lugar del sonido sin pulsación, como lo llaman los yoguis. Radica en el centro del pecho, es el asiento de la vida física individual. Este centro tiene doce pétalos: seis activos y seis inertes.

Cuando la Energía mueve estos últimos, el Iniciado impera en los elementos del aire. Los yoguis representan la fuerza de este centro en un antílope dentro del sello de Salomón. El fruto del Arbol de la Vida se cosecha desde este centro, su color debe ser Oro como el Sol. Físicamente estimula el proceso de la nutrición, la vitalidad y actividad mental por su influencia en el cerebro; tonifica el sistema glandular y activa la secreción interna. Encendido este candelabro otorga la sabiduría Divina y el Iniciado llega a percibir e identificar las cosas por sus propias cualidades, entonces se vuelve modesto y humilde ante la grandeza de la creación.

La formación de este centro o Iglesia en la región del corazón se efectúa por medio de los seis atributos mentales que despiertan los seis rayos inactivos y son: 1º) el control del pensamiento enfocándolo a un sólo punto, por ejemplo la concentración en el átomo del Hijo en la pituitaria o en el átomo Nous en el corazón. 2º) La estabilidad. 3º) La perseverancia. 4º) La paciencia. 5º) La fe y confianza y 6º) Es el equilibrio mental ante el sufrimiento y el placer y ante la dicha y la desgracia.

36º El quinto centro se halla en la región de la garganta, preside la palabra o el verbo y su manifestación física. Tiene 16 radios, también ocho de ellos son inactivos. Se llama puerta de la Liberación; porque cuando el iniciado despierta este centro, la Energía Creadora mueve los 16 pétalos, y entonces domina los elementales del éter, quienes abren la puerta para la entrada del Edén.

Está representado por un elefante blanco dentro de un círculo, emblema de la pureza. Su color es una mezcla de argentino y azul verdoso y su atributo es la clariaudiencia.

Influye sobre el líquido de la columna vertebral, estimula la combustión y obra en todo el sistema simpático; por él se llega a descubrir los misterios y las ciencias encerradas, desde un tiempo inmemorial, en este sistema. Da el entendimiento, la esperanza, y la generosidad. Los pétalos o radios son, como en los anteriores centros, correspondientes a otras tantas modalidades de la Energía, la que al penetrar en él despierta las ocho facultades latentes que con: 1º) El odio a lo ilógico. 2º) La resolución. 3º) La veracidad al hablar. 4º) El obrar correctamente . 5º) La armonía en el vivir. 6º) El esfuerzo para la superación,

7º) El provecho de la experiencia y 8º) El poder de estudiar la naturaleza interna, oyendo siempre la voz del silencio.

37º En el sexto centro que se encuentra en medio de la cabeza y se manifiesta en el entrecejo, la Energía despierta la Inteligencia, el discernimiento y su atributo es la Clarividencia.
En él se encuentra el ojo interno de la visión espiritual. Tiene dos divisiones compuestas cada una de 48 radios, con un total de 96 rayos. En una mitad predomina el color rosado y en la otra sobresale el azul purpúreo; ambos colores corresponden a la vitalidad de esta flor o rueda.
Este centro pertenece al mundo del Espíritu en donde residen los superiores y permanentes principios del hombre y por eso requiere para su expresión mayores y selecciones modalidades de Energía. La Energía Vital en él produce el respeto, la templanza, la abstinencia; en él reside el ser pensante, despierta ideas de dignidad, grandeza, veneración y sentimientos delicados. Su despertar otorga la evolución espiritual y el dominio del espíritu sobre la materia.
Produce la visión astral llamada Clarividencia positiva.

38º El séptimo centro es el loto de mil pétalos, está en el vértice de la cabeza. En él se manifiesta ampliamente la Divinidad del Hombre-Dios. Cuando el fuego serpentino, que se encuentra en el centro Básico, se une a él, el Iniciado llega a la liberación, objeto de la Iniciación interna y será Uno con su Intimo.
Es el más refulgente de todos cuando está en plena actividad, vibra con inconcebible rapidez y ofrece colores de indescriptibles efectos cromáticos, aunque en él predomina el Violado.
Por sus 960 radiaciones, es el último que se actualiza; pero cuando llega el Iniciado a este adelanto espiritual, va creciendo hasta cubrir toda la parte superior de la cabeza.
Este es el significado de la aureola que los pintores dibujan en torno de la cabeza de los santos.
Por este centro, el hombre recibe la Energía Divina desde el exterior; pero cuando llega a la perfección comienza

a emanarla desde el interior hacia fuera y el centro entonces se convierte en verdadera corona.
San Juan habla de las coronas, de los 24 ancianos, quienes las colocan delante del Trono del Señor. El significado del pasaje apocalíptico es que todo hombre que ha llegado a hacer salir su Energía Creadora por la cabeza, le echa a los pies de su Dios Intimo para que la emplee en su Obra.

39º Con la actividad del centro Fundamental, la Energía vivifica con su formidable poder todos los demás y da por resultado el transporte de las facultades internas y despertadas a la conciencia física. Con el despertar del Esplénico, el hombre recuerda sus viajes mentales.
Con la actividad del Umbilical, puede separarse a voluntad de su cuerpo físico y sentir las influencias del mundo astral.
La vivificación del Cardíaco otorga al hombre el sentir del dolor y del placer ajeno; desea sacrificarse por los demás y recibe la sabiduría.
El despertamiento del Laríngeo otorga el poder de la clariaudiencia; puede el Iniciado oír la Voz del Silencio, la música de las esferas y podrá conversar con los espíritus superiores.
El despertar del Frontal capacita al hombre, en cuerpo físico, para ver los espíritus por medio de su ojo invisible. Es el centro de la Clarividencia.
Cuando el Coronario llega a su plena actividad, el YO SOY puede salir de allí, dejando consciente su cuerpo porque ya está libertado de su prisión carnal, y puede restituirse a él sin interrupción, y estará siempre consciente, sea en el sueño físico o sea, en el definitivo momento de la muerte. Este es el perfecto Iniciado.

40º San Juan en su Revelación, Capítulo X, vers. 6: dice pues que el cordero abre el séptimo sello: Y juró por el que vive en los siglos de los siglos; que crió el cielo, y las cosas que hay en él, y la tierra, y las cosas que hay en ella, y la mar, y las cosas que hay en ella: que no habrá ya más tiempo (esto es, para el adepto que ha llegado a la liberación y a la Unión con Dios).
En otra parte, Capítulo XI, vers. 15, dice: "Y cuando

el Séptimo Angel tocó la trompeta, y hubo en el cielo grandes voces que decían: El Reino de este mundo ha sido reducido a nuestro Señor y a Su Cristo, y reinará en los siglos de los siglos. Amén."

La tarea del Iniciado es despertar o encender sus siete candelabros con la luz del Espíritu Divino para llegar a la liberación o Unión con el Dios Intimo.

Capítulo IX

EL OCTONARIO Y LA UNIDAD

1º Cuando el Iniciado desarrolla los siete centros magnéticos, por el ascenso de la Energía Creadora en su tubo espinal se cumplen en él las palabras de Cristo: "El Reino de Dios se ha aproximado", o lo que significa que está pronto a la liberación que conduce a la Divinidad en el estado de potencia, basada sobre el sacrificio que es un nuevo sistema, compuesto de ocho facultades, para hacer efectiva su Divinidad o Potencia del Amor.

2º El número 8 es el símbolo natural del equilibrio y de la justicia; es el número que interpreta con fidelidad las palabras de Hermes "Como es arriba es abajo".

El número 7 inicia, organiza, produce, fecunda, triunfa y crea; el número 8 preserva, equilibra, establece, conforta y consolida; de manera que cada septenario potencial tiene que manifestarse en un octonario vibrante, luminoso en rayos circulares opuestos y equilibrados.

El Caduceo de Mercurio forma el número 8 o dos serpientes que se mueven a lo largo del canal medular, mientras que las alas representan el poder conferido por el fuego, al elevarse a los planos superiores.

3º El Octonario es el número de la realización de la Divinidad en El Hombre-Dios. Para esta realización necesitamos de ocho virtudes o Centros, Plenos de Dios, y estos ocho centros corresponden a los ocho CABIRES, los Grandes, los Poderosos dioses cuya obra es la Realización de la

Divinidad en la Creación, simbolizados por las ocho Bienaventuranzas de Jesús.

Cada uno de estos dioses o energías atómicas ocupa en el hombre una región, en donde trabaja en el desarrollo interno y externo, hasta que las Bienaventuranzas cumplen su misión en el hombre.

Estos ocho dioses, según la mitología son hijos de Vulcano; lo que da a entender que son nacidos del Fuego Divino Creador en el hombre y que se manifiestan en las profundidades del cuerpo. Son las ocho inteligencias atómicas, que generan todas las actividades, normalizándolas y equilibrándolas, en las glándulas de secreción interna llamadas endocrinas; afectan el organismo por medio de las hormonas que segregan y al mismo tiempo llevan el efecto de las secreciones a los mundos suprafísicos del hombre. Estos Dioses dotan a las glándulas de un poder que las capacitan de absorber de la sangre los elementos que necesitan y los transforman en agentes estimuladores de ciertas funciones, que al ser llevados nuevamente, por la misma sangre, a las distintas partes del cuerpo, dan lugar al equilibrio que realiza la obra Divina; porque aceleran y retardan o modifican la actividad de las funciones físicas, y espirituales y de este modo se completa la realización de la Divinidad en el hombre.

4º La misma mitología nos cuenta que los nombres de estos dioses eran sagrados, afirmándose que están dotados de poderes mágicos y quienes los conocían podían obtener cualquier petición. Los Hindúes en su comentario antiguo, refieren la siguiente alegoría: "Ocho casas fueron construidas por la madre; Ocho casas para sus ocho hijos. Ocho brillantes soles en armonía con su edad y mérito, etcétera."
Los Vedas dicen: "El Fuego es, verdaderamente, todas las deidades."

5º En el hombre existen ocho regiones habitadas por los ocho hijos del fuego divino:
La primera Deidad reside entre ambos hemisferios cerebrales. Esta inteligencia atómica realiza su obra creadora provocando la secreción de la glándula pineal o epífisis. Las secreciones de esta Glándula ejercen una acción equilibradora en el desarrollo sexual y todas sus manifesta-

ciones. Tiene una relación directa con el centro psíquico y afecta todos los procesos vitales de índole física, mental y espiritual. Sus secreciones son un freno para el desarrollo anormal de la sexualidad; predomina hasta los trece años, cuando su acción se debilita y entonces sus secreciones realizan el desarrollo sexual en los jóvenes.

Una deficiencia de secreciones en esta glándula, hace del niño un adulto prematuro; mientras que su abundancia en la secreción después de los años de la pubertad, retarda la maduración sexual, los órganos continúan pequeños y las funciones genitales, débiles. El niño tampoco adquiere corpulencia, ni esqueleto, ni sus músculos son normales como los demás; de manera que el equilibrio es el primer objetivo y el único que se desea, y el único trabajo de la inteligencia atómica, en esta glándula, es el equilbrio.

6º El segundo hijo del Fuego Divino está situado en el cuerpo pituitario llamado hipófisis, en la base del cerebro; estimula la secreción de esta glándula que influye sobre la procreación, aviva la inteligencia y la fuerza del carácter. La debilidad de sus secreciones agota la fuerza y aumenta la grasa, detiene el crecimiento, debilita los órganos genitales y los atrofia, feminiza el carácter varonil y debilita la inteligencia. En la mujer atrofia su matriz y causa la esterilidad.

Pero cuando esta glándula funciona con energía, produce un desarrollo exagerado del esqueleto; los huesos se hacen de mayor volumen y grosor. La nariz se alarga, la mandíbula será recia y voluminosa; se agrandan los pies y las manos, la lengua grande y ancha, gruesa y larga. En la mayoría de los casos la inteligencia se hace torpe.

7º El tercer Atomo Divino equilibrador se halla en la tiroides, situada en el cuello, apoyada contra la laringe; toma el nombre del cartílago tiroides, sobre el cual descansa.

La tiroides es la más irrigada del cuerpo. La sangre llega a ella con abundancia y arrastra su producto llamada la tiroxina. Si esta secreción es insuficiente, todo se realiza con lentitud. Lento es el funcionamiento del corazón, de los riñones, de los músculos y lento el desarrollo del esqueleto, del aparato sexual y del funcionamiento cerebral.

Las ideas son tardías: tardíos son los juicios. El hombre se hace obeso y torpe por la lentitud en la realización después de acumular reservas.

En cambio cuando la tiroides actúa enérgicamente la función será opuesta al caso anterior y el organismo funciona con exagerada aceleración.

El corazón aumenta sus latidos; los riñones aceleran y aumentan la cantidad de orina. El esqueleto es largo sin espesor, por lo cual los huesos son alargados y livianos. La musculatura es de un tipo rápido porque carece de volumen; sus movimientos son veloces y la secreción cutánea se exagera. Cuando esta secreción es normal, el hombre posee una inteligencia superior, vivaz, apasionada y de tendencia artística.

Pero cuando hay exageración en la secreción de esta glándula sobreviene gran adelgazamiento, temblor, protuberancia en los ojos, aceleración del corazón, insomnio, sudores, síntomas de la enfermedad llamada de Basedow.

La secreción normal de esta glándula interviene en el desarrollo general y de la belleza; la armonía de las líneas generales del cuerpo depende de este órgano. Hombre o mujer cuya tiroides funcionan normalmente, tiene ojos profundos y grandes, pestañas largas y arqueadas, cabello abundante y hermoso, manos largas, sutiles, dedos bellos que terminan con uñas elegantes.

8º La cuarta entidad rige la secreción de las paratiroides que están situadas en el cuello, mezcladas con la tiroides. Si la secreción de estas glándulas es deficiente, causa trastornos no sólo musculares, sino alteraciones oculares y dentarias: en los primeros cataratas y en los segundos alteración en el esmalte y mala calcificación. La piel pierde su vitalidad, se arruga, se seniliza, pierde tersura y se lesiona fácilmente.

La exageración en las secreciones altera gravemente el esqueleto, el sistema muscular, y presenta muchas deformaciones óseas y corporales.

9º La quinta Deidad realizadora y equilibradora la encontramos en el timo, glándula que se encuentra tras del corazón y que crece en tamaño y en importancia funcional hasta la edad de 14 años, para después disminuirse dejando sus funciones en las amígdalas y los ganglios de naturaleza tímica.

Cuando el timo funciona débilmente, el crecimiento es tardío, el peso es deficiente, la dentición mala, por falta de calcificación, el esqueleto es frágil, el volumen del niño es reducido. Es friolento, excitable, delgado, pequeño, inquieto, nervioso, irritable, delicado, y sensible. Los procesos nutritivos son deficientes; puede el niño tener inteligencia viva, pero carece de energía nerviosa y esta carencia le impide las tareas mentales. La insuficiencia del timo tarda el crecimiento y llega el joven a la adultez con escasa talla y poco desarrollo físico.

Cuando funciona con exceso desarrolla, en el niño, demasiado volumen que le causa muchos trastornos orgánicos y mentales: poca inteligencia, la articulación de la palabra es tardía, lenta e imperfecta y se retrasa para andar. Si en la adultez no se atrofia, origina grandes trastornos que repercute sobre la maduración de otros órganos, en especial los sexuales; retraso y debilidad sexual, deficiencia de energía física y nerviosa, funciones lentas y trastornos psíquicos.

10º El sexto átomo equilibrador dirige las glándulas suprarrenales que están situadas sobre ambos riñones. Estas glándulas están abundantemente irrigadas por la sangre y son indispensables para mantener la vida y secretan dos distintos productos. La médula suprarrenal fabrica la adrenalina, la que, al pasar por la sangre ejerce una acción aceleradora sobre todas las funciones: el corazón aumenta el número de sus pulsaciones; el sistema nervioso se excita, los nervios reaccionan con mayor velocidad; el sistema muscular se contrae con rapidez, permitiendo prontitud y facilidad en los movimientos.

La corteza de las glándulas suprarrenales producen otra secreción cuyos efectos son contrarios a los de la primera: retardar las funciones del organismo, pero lo que estas funciones pierden en velocidad lo ganan en fuerza y resistencia. Esta secreción robustece al corazón, tonifica el sistema nervioso y da fuerza al sistema muscular, aumenta el vigor y la potencia general del organismo en general y especialmente la nerviosa y muscular.

Cuando la función de la corteza es débil o deficiente el

organismo será también débil, carece de esfuerzo mental incapaz de desgastes musculares, se cansa fácilmente; no se desarrollan los músculos porque no tiene buena asimilación y con ello no hay aumento de peso, y las líneas serán delicadas y endebles. La abundancia de la adrenalina en la sangre favorece la velocidad y la habilidad con los actos voluntarios; pero deja al hombre con un cuerpo delgado, produce la irritabilidad y la nerviosidad, sus fuerzas serán reducidas por carecer de resistencia; mientras que la secreción de la corteza robustece, da músculos, energía, vigor y resistencia formidable.

La mujer en su juventud tiene un déficit de la secreción de la corteza suprarrenal, por eso es ágil, nerviosa, sensible y delicada; con los años se equilibra, pero al llegar a los cuarenta, predomina esta secreción y la mujer se vuelve gorda, más fuerte, musculosa, enérgica, autoritaria. Su voz se hace más gruesa y se produce en ella la virilización y aparece en ella un velo tupido, sobre todo, en el labio superior.

11º La séptima Inteligencia reside en el páncreas, glándula mixta que posee dos secreciones, una externa y otra interna. La primera se vierte en el intestino y sirve para la digestión y la segunda, interna es la insulina, sustancia imprescindible en la sangre para el aprovechamiento de los alimentos que dan hidratos de carbono, como los vegetales y sus derivados: pastas, dulces, azúcar, frutas, legumbres, verduras, etcétera.

Cuando la insulina escasea el hombre se adelgaza a pesar de los buenos alimentos y presenta los caracteres de la falta de nutrición: baja el peso, se reduce la fuerza muscular y se empobrece la resistencia física. Las secreciones normales del páncreas aseguran buen peso, mantienen un sistema muscular y esqueleto sólidos, provistos de grandes energías.

Cuando la secreción es muy pobre, proviene la enfermemedad llamada diabetes. La medicina trata de paliar esta enfermedad con insulina.

12º La octava y última Inteligencia equilibradora ocupa las glándulas sexuales: ovarios en la mujer y testículos en el hombre. Los ovarios producen mensualmente un óvulo, célula reproductora que engendra el futuro ser; pero fuera de esta función cumplen otras importantísimas que regulan toda la fisiología de la mujer por medio de las secreciones internas. Los ovarios como las suprarrenales tienen dos funciones o secreciones distintas que cumplir.

Una parte de la secreción ovárica, llamada foliculina, tiene una acción excitadora, acelerada y estimulante. Favorece en el desgaste de energía; por ella las mujeres son delgadas, ágiles, sensibles con acentuados caracteres de feminidad.

La otra parte de la secreción, está representada por las secreciones del cuerpo amarillo, favorece la acumulación de grasa y la gordura. De la armonía que existe entre esas dos secreciones, depende el equilibrio físico y las funciones perfectas de la mujer: en su menstruación periódica, en su forma externa, en su carácter y hasta en su inteligencia. Un ovario enfermo o que funciona mal, provoca desarmonía en las formas, afea las líneas y pervierte el carácter femenino. Todos los órganos y sistemas del cuerpo sufren los resultados de la mala función ovárica; hasta los cabellos y las uñas están afectadas por su anormalidad.

Las glándulas sexuales masculinas tienen el papel de la procreación. Secretan el espermatozoide, que al unirse a la célula ovárica, dará origen al nuevo ser.

Esta secreción es externa; las internas gobiernan los caracteres masculinos secundarios o formas varoniles, el sistema esquelético y muscular, la repartición de la grasa y del pelo por el cuerpo, la barba, los bigotes y la voz masculina.

Las secreciones testiculares proporcionan el valor, la tenacidad, el coraje, el atrevimiento y el espíritu de iniciativa. Estas glándulas con sus secreciones avivan la imaginación, tonifican el sistema nervioso, estimulan las funciones mentales para triunfar en la vida y ejercer singularísimas repercusiones en la personalidad.

La deficiencia de estas secreciones, por una enfermedad o por mucho desgaste del espermatozoide, vuelve al hombre débil, afeminado; debilita las fuerzas musculares y sobre todo la inteligencia. El carácter se vuelve apocado, tímido, indeciso; el valor se apaga y atrasa el crecimiento físico y espiritual.

Es de trascendental resonancia la castidad y la abstinencia en los trabajos importantes, como se ha visto en páginas anteriores.

13º Para comprender mejor los efectos de las secreciones, tenemos que estudiar aunque superficialmente, la función del sistema nervioso central. Todos sabemos que este sistema está constituido por una serie de órganos relacionados entre sí. Estos son: el cerebro, el cerebelo, la protuberancia, el bulbo y la médula espinal. De todos ellos salen los nervios que se dirigen a todas las partes del cuerpo, como finas mallas de hilos delgadísimos, que envuelven todo el organismo. Recogen así todas las sensaciones de los más apartados lugares del organismo y las trasmiten a los órganos centrales, los cuales contestan por medio de otros filetes nerviosos y provocan las reacciones adecuadas al estímulo ya recibido.

Los que conducen las sensaciones al cerebro se llaman nervios sensitivos, y los que conducen la respuesta se llaman nervios motores.

Entre los primeros y los segundos se encuentran los ganglios compuestos por células nerviosas que son como estaciones que reciben sensaciones e irradian respuestas.

Este sistema perfecto gobierna la totalidad de las funciones del cuerpo: digestión, circulación, respiración, excreción, reproducción, actividad, resistencia, crecimiento, peso, estatura, funciones glandulares etc., en el cuerpo físico; e inteligencia, poder, valor, caridad, fe, amor, etc., en el alma. Ambos funcionamientos físicos y espiritual se equilibran, por el octonario o las ocho fuentes glandulares, para realizar y equilibrar la Creación Divina.

14º Comprendido lo antedicho, ya se puede estudiar la función del sistema nervioso, que es en realidad uno y se divide en dos sectores de función contraria. Un sector acelera las funciones y el otro las retarda. Del equilibrio de ambos surge la perfección con que esta función se realiza. Un sector estimula el desarrollo de la longitud, de los miembros y del tórax, el otro desarrolla los espesores de los miembros; de la armonía de ambos desarrollos depende la perfecta forma.

Estas dos partes en que el sistema nervioso se divide se

llaman: sistema simpático y sistema parasimpático. El primero acelera, el segundo modera; el primero produce viveza en la inteligencia, pues la cerebración se hace más rápida, pero al mismo tiempo el desgaste de energía es más grande; mientras que el segundo al retardar el desgaste ahorra energías, la imaginación es menos rápida, pero en cambio es capaz de realizar trabajos mentales más prolongados.

De todas estas deducciones podemos comprender que en el primero predomina un grupo de glándulas, mientras que en el segundo predomina el otro grupo.

15⁹ Las distintas glándulas de secreción interna se agrupan funcionalmente en dos grupos, a las órdenes respectivas de los sectores nerviosos: simpático y parasimpático.

Corresponde al simpático: la pineal, la porción anterior del cuerpo pituitario, la tiroides, la parte medular de las suprarrenales, la parte folicular del ovario y la parte seminífera de los testículos. Corresponde al grupo parasimpático: la parte posterior de la pituitaria, las amígdalas y el tejido linfático, las partiroides, el timo, la parte cortical de las suprarrenales, el páncreas, los cuerpos amarillos del ovario y las partes intersticiales del testículo.

16⁹ El hombre en quien predomina el simpático, predominan en él las glándulas: tiroides, hipófisis anterior, médula suprarrenales, y parte de las sexuales.

En esta clase de tipo, sus formas son alargadas, elegantes, finas, egoístas. Cabeza pequeña, tórax mediano, abdomen chico y plano; miembros largos, pocos músculos, líneas rectas.

Sus funciones son rápidas, pero débiles y de fácil agotamiento; digestión escasa, circulación viva y acelerada. Peso liviano; estatura normal o alta. Carácter imaginativo, vivaz, inquieto, sensible, voluntad débil, poca tenacidad, inconstancia, mucho sentimentalismo. Inteligencia viva, rápida, detallista, voluble, se cansa fácilmente. Ideas muy grandes, pero no puede sostenerlas mucho tiempo.

17⁹ El timo parasimpático es el contrario del primero; predominan en él: el timo, paratiroides, páncreas, corteza suprarrenal, hipófisis posterior y partes intersticiales y luteínicas de los sexuales. Sus formas son cortas, rollizas, macizas. Cabeza grande, tórax amplio, cuello corto, abdomen globuloso. Miembros cortos. Líneas curvas y abunda en él la grasa subcutánea y corporal. Sus funciones son lentas, resistentes, circulación enérgica; digestión perfecta, tiene fuerza y resistencia. Pero normal o por encima de lo normal. Estatura normal y baja. Carácter enérgico, resistente, tenaz, voluntarioso, no se desanima, poca sensibilidad, frialdad e impavidez. Inteligencia poco ágil, pero es hábil, certera y firme; puede resistir una labor mental prolongada.

18º Como hemos visto cada tipo tiene ciertas cualidades y carece de otras. El objeto de la Iniciación en la Ciencia Espiritual, es el equilibrio del hombre, la realización perfecta. Las secreciones internas equilibradas forman el cuerpo físico y espiritual; dan la salud del cuerpo y del Espíritu.

Cada pensamiento desplaza las partículas del cerebro y poniéndolas en movimiento, las disemina a través del Universo. Cada partícula de la existencia debe ser un registro de todo cuanto ha aspirado y pensado el hombre. El Iniciado es el constructor del Universo y al mismo tiempo es un equilibrador, porque sus pensamientos, deseos y aspiraciones son hijos de la Luz, nacidos de la mente sana y perfecta de un cuerpo sano y perfecto, que ha conquistado para sí mismo, por el desarrollo y equilibrio de sus glándulas de secreción interna, el derecho de convertirse en Dios, debido a la propia experiencia en la Iniciación Interna.

El inconsciente del profano alcanza la conciencia clara de sí mismo por el desarrollo y equilibrio de las ocho casas de secreción, cuando se inicia internamente.

El profano es un hombre que tiene poco o nada de contacto con el YO SOY y no posee una conciencia. El Iniciado es un ser que, por su desarrollo en el mundo interno, adquiere la Unión con el Intimo.

Desde entonces puede sentir la proximidad del Reino de los Cielos, pero de una manera consciente.

19º También el Reino de los Cielos tiene ocho grados que corresponden a los ocho esfuerzos realizados por el Iniciado para equilibrar la secreción de las glándulas internas, equilibrio que las prepara para ser llenas o plenas de Dios y facilitan al hombre su Unión con el YO en el Reino de los Cielos.

El vapor de las secreciones glandulares es el que comunica al hombre con sus mundos internos, sirviéndole como puente sobre el abismo que separa la conciencia humana de la Conciencia Divina.

Jesús el Cristo nos dio, en el Sermón de la Montaña, las ocho Bienaventuranzas como resultado de esta Iniciación y frutos del equilibrio de la secreción interna.

20º "Bienaventurados los pobres de espíritu, porque de ellos es el Reino de los Cielos."

Esta primera facultad para la realización divina no significa por pobres de espíritu los tontos, los ignorantes y los bobos, sino aquellos que por la iniciación y desarrollo perfecto, han llegado a ser plenos de Dios y no recurren más a las mezquinas ciencias humanas para encontrar el Reino de los Cielos. Antiguamente el alma era rica de espíritu porque recurría al éxtasis en los mundos espirituales, por medios artificiales, y vivía arrobada e inconsciente de su estado; pero desde la venida del Cristo el hombre se ha vuelto mendigo del espíritu, es decir, ya no puede recurrir a la clarividencia inconsciente y buscar en sí mismo y por medio de su YO el Reino de los Cielos. Como mendigo del espíritu ya no busca a Dios fuera de sí; al contrario, se refugia en sus mundos internos que le transportan a los mundos divinos, en donde estará lleno, conscientemente, de Dios y de esa manera conocía a sí mismo y a su Divinidad interna. Estos son los pobres de espíritu que buscan la riqueza en Dios.

21º "Bienaventurados los que lloran porque ellos serán consolados." Esta etapa indica la paciencia del Iniciado, desarrollando y adelantando en el sendero de la Iniciación. Sufre al ver las ambiciones de la humanidad.

En tiempos pasados, al hombre no le importaban los dolores ajenos y hasta en nuestro tiempo, la mayoría de la humanidad repite el adagio oriental que dice: Que todos los ojos lloren, con tal que los míos no derramen una sola lágrima.

Antiguamente, el hombre curaba sus sufrimientos con

ayuda exterior, aunque con esta curación sacrificaba a sus hermanos. El Iniciado de hoy, a manera de Jesús, ya no piensa en sí mismo y llora por la desdicha ajena. El mismo dolor de los demás le conduce a buscar el alivio y el remedio para ellos.

Todos los seres hemos nacido dentro del Espíritu Universal. Cada uno es una célula en el cuerpo del Cosmos, y cuando enferma un órgano, la Divinidad trata de eliminar el mal para conservar al órgano y no al órgano para eliminar el mal.

Plenos de Dios son aquellos que llegaron con el desarrollo al estado de trabajar para que todos los hombres sean hijos de un solo Padre; este trabajo les causa llanto por los sufrimientos de la humanidad, pero tarde o temprano recibirán consuelo.

22º En la tercera bienaventuranza Jesús dice: "Bienaventurados los mansos porque ellos poseerán la tierra."

Esta es la etapa de la absoluta confianza en Dios y la completa sumisión a su voluntad. La mansedumbre no es la apatía, ni la servil actitud de los hipócritas. El manso es el ser digno y tranquilo en sus deseos, en el cumplimiento de su misión en la tierra.

Con el equilibrio interno, el Iniciado toma el gobierno de su mundo de deseos y alcanza por sí mismo la meta de la evolución, entonces ya puede cumplir su misión divina en la tierra; será un Cristo pleno de Dios atemperando y armonizando sus deseos, y en cambio recibirá la tierra o un cuerpo perfecto con una mente perfecta y dirá con Pablo: Todas las cosas concurren al bien de quienes aman a Dios.

Las tres bienaventuranzas anteriores revelan cómo el Iniciado lleva a la evolución a su cuerpo físico, etérico y astral hasta dejarlos instrumentos obedientes al Intimo, quien actúa en el hombre como sensación, comprensión y conciencia.

23º Llegado el hombre a este grado de evolución, el YO SOY manifiesta en el mundo, en el cuerpo físico pleno de Dios, el amor fraternal. "Bienaventurados los que han pasado hambre y sed de justicia, porque ellos serán hartos."

Esta es la cuarta manifestación del Reino de los Cielos.

Cuando el Iniciado, por el impulso Crístico en él, llega a sentir y aplacar la sed y el hambre de justicia al espíritu, entonces será harto de comprensión y de armonía en todos sus actos: armonía con las leyes naturales y espirituales, y es allí donde se despierta en la razón de que todos los seres llevan en sí el parentesco entre todos ellos.

Hambre y sed de justicia son la manifestación de Dios en la razón del hombre.

Cumplido este deber, el hombre siente en sí la manifestación de la quinta Bienaventuranza que dice: "Bienaventurados los misericordiosos, porque ellos tendrán misericordia."

El misericordioso es aquel ser que, después de sentir la sed de justicia del Reino Divino, siente la Unidad con todos los seres y se convierte en sabio tolerante por la posesión de la caridad y la comprensión. Desaparecen de su corazón la crítica mordaz, ama a todos los seres y sus acciones se dirigen solamente a trabajar en el plano de la evolución y de la perfección.

Su desarrollo interno le otorga la sabiduría que le revelará que todos los seres son su propio ser, todos los cuerpos son su propio cuerpo y todas las almas son su propia alma; entonces él será pleno de Dios, desaparecen de su corazón las ambiciones, el egoísmo y las guerras y por consecuencia el reino del amor sobrevendrá a su persona para reinar después en el mundo.

Una vez elevada el alma hasta este nivel sobrevendrá la sexta: "Bienaventurados los puros de corazón, porque ellos verán a Dios."

Plenos de Dios son aquellos cuyas secreciones son perfectas, y equilibradoras porque la sangre (vehículo del Intimo) penetra en el corazón siempre pura y limpia cuando el funcionamiento de las glándulas sigue las leyes de la armonía; entonces el hombre puede reconocer y ver a Dios en sí mismo.

Todas las cosas son puras para los limpios de corazón, porque la pureza es como Luz que ilumina las tinieblas internas y nos pone cara a cara ante Dios; y quien ve a Dios en su corazón, lo ve en todas las cosas.

26º Cuando el Iniciado manifiesta su divinidad por la pureza del corazón tendrá que obrar, de hoy en adelante, apelando a los mundos superiores y divinos, unidos a los terrestres, por la energía Crística interna que regenerará al Universo entero por el espíritu.
Cuando el YO SOY se liberta por las cadenas, carnales del cuerpo y llega a salir voluntariamente del vértice de la cabeza podrá difundir la paz en el Universo y el hombre se convierte en pacificador pleno de Dios.
"Bienaventurados los pacificadores, porque serán llamados hijos de Dios"; porque harán descender, al mundo físico, el espíritu divino y aportar la paz y la armonía a todo ser. El pacificador es aquel ser que percibe la verdad en todas las religiones, sistemas, partidos y trata de armonizar todas las divergencias entre uno y otro, como el hábil músico que arranca las notas armoniosas de un instrumento para componer el himno a la verdad. El pacificador ve en la diversidad la Unidad.

27º La última y octava bienaventuranza dice: "Bienaventurados los que padecen persecuciones por la justicia, porque es de ellos el Reino de los Cielos. Bienaventurados seréis cuando os vituperen y os persigan y digan de vosotros todo mal por mi causa, mintiendo. Gozáos y alegráos porque vuestra recompensa será grande en los cielos."
Ahora debemos comprender que todo lo que sucede en la tierra y en el cuerpo físico debe tener, al principio, una oposición. Todo impulso de la Verdad no puede triunfar de un sólo golpe en la evolución, porque los residuos de la ignorancia, de la duda le oponen resistencia y le causan sufrimiento. Serán perseguidos, vituperados por los que se aferran al antiguo orden; pero el Iniciado debe seguir unido a su Intimo para poder realizar, como Dios, la expresión del Amor en el equilibrio.

28º Este es el misterio del octonario: cuando el Iniciado equilibra sus secreciones glandulares o cuando por la aspiración, respiración y meditación en estos centros equilibradores, hace activar a los átomos divinos que moran en estos centros, que por medio de ellos llega al desarrollo impersonal de la individualidad que caracteriza a todos los verdaderos Iniciados.

Este desarrollo consiste en el equilibrio y el equilibrio consiste en el sacrificio personal que es pensar, hablar y obrar con la conciencia divina, en vez de expresar desde el exterior respondiendo a la apariencia.

Las secreciones internas del profano siempre sufren la inarmonía por sus aspiraciones y malos deseos; le conducen muchas veces al error y hasta al crimen; porque, según la ciencia espiritual, todo criminal es un ser enfermo y ya hemos visto que la deficiencia y la exageración de las secreciones glandulares conducen al hombre a muchos vicios y defectos.

El Iniciado cuyas aspiraciones, respiración y pensamientos son puros, perfectos y fuertes armonizan en él sus glándulas y equilibran aquellas secreciones que le inspiran la fe, la justicia, el amor, la mansedumbre y la paz, etcétera.

29º Cuando dijo, el que sabe: "Tal como piensa el hombre en su corazón, así será él", quiso decirnos que todo pensamiento, emoción o deseo afecta las glándulas endocrinas. Si el pensamiento es negativo, inarmónico influye en las secreciones internas, en más o en menos, y si es positivo establece el equilibrio.

Cada aspirante puede estudiar lo dicho en el ambiente en que vive: en el colérico, en el envidioso, en el ambicioso, en el libertino, en el rencoroso, etc. y podrá constatar cómo esas emociones y pensamientos pueden desquilibrar el funcionamiento de las hormonas de estos sujetos y luego cómo pueden agotar y aniquilar al cuerpo.

Lo contrario sucede en el Iniciado que ha desarrollado los pensamientos de paz, de amor, de fe, de altruismo, etc., vive siempre radiante de alegría y de energía y su presencia es una bendición de Dios en su ambiente.

Capítulo X

EL NOVENARIO Y LA UNIDAD

1º Ya hemos visto que desarrollar los siete centros magnéticos es llegar al poder y el dominio; activar y normalizar las ocho fuentes principales de secreción interna, es llegar a la expresión de Amor, en el equilibrio que es constante irradiación.
El vapor o el fluido de las secreciones internas nos comunica con los mundos suprasensibles o los nueve cielos. El septenario en el hombre es la orientación activa en la búsqueda de la verdad; el octonario equilibra nuestro poder en la misma verdad; mientras que el novenario es la verdadera Iniciación de nuestra obra en la verdad. Por consiguiente el novenario es el secreto inviolable de la comprensión individual, es el atributo natural del Adepto quien realiza su poder en el septenario, lo equilibra en el octonario y por último lo expresa como luz radiante en el novenario.

2º Con el septenario, el Iniciado, triunfa; con el octonario equilibra su fuerza, pero solamente, con el novenario encuentra la luz del Intimo, por medio de la concentración individual que es la realización en el interior y expresión en el exterior.
Con los siete centros desarrollados domina sobre el bien y el mal, sobre lo visible y lo invisible; con las ocho fuentes de secreciones equilibra su actividad; pero con los nueve, obra con conocimiento y con luz para vivificar lo que es latente en su mundo interno.

3º El número uno representa al Hombre Dios como Principio Origen, es el principio, que aspira a toda realización Divina. Es el Padre Pensador, el primer aspecto del Intimo, centro que emite el pensamiento.

El número dos es la manifestación dual de la unidad, es la mujer receptora y productora de la naturaleza divina. Es la imaginación, la acción del pensar del centro pensador.

El número tres es la realización de la dualidad, es la idea pensada, el Verbo pensamiento cuyo Ritmo Creador domina toda forma de vibración.

El número cuatro es la voluntad del Yo que hace manifestar y expresar su querer o realización de la idea pensada en los cuatro elementos de la naturaleza vibratoria.

El número cinco es la Voluntad del Yo que se viste con cinco sentidos para expresar exteriormente lo que realiza la Inteligencia Divina del Intimo, en el interior. Los cinco sentidos son los instrumentos de la Razón.

El número seis es el fruto de los cinco sentidos en el hombre; es el deseo interno, es la voluntad activa, por la elección que une lo pensado con lo querido, o el mundo divino con el terrenal.

El número siete es la conquista del Poder de la Unidad, por la perfección de la acción en el cuerpo físico; es el centro de acción después de haber pensado con conciencia, inteligencia y voluntad.

El número ocho es la razón interior del juicio que por la comprensión manifiesta interna y exteriormente el equilibrio en la humanidad; es la acción de obrar de acuerdo con lo pensado y querido con justo uso.

El número nueve es el principio de la Luz Divina, Creadora, que ilumina todo pensamiento, todo deseo y toda obra; expresa exteriormente la obra de Dios que mora en cada hombre, para descansar después de concluir su Obra.

4º En la mitología los griegos consideran que la plasmación del Verbo se realiza con y por las nueve musas, hijas de Júpiter, el Padre de la Vida, al unirse con Mnemosina, la Memoria.

Estas nueve musas son:
Clío: la inspiración del oído; es la musa de la historia.
Calíope: la de la voz, musa de la poesía épica y de la elocuencia.
Urania: la inspiración divina, musa de la verdad.
Erato: la del amor, musa de las canciones de los amantes.
Euterpe: la encantadora, genio de la música melodiosa.
Melpómene: la de la tragedia, que penetra en el misterio de la muerte.
Talía: la inspiración jovial, musa de la comedia, y
Terpsícore: musa de la inspiración animadora, de la danza.

5º En el Hombre como en el Cosmos, existen nueve cielos, y en cada cielo habita un coro de átomos angelicales, llamados por los cristianos los nueve coros de ángeles. El más bajo de los cielos es la Luna, corresponde al mundo de los deseos o astral, que es el más cercano a físico. Es el mundo de la sensación, en el cual trabajan aquellos átomos, llamados Angeles y son hijos de los pensamientos, llamados aspiraciones que se elevan, desprendiéndose de la densidad de la materia grosera.

6º El segundo cielo es el de Mercurio, el mundo mental, el mundo de la inteligencia concreta. En él residen los átomos llamados Arcángeles, expresión elevada de esta inteligencia humana. Estos átomos se manifiestan en el hombre en forma de inspiraciones morales.

7º El tercer cielo es el de Venus, o mundo espiritual, manantial de las inspiraciones elevadas de la mente abstracta que es principio de Vida en la materia. Sus átomos ángeles se llaman Principados porque son los principios que gobiernan la evolución de la vida individual por medio de la atracción.

8º El cuarto cielo, es el cielo del Sol, el del Espíritu Puro que es el principio y el dador de la vida individual. En él los átomos se llaman Potestades que como el Sol irradian y atraen, y así forman el equilibrio de todo poder.

9º El quinto cielo es el de Marte, corresponde al fuego sagrado Creador y se relaciona con el mundo del Espíritu

Divino. En este mundo se encuentran los átomos llamados Virtudes que representan la fuerza de la expansión individual.

10º El sexto cielo es el de Júpiter habitado por las Dominaciones; es el mundo de los espíritus virginales que presiden a la gravitación universal, en toda forma material opuesta a la expansión anterior, e influyen en la justicia y la rectitud.

11º El séptimo cielo es el de Saturno, el Padre Espacio. En el espacio se manifiestan los Tronos que originan y determinan con el movimiento la sucesión de tiempo, expresión de la Voluntad.

12º El octavo cielo es el de Urano, en donde habitan los átomos llamados Querubines, o sea, "Próximos a la Divinidad", esto es, en la puerta del Edén. Son los Angeles que expresan en el Espacio, por la dualidad de la manifestación, la raíz de la conciencia, individualizada de la Divinidad.

13º Y el noveno Cielo es el mundo de Dios, de lo Absoluto en el cual yacen el tiempo, el espacio, la vida, el pensamiento, la energía, la materia y todas las manifestaciones. Los Angeles se llaman Serafines que manan de la esencia del Ser y presiden el amor.

El Amor es la nota clave de toda armonía Creadora y constructora.

14º Por consiguiente el hombre Eneario o Novenario, que es el triple del Ternario, es la unión de lo absoluto con lo relativo; lo abstracto con lo concreto, tal como vemos en la relación siguiente:

Espíritu	Alma	Cuerpo
Espíritu del Espíritu	Alma del Espíritu	Cuerpo del Espíritu
El Espíritu puro	Idealidad	Idea
Sujeto que piensa	Verbo	Pensamiento
Espíritu del Alma	Alma del Alma	Cuerpo del alma
Sujeto que quiere	La Quintaesencia	Deseo
El YO consciente	Voluntad	Volición formulada
Espíritu del cuerpo	Alma del cuerpo	Cuerpo del cuerpo
La iniciativa motriz	Vitalidad	Cuerpo Astral
Sujeto que obra	Función orgánica	Hiperfísica orgánica

15⁹ Consciente el hombre de sus nueve cielos o mundos, se convierte en Dios y desempeña su papel.
En el cielo de la luna, por sus ángeles o átomos, es Dios por su fecundación.
En el cielo de Mercurio, por los señores de Mercurio o Arcángeles construye la razón.
En el cielo de Venus por los Principados tiene el amor.
En el cielo del Sol es como el Astro Rey, por sus potestades, es Dador de Vida.
En el cielo de Marte por los átomos Virtudes otorga la acción.
En el de Júpiter las Dominaciones presiden la Benevolencia.
En el cielo de Saturno, por los Tronos, da el dolor camino y mensajero de la dicha.
En el cielo de Urano, por los Querubines, infunde el altruismo.
Y en el cielo de Neptuno, por los Serafines, es la misma Divinidad en acción.
Como se ve, todos los nueve cielos con sus respectivos Coros Angeles o Atomos se encuentran en el mismo hombre.

Capítulo XI

EL DENARIO ES LA UNION

1º Antes del principio era el Cero (0).
En el principio existió el Uno (1).
Desde el principio el Cero (0) emanó de si el Uno (1) y el Uno se hizo Dualidad, Ternario, Cuaternario, Quinario, Senario, Septenario, Octonario, Novenario y por último Denario, y cuando el Uno vuelve a unirse con el Cero, el Radio en la circunferencia, termina su ciclo y lo latente se hace potente y lo inconsciente se vuelve Omnisciente. Del Cero, Principio latente de toda Creación, nacen todas las cifras o Sephirot de la Cábala y al Cero todos vuelven. La serpiente que muerde su cola simboliza el Círculo que representa el ciclo del Tiempo, perpetuamente emanado y devorado por la Eternidad, la imagen de la Fuerza Creadora que se manifiesta desde el estado potencial latente.

2º Cuando el número 1 desciende verticalmente del Cero representa el Rayo de la Luz Cósmica, Unidad que se manifiesta en actividad creadora, emanando de sí las demás cifras y nuevas combinaciones de Fuerzas Primordiales.
El Uno después del Cero (01) es el Creador del Universo que desciende inconscientemente, es la caída de Lucifer y de Prometeo para hacer la voluntad del Padre; es la caída de Adán y su salida del Paraíso para crecer y multiplicarse; para producir las múltiples manifestaciones de la vida, en los tres reinos: vegetal, animal y humano. Por Involución descendió del Cero y por Evolución debe ascender nuevamente hasta El y sentarse a la derecha del

Padre, en el número diez o el uno ante el cero (10). Esto sucede cuando adquiere el Poder de la Década y manifiesta la creación en los nueve cielos externos e internos, por medio de los coros Angelicales o átomos creadores y creados por sus pensamientos divinos que ejecutan su Poder.

3º El Círculo y la Línea convertidos en números se hacen diez (10); convertidos en letras, el número uno se cambia en (i) y el cero en (o). Es el YO que cuando descendió era la mónada, la unidad, lo uno, o aquella parte inmortal del hombre, que encarnándose en los reinos inferiores, es la (i) minúscula que se separó del punto central del Círculo; pero al progresar gradualmente al través de ellos, hasta el hombre y después al encontrar su camino, nuevamente, hacia la Unión, o como dice Jesús: "Así es necesario que el Hijo del Hombre sea levantado", la (i) minúscula se levanta hasta tocar al punto y se vuelve (I) mayúscula y entonces el Hijo del Hombre es el Hijo de Dios.

También la (Y) en la palabra YO nos muestra cómo la Mónada descendió, hasta el reino más inferior para volver a ascender al más superior, a la Unión en el Reino de los Cielos.

4º El Círculo y la Línea son la llave de todos los misterios: En el hombre es la espina dorsal que atraviesa el huevo áurico, formado por los vehículos inferiores.

En lo Divino, el Cero 0 es lo Inmanifestado y el uno es el Manifestado.

El radio dentro del círculo es el símbolo de Dios y del Hombre.

Es el símbolo del masculino-femenino.

Es el símbolo de la Mujer.

Es el YO; es JEHOVA.

Es el Cosmos en manifestación.

Es el sistema solar y lunar.

Es el origen en todo número.

Es el origen de todas las letras.

Es el Símbolo de la Pirámide, del Templo de Salomón y del Arca de la Alianza.

Es el símbolo de la Iniciación antigua, moderna y futura

que representan el feto en la matriz de la madre, el hombre en la tierra y el espíritu en Dios.

Es el símbolo del nacimiento, de la muerte y de la resurrección.

Es el símbolo de la Pirámide que se deriva de PI o (10) número del codo sagrado y número del Hombre, el hombre-Dios que es YO.

Es el símbolo de Dios en el Hombre y el Hombre en Dios.

Es el símbolo del Vaso sagrado de Hiram, llamado Mar de Bronce, que tenía 10 codos de borde a borde (Yod) y 5 de altura (Hé); esto es, $10+5=$ masculino-femenino.

En medidas las tenemos en la Cámara del Rey de la Pirámide, en el Arca de la Alianza y el Templo de Salomón y todos representan al cuerpo humano.

Es el Sanctum Sanctorum, Padre-Madre, Espíritu-Materia.

Es el Sol en la Eclíptica; es el UNO que está en Todo.

Es la representación del año lunar: el Cero 0 es la Hé en hebreo, cuyo número es 5 dividida por una raya se convierte en H (3) líneas, y la hé considerada en dos=355 y 365 años solar bisiesto.

El Círculo y la Línea es PI, la Iniciación que representa la gestación.

Es el útero de la mujer.

La Línea dentro del Círculo es igual a 355. Sumado este número produce 13, multiplicarlo por 28 días, período lunar y catamenial de la mujer $28 \times 13 = 364$, longitud de la antecámara del Rey en la Pirámide o el año solar.

En el mes lunar o 28 divididos en cuatro fases de 7 días tenemos el período catamenial femenino. El período de la gestación $18 \times 7 = 126$; la vitalidad del feto equivale a $30 \times 7 = 210$.

El parto sobreviene a los $40 \times 7 = 280$. Los 28 días del período catamenial multiplicado por el símbolo O doble matriz que es 13 nos dan 364 año solar.

Es PI en Geometría y simboliza la primera manifestación de todo, en la que el 1 nace del cero o del círculo; este círculo partido por el diámetro da la figura de una doble matriz, y, la letra PI o Hé formada por un travesaño horizontal y dos verticales (Mónada y Duada), vale 5 en el alfabeto hebreo, y aquel doble símbolo, así formado, aquivale a dos veces cinco o sea 10: el 5 superior y el 5 inferior del pensamiento Divino manifestado en lenguaje astronómico son los 365 días del año solar y los 355 días del año lunar. Este símbolo representa el misterio del Fuego; es la Isis o la luna; es el número perfecto de Pitágoras; es la Unidad, la Dualidad y la Trinidad; es el Andrógino. En el hombre es el Símbolo de Ida, Pingala y Shushumna o la respiración lunar, solar y espiritual.

Es la Matriz Universal que engendró los 7 Espíritus planetarios; es el Templo de Salomón en donde se halla el candelabro de siete brazos, así como en la Matriz de la mujer influyen los siete días de la Semana, etcétera, etcétera, etcétera.

5º El Círculo y la Línea es la perfecta representación de los 10 Sephiroth (céfiro, hálito, aliento) de Y. Estas 10 expresiones de la Divinidad Interna se llaman el Arbol de los Sephiroth o árbol de la Vida, interpretan el mundo de las formas y de la apariencia visible con los Principios Absolutos y esenciales del Ser.

6º El Primer Sephiroth se llama Kether, la Corona o Diadema: es el emblema de la Unidad o Primer principio originario de la manifestación, es el Padre, el Pensador, Manantial de la Vida, la esencia inmanente y trascendente de todo lo que existe. En el Hombre se manifiesta en un Atomo Central que une los dos cerebros y se refleja en el entrecejo.

7º CHOCMAH: Es el segundo principio que manifiesta la Sabiduría, equilibrada por la iniciativa de la Inteligencia; es la Madre y la Ley, la conciencia del Ser y la esencia femenina que tiene su asiento en el cerebro izquierdo, y refleja en el hígado.

8º BINAH: La Inteligencia activa equilibrada por la sabiduría; es la conciencia individual. Es el hijo nacido del Padre-Madre y ocupa el cerebro derecho, y refleja en el corazón.

9º CHESED: Es el cuarto principio y representa la misericordia y la Gracia del Espíritu Santo; es la segunda concepción de la sabiduría, siempre bondadosa y bienhechora, porque es fuerte; manifiesta la vida y origina los mundos desde el lado Izquierdo del cuerpo humano, su instrumento es la mano izquierda.

10º GEBURAH: Es el quinto, el principio de la fuerza y del rigor necesitado por la misma sabiduría, es el principio que sufre el mal para afirmar el bien. Es la fe y el juicio del Saber que se manifiesta en Voluntad que determina la dirección. Se manifiesta en el lado derecho, cuyo principal instrumento es la mano derecha.

11º TIPHERETH: El sexto principio es la Belleza que reside y emana del corazón. La belleza es la concepción luminosa del equilibrio en las formas y es el intermediario entre el Creador y la creación. Es el Ideal que inspira el Amor como fuerza atractiva que une a los seres.

12º NETSAH: El triunfo de la Inteligencia y de la Justicia que asegura la evolución de la manifestación. Es el séptimo aliento del Intimo que refleja en el pie izquierdo.

13º HOD: La eternidad de la victoria del Espíritu sobre la materia, de lo activo sobre el pasivo, de la vida sobre la muerte. Es el lado derecho que triunfa sobre el izquierdo o el positivo sobre el negativo. Ocupa el puesto octavo.

14º YESOD: El fundamento, la base de toda manifestación, creencia y verdad; es el noveno aliento que reside en la base del cuerpo humano.

15º MALKUT o reino: Es el Décimo y Reino de la Trinidad en el septenario perfecto. Es la clausura del cielo en el cumplimiento de la Obra y corresponde a los órganos de la generación porque son ellos los que manifiestan la Fuerza Creadora del Hombre.

16º Según estas explicaciones ya podemos comprender ahora el significado de la caída del hombre y su éxodo del Paraíso Terrenal. El hombre, en el principio, como unidad se alejó del Círculo y por la mente carnal se entregó a satisfacer sus propios deseos. La Serpiente tentadora le invitó a comer del fruto del Arbol del bien y del mal que le causó el dolor y la muerte; después, por el dolor, adquirió la experiencia de evitar todo lo que puede causar la desdicha y retornó a su interior, a su propia inteligencia en busca de un remedio para el mal y por último, vivir siempre sano y fuerte. Con esta búsqueda interna comienza su Iniciación que le condujo hasta el Reino, origen de todo Bien.

17º En el MALKUT o denario conoció las leyes del movimiento continuo y pudo demostrar la cuadratura del Círculo.
En el novenario adquirió la medicina universal.
En el octonario encontró la piedra filosofal, esto es, transmutó todos sus metales inferiores: deseos, anhelos, etc., en oro espiritual.
En el septenario tuvo el secreto de la resurrección de los muertos y la llave de la inmortalidad.
En el senario sabe la razón del pasado, del presente y del futuro.
En el quinario triunfa sobre toda desgracia y enemigo.
En el cuaternario dispone de la salud y de su vida y puede disponer sobre los demás.
En el ternario reina en los cielos y domina sobre el infierno.
En el binario está por encima de todas las aflicciones y de todos los temores.
En la Unidad ve a Dios cara a cara sin morir y rige sobre los siete espíritus que mandan sobre los siete espíritus que ordenan toda la milicia celeste.

CONCLUSION

Ahora, querido lector, te diré que te transmití las palabras que recibí como semillas de la Verdad, con la esperanza y la fe de que algunas broten en tu corazón y mente. Mi única tristeza consiste en que parte de estas semillas puedan caer al camino, y la coman las aves; y otra parte en pedregales sin tierra fértil; y que, al nacer, el sol las queme por no tener raíz. Y otra parte entre espinas; y que las espinas crezcan y la ahoguen. Pero cabe la compensación en el pensamiento de que la otra parte caiga en buena tierra, y dé fruto, uno a ciento, otro a sesenta y otro a treinta.

Si algo útil has encontrado en estas páginas, y si has podido obtener algún provecho espiritual en ellas, debes dar gracias al Intimo Yo Soy que está en ti, y también a aquel hermano que, incógnita y desinteresadamente, costeó la edición de esta obra.

Todavía existen en el mundo actual ciertos seres que, a semejanza de Dios, obran silenciosamente y derraman sus beneficios sobre el mundo.

Nota: Este libro continúa en "El Reino o El Hombre Develado".

Indice

Nota preliminar   7

Mensaje a los amados lectores   9

Plegarias   11

Primera parte

Preámbulo   15

- I. El misterio de la unidad   19
- II. El primer camino hacia la unidad es el pensamiento   24
- III. La mente   32
- IV. El Génesis   38
- V. La Iniciación   43
- VI. La Iniciación egipcia y su relación con el hombre   46
- VII. La Iniciación hebraica   60
- VIII. La Iniciación cristiana y su relación con el hombre   67
- IX. La Iniciación masónica y su relación con el hombre   76
- X. Yoga   125
- XI. El método cristiano   139

Segunda parte

   I. El círculo o generalidades 147
  II. Realización. La Unidad 223
 III. La Unidad por la Dualidad 233
  IV. La Unidad en la Trinidad 243
   V. El Cuaternario y la Unidad 256
  VI. El Quinario y la Unidad 270
 VII. El Senario y la Unidad 283
VIII. El Septenario y la Unidad 288
  IX. El Octonario y la Unidad 306
   X. El Novenario y la Unidad 321
  XI. El Denario es la Unión 326

Conclusión 332

*Se terminó de imprimir
en Artes Gráficas El Fenix S.R.L.
Murillo 924 - Buenos Aires - Argentina
en el mes de agosto de 2000
Tirada 1000 ejemplares*